汽车产业数字化

组　编　中国汽车工业经济技术信息研究所有限公司

主　编　陈士华

副主编　朱孔源

参　编　康　凯　李洪庆　杨　帆　闫　石　李克明
　　　　李　虹　刘　征　张海波　邱　凯

机械工业出版社

CHINA MACHINE PRESS

本书由中国汽车工业经济技术信息研究所有限公司组织众多行业资深专家及数字经济资深专家经过调研编写而成，从政策推动、技术创新、产业变革、市场应用等多个维度，深入剖析了中国汽车产业数字化的全貌；不仅对汽车数字化进程中的政策迭代、产品应用价值内涵的变化进行了梳理，更深度剖析和揭示了数字化技术在设计、研发、制造、供应链、营销和流通等各环节的巧妙应用和关键作用。书中丰富的案例具体展示了汽车行业多个领域中典型企业的数字化进程和方法，以资借鉴。全书分为三篇。宏观需求篇深入分析了国内外数字化发展趋势、数字化政策法规态势、汽车行业数字化趋势。体系变革篇聚焦产品、研发、制造、供应、营销、流通等细分领域数字化变革的热点内容展开讨论。技术驱动篇对大数据，以及5G、区块链、3D打印等汽车相关数字化关键技术进行了深入分析。

　　本书有助于整车和产业链相关企业、汽车产业管理部门、研究机构等了解汽车产业数字化进程、趋势、关键技术和应用场景等知识，为行业和企业数字化发展提供借鉴和参考。

图书在版编目（CIP）数据

汽车产业数字化/中国汽车工业经济技术信息研究
所有限公司组编；陈士华主编. -- 北京：机械工业出
版社，2024.9. -- ISBN 978-7-111-76548-6

Ⅰ.F426.471

中国国家版本馆CIP数据核字第20244BF668号

机械工业出版社（北京市百万庄大街22号　邮政编码100037）

| 策划编辑：母云红 | 责任编辑：母云红　巩高铄 |
| 责任校对：潘　蕊　张　薇 | 责任印制：常天培 |

固安县铭成印刷有限公司印刷

2024年9月第1版第1次印刷

169mm×239mm・15.25印张・1插页・253千字

标准书号：ISBN 978-7-111-76548-6

定价：99.90元

电话服务　　　　　　　　　　网络服务

客服电话：010-88361066　　　机　工　官　网：www.cmpbook.com

　　　　　010-88379833　　　机　工　官　博：weibo.com/cmp1952

　　　　　010-68326294　　　金　书　网：www.golden-book.com

封底无防伪标均为盗版　　机工教育服务网：www.cmpedu.com

《中国汽车产业数字化》编委会

主　任

付炳锋　中国汽车工业协会常务副会长兼秘书长

编　委

纪奕春　中国汽车工业协会车桥分会理事长

李　响　全联汽车经销商商会常务会长、天津市总商会副会长

李庆文　汽车评价研究院院长、中国汽车报社原社长

吴　涛　汽车之家执行董事兼首席执行官

邱忠成　中国汽车工业协会车用电机电器电子分会理事长

陈士华　中国汽车工业协会副秘书长、中国汽车工业经济技术
　　　　信息研究所有限公司总经理

贾永轩　北京华其汽车科技有限公司董事长、汽车产业链丛书
　　　　著作者

夏义军　中国汽车工业协会转向器分会理事长

徐向阳　北京航空航天大学交通科学与工程学院教授、学术委
　　　　员会主任

徐锁璋　中国汽车工业协会车用智能显示分会理事长

蒋明泉　中国汽车工业协会车用电路系统分会理事长

薛庆峰　中国汽车工业协会汽车热系统分会秘书长

序 一

数字化是汽车产业千里决胜的法宝

21世纪以来，全球科技创新加速走向数字化、网络化、智能化，以人工智能、云计算、大数据分析等为代表的新一代技术，引领数字经济蓬勃发展，不仅催生了新兴产业的崛起，也为传统产业带来了深刻的变革。数字化转型已经不再是单纯的技术概念，而是被提升至国家战略高度，成为推动国民经济社会发展的新引擎。

当前，汽车产业作为国民经济的支柱产业，技术革命和产业变革正如火如荼地进行。与此同时，国内外市场需求和消费结构也在持续升级，为中国汽车产业带来了空前的发展契机。新能源和智能网联技术的兴起，仿佛为汽车产业打开了一扇全新的创新大门。数字化工具，就像是打开创新大门的一把钥匙，为整个行业注入了强大的动力。物联网、区块链、大数据、人工智能、3D打印等尖端数字化技术在汽车领域的应用，不仅让生产效率显著提升，供应链管理更加顺畅，同时也推动了产品的不断创新和服务质量的快速提高。数字化的力量，让汽车制造商们仿佛拥有了一双"透视眼"，能够洞悉市场的细微变化，精准满足消费者的需求。这一转型促进了汽车产业内外部的紧密合作，让整个行业焕发出前所未有的创新活力，拓展了更为广阔的发展空间。

汽车产业数字化正在掀起一场革命浪潮，而本书正是试图从比较全面、立体化的视角介绍汽车产业数字化的书籍。本书不仅对汽车数字化进程中的政策迭代、产品应用价值内涵的变化进行了生动叙述，更深度剖析和揭示了数字化技术在汽车设计、研发、制造、供应链、营销以及流通等各个环节中的巧妙应用与关键作用。通过一些鲜活而真实的行业案例，本书让我们震撼地感受到了数字化技术带来的变革，使我们对数字化转型的内涵有了更深刻、更直观的理解。

产品数字化，如智能座舱与智能驾驶功能，为每一次出行带来了前所未有的便捷与舒适，使驾驶变得轻松又安全，驾驶乐趣与产业进步同步提升。研发数字化，则让技术路线百花齐放，基于虚拟化和数据流，研发流程将更加高效又精准，而且能及时响应现代消费者的多元化、个性化需求。制造数字化，引领汽车企业步入智能生产新时代，模拟仿真等先进技术让产品更快、更优、更个性化地来到我们手中。供应链数字化，则如一位智慧管家，让供应链更加坚韧，智能与协同管理让整体效率提升。营销数字化，将传统营销战场延伸至线上，洞察消费者需求如探囊取物，数字化展厅、虚拟现实（VR）/增强现实（AR）技术让购车体验焕然一新。流通数字化，则让汽车流通更加高效、快捷，数据驱动的服务让用户体验更上一层楼，让汽车行业更贴近现代消费者的期待。

数字经济已全面到来，传统汽车企业只有顺势而为，通过数字化转型，才能迅速适应这一时代的浪潮，抓住技术革命与产业变革带来的宝贵机遇，并拥有应对数字化时代颠覆性挑战的强大竞争力。在这场激烈的市场竞争中，汽车产业数字化战略将是我们制胜的法宝，助力汽车产业实现可持续的繁荣与发展，谱写辉煌的新篇章。让我们一起翻开这本书，共同感受这场汽车产业数字化的盛宴！

是为序。

罗俊杰

中国机械工业联合会执行副会长

序 二

加快推动中国汽车产业数字化转型

随着信息技术的飞速发展，数字化已成为推动经济社会发展的重要引擎，它不仅深刻改变了人们的生活方式，更为传统产业模式带来了前所未有的挑战和机遇。在这一背景下，汽车产业作为国家制造业的支柱产业，其数字化转型进程备受关注。《汽车产业数字化》正是在这一大背景下应运而生。该书全面解析了中国汽车产业数字化转型的历史背景、发展现状和未来趋势，为业内外人士提供宝贵的参考和启示。

近年来，国家关于数字化政策的密集出台，显示了政府对数字化发展的高度重视与坚定决心。2002 年 11 月，党的十六大最早提出信息化是我国加快实现工业化和现代化的必然选择，坚持以信息化带动工业化，以工业化促进信息化。从《中国制造 2025》的提出，到《关于深化"互联网＋先进制造业"发展工业互联网的指导意见》的发布，再到《"十四五"数字经济发展规划》的制定，国家层面的政策文件为汽车产业的数字化转型提供了清晰的指引和有力的支持，明确了数字化转型的战略方向，并从技术创新、人才培养、资金支持等多个方面为汽车产业数字化提供了全方位的支持，为中国汽车产业的数字化转型奠定了坚实的基础。

自 2020 年以来，工业和信息化部在推动数字化转型方面采取了一系列行动，发布了多项政策规划文件以促进数字经济的发展和产业的数字化升级。其中，《关于推动工业互联网加快发展的通知》明确了新型基础设施建设、融合创新应用等六大领域的 20 项举措，以加快工业互联网的发展步伐。《中小企业数字化赋能专项行动方案》《关于开展财政支持中小企业数字化转型试点工作的通知》《中小企业数字化转型指南》等政策推动中小企业增强综合实力和核心竞争力，助力中小企业向专业化、精细化、特色化、新颖化（专精特新）迈进。《关于促进数据安全产业发展的指导意见》等政策聚焦数据安全保护及相关数据资源开发利用需求，提出促进数据安全产业发展的总体要求，分两个阶段明确发展目标。同时，工业和信息化部在推动重大技术装备发展和自主创新方面发挥着关键作用，还通过与高校的合作为我国的数字化工作提供了源源不断的人才。

在《汽车产业数字化》一书中，作者从政策推动、技术创新、产业变革、市场应用等多个维度，深入剖析了中国汽车产业数字化的全貌。书中不仅记录了汽车产业数字化转型的历程和成就，更揭示了其背后的深层逻辑和未来走向。通过阅读这本书，读者可以全面了解中国汽车产业数字化的现状和趋势，掌握数字化转型的关键技术和应用场景，对于指导企业实践、推动行业发展具有重要的参考价值。

本书内容丰富、结构清晰，作者以深入浅出的方式介绍了汽车产业数字化的相关知识和技术，使读者能够轻松理解并把握汽车产业数字化的核心要义。同时，书中还穿插了大量的案例分析和实证研究，使读者能够更加直观地感受到汽车产业数字化转型的魅力和潜力。此外，书中还对未来汽车产业数字化的发展趋势进行了展望和预测，为读者提供了宝贵的前瞻性思考。

展望未来，中国汽车产业数字化将面临更加广阔的发展空间和更加严峻的挑战。我相信，在国家的政策引导、企业的积极实践和社会各界的共同努力下，中国汽车产业一定能够在数字化转型的道路上不断前进，取得更加辉煌的成就。愿本书能够为中国汽车产业数字化的发展贡献一份微薄的力量，也祝愿中国汽车产业的明天更加美好。

王建伟

工业和信息化部信息技术发展司原一级巡视员、副司长

中国电子信息行业联合会副会长兼执行秘书长

序 三

做数字化转型的践行者

作为最早进入中国市场的外资企业之一，霍尼韦尔见证了中国经济的发展和腾飞，也有幸见证了中国的汽车产业以惊人的中国速度迅猛发展。短短几十年，中国的汽车产业从"引进来"到"走出去"，在新能源汽车领域实现"换道超车"。中国已经是世界第一大汽车消费市场，并且是最大的汽车生产国，产销量连续多年位居全球第一。2023年，中国汽车产销量双双突破3000万辆，再创历史新高，其中，整车出口达491万辆，首次超越日本，位居全球第一。在这个"换道超车"的进程中，数字化转型升级功不可没。

2024年《政府工作报告》指出，2024年将深入推进数字经济创新发展，制定支持数字经济高质量发展政策，积极推进数字产业化、产业数字化，促进数字技术和实体经济深度融合。由中国汽车工业经济技术信息研究所有限公司组织编写的《汽车产业数字化》正是推进汽车产业这一重要战略产业开展数字化转型、实现高质量发展的重要参考。

本书从整个汽车产业的视角，从政策推动、技术创新、产业变革、市场应用等多个维度，展示了汽车产业数字化的全貌。书中翔实地分析了汽车行业数字化的相关政策，对重点区域的政策进行了详尽的解读；从技术赋能和创新应用的角度，讨论了5G、车载芯片、AI等诸多新技术如何使得汽车的驾驶和乘坐场景变得更友好更智能；从产业变革的角度，以汽车产业的数字化经验为其他制造业实现数字技术和实体经济相结合提供了重要的参考和借鉴。最难能可贵的是，书中提供了产业生态中各个领域各类企业的典型案例，从市场应用的角度展示了大量汽车产业链各环节数字化的实际应用。

作为一家百年老店，霍尼韦尔很早就开始了数字化转型。数字化转型是对传统商业模式、业务模式、运营模式和决策模式等各方面的重塑再造，是实现高质量发展的重要路径。霍尼韦尔在践行数字化转型的同时，也积极参与中国的产业数字化转型。霍尼韦尔致力于将智能化应用于工业领域，并于2016年提出"互联工厂"的理念。霍尼韦尔利用互联技术，在原有产品和解决方案的基础上增加新的功能，实施对过程、资产、人员的互联，实现对生产的优化，促进行业的转型升级。汽车行业是霍尼韦尔服务的重要战略行业，书中提到的多家企业都是霍尼韦尔自动化和可持续发展解决方案的客户和重要合作伙伴。除了汽车和其他工业领域，霍尼韦尔还为航空、城市建筑等行业提供一系列先进的数字化、自动化和可持续发展解决方案。

霍尼韦尔中国一直努力践行"东方服务东方，中国服务中国"的理念，正是因为我们相信中国高速增长的市场、稳定的政策环境、健全完善的产业生态，以及通过持续创新不断攀升产业链高端的能力。中国汽车工业的实力和活力，彰显着中国制造的信心和底气。我们也将继续和汽车企业一起，致力于发掘数字化的新质生产力，加快向电动化、智能化、网联化方向转型升级，进一步走出去，助力全球汽车产业升级。

对于致力于数字化转型的制造业企业和行业的管理者、经营者和从业人员，本书对于汽车产业数字化的介绍既全面又深入，系统地提供了完整的思考框架、现状分析及对于未来的思考。对于汽车生态链企业的管理者、经营者和从业人员，本书关于汽车产业生态链的各类企业的数字化的进展介绍全面翔实且颇具时效性，值得大家仔细阅读。

余锋

霍尼韦尔中国总裁

前言

在这个充满活力的时代，我们有幸成为中国汽车产业数字化转型的见证者与参与者。这一转型不仅是技术的革新，更是产业思维与商业模式的深刻变革。为此，我们编写了《汽车产业数字化》一书，旨在全面解读中国汽车产业数字化的壮阔历程，不仅忠实记录这一历史性的跨越，更力求揭示其背后的深层逻辑与未来走向。

中国汽车产业的发展历程，是一部波澜壮阔的史诗。从 20 世纪末的初步开放，到 21 世纪初的快速增长，再到如今以崭新姿态屹立于全球舞台，中国汽车产业的每一次跃升都与国家战略、技术创新、市场需求紧密相连。而数字化，作为 21 世纪的核心驱动力，正在引领中国汽车产业踏上变革的新征程。

在本书中，我们将从政策推动、技术创新、产业变革、市场应用等多个维度，深入剖析中国汽车产业数字化的全貌。我们将见证中国汽车产业如何借助数字化技术，实现从制造大国向智造强国的华丽转身，以及如何在全球化的大背景下，为世界汽车产业的发展贡献中国智慧。

政策，作为产业发展的风向标，始终发挥着举足轻重的作用。中国政府对汽车产业数字化转型的高度重视，从《中国制造 2025》到《关于加快传统制造业转型升级的指导意见》等一系列政策文件的出台中可见一斑。这些政策不仅为中国汽车产业的数字化转型提供了坚实的支撑，更为其指出了清晰的发展方向。在这些政策的助力下，中国汽车产业得以在数字化转型的道路上稳步前行。

技术，则是推动产业发展的核心动力。5G、人工智能、大数据、云计算、区块链等尖端技术的飞速发展，为中国汽车产业注入了新的活力。这些技术的广泛应用，不仅显著提升了汽车产品的智能化水平，更引领了生产方式的深刻变革，使得个性化定制、智能制造等先进理念得以实现。同时，数字化技术也重塑了汽车产业的价值链条，催生了众多新颖的商业模式和服务形态，为产业的持续繁荣注入了新的动力。

　　产业变革，是产业发展的核心所在。数字化浪潮正在以前所未有的力度重塑汽车产业的各个环节。智能驾驶技术的突飞猛进正在彻底改变我们的出行方式；生产数字化的蓬勃发展正在成为企业应对市场挑战和消费者需求的核心手段；数字化营销的异军突起正在重塑品牌与消费者之间的互动关系；后市场服务的数字化升级正在为消费者带来前所未有的便捷体验。这一系列变革的背后，是对效率、个性化和用户体验的不懈追求和持续创新。

　　市场应用，则是检验产业发展成果的最终标准。本书通过对一系列企业案例进行生动的分析，展示了数字化如何助力汽车企业提升竞争力，满足日益多样化的市场需求。这些数字化转型的成功实践不仅为中国汽车产业树立了宝贵的标杆，也为全球汽车产业的发展提供了有益的借鉴和启示。我们将深入探讨这些案例背后的策略与实施细节，剖析数字化如何成为推动汽车产业转型升级的强大引擎。

　　展望未来，我们相信中国汽车产业的数字化转型将进入一个全新的阶段。随着技术的持续进步和创新应用的不断涌现，数字化将更加紧密地与汽车产业的各个环节相融合，为人们的出行生活带来更加丰富、便捷和智能的新体验。然而，在享受数字化带来的红利的同时，我们也必须清醒地认识到数据安全、隐私保护、技术标准等问题的严峻性和紧迫性。这需要政府、企业、研究机构等各方携手合作、共同努力，共同构建一个健康、可持续的数字化汽车产业生态系统。

　　在全球化的大背景下，中国汽车产业的数字化转型不仅关乎国内产业的未来命运，更将对全球汽车产业格局产生深远影响。中国汽车产业在数字化实践和创新中积累了大量的宝贵经验和智慧结晶，我们坚信，在数字化的浪潮中乘风破浪的中国汽车产业必将以更加开放、包容和创新的姿态屹立于世界舞台中央，为全球汽车产业的可持续发展贡献中国力量。

　　最后，向所有为本书付出辛勤努力的同仁以及给予我们无私支持和帮助的机构和个人表示衷心的感谢。正是因为你们的鼎力相助和宝贵建议，这本书才得以顺利问世。同时，也衷心希望广大读者能够通过阅读本书对中国汽车产业的数字化应用与创新有一个更加全面、深入的了解，并在此基础上为推动中国汽车产业的持续健康发展贡献自己的智慧和力量。

　　让我们携手共进，共同开启中国汽车产业数字化的崭新篇章！

编　者

目　录

第 1 篇　宏观需求

第 1 章　全球战略：

第 2 章　政策推动：

第 3 章　行业趋势：

第 2 篇　体系变革

第 3 篇　技术驱动

汽车产业数字化

第1篇　宏观需求

第 1 章

全球战略：
国内外数字化发展趋势

当前，全球经济百年变局正在交织演变，新一轮科技革命和产业变革加速演进，引导着社会经济各方面向数字化迈进。数字化是全球经济增长的重要引擎，也是重塑全球价值链的变革性力量，全球数字化浪潮正在加速推进，世界主要经济体纷纷将其上升至国家战略，以期在全球数字化竞争中占据有利地位。

作为本书的开篇，本章将深入探索当前全球数字化的时代脉搏。在全球政治经济格局深刻演变与科技革新的双重驱动下，数字化已不仅是一个简单的技术趋势，而是企业面对日益复杂多变的市场环境、经济波动和社会变革时，必须应对的长期考验。通过对全球数字化布局的全面审视，我们可以清晰地看到，无论是传统产业的数字化转型，还是战略新兴产业的崛起，都体现了数字化在经济发展中的核心地位。

经过长期的探索和努力，我国数字经济取得了令人瞩目的成绩。从规模上看，我国数字经济已经连续多年稳居世界第二，成为全球数字化发展的重要引擎。在经济社会发展的各个领域，数字经济都展现出了强大的引领和支撑作用。尤其是在疫情等突发事件的冲击下，数字经济更是成为稳定经济增长、保障社会运行的重要力量。

然而，我们也要清醒地看到，我国产业数字化虽然整体呈现稳步推进的态势，但仍面临诸多挑战。许多企业在数字化转型过程中缺乏明确的战略指引，转型推进受阻；同时，数字化人才的短缺也成为制约数字化进一步发展的瓶颈。这些问题需要我们给予高度重视，并采取有效措施加以解决。

展望未来，我国数字化发展将呈现数字技术与实体经济的融合更加深入、数字技术赋能产业园区高质量发展等趋势。为了应对这些挑战，我们需要关注技术创新，提高数据利用效率并深化各行业的数字化转型升级。通过明确数字化转型的战略和方向，我们可以更好地抢占国际竞争的先机，掌握发展的主动权。

1.1　全球数字化发展概况

1.1.1　全球数字化面临的时代背景

1995 年，美国麻省理工学院教授尼古拉斯·尼葛洛庞蒂（Nicholas Negroponte）在其著作《数字化生存》中首次明确提出了"数字化"的概念。他强调了以"比特"为存在物的数字化时代的到来，被誉为数字化理论的奠基人之一。

数字化转型的概念可以追溯到多个源头，一种观点认为是国际商业机器公司（IBM）在2012年最早提出了"数字化转型"（Digital Transformation）的概念，强调了应用数字技术重塑客户价值主张和增强客户交互与协作；另一种观点则是高德纳（Gartner）咨询公司在2011年首次提出了数字化转型的概念，并将其定义为利用数字技术改变企业原有的业务模式、组织结构和企业文化等，以适应数字化时代的变化和需求。

尽管存在不同的观点和解读，但可以确定的是，数字化转型是建立在数字化转换、数字化升级的基础上，进一步触及公司核心业务，以新建一种商业模式为目标的高层次转型。从世界范围来看，数字化是全球经济增长的重要引擎，也是重塑全球价值链的变革性力量。国家政策引导与扶持、数字基础设施加快建设、市场需求不断增长等因素，正在加速影响和推动全球数字化进程。

1. 政策端：国家政策推动全球数字经济发展

数字经济成为全球产业发展与变革的重要引擎，全球产业数字化浪潮正在加速推进。美国、德国、日本、法国及中国等全球多个经济大国，都在积极布局数字化战略（表1-1），不断调整和优化政策环境，以确保数字经济的政策方向更加清晰，政策支持体系更为完善，这些努力旨在为数字经济的稳健和长远发展创造有利的环境。经济合作与发展组织（OECD，简称经合组织）所发布的《2020年数字经济展望》指出，近九成的经合组织成员都已经制定了与产业数字化紧密相关的战略和行动计划。

表1-1　世界主要国家和组织的数字化转型重点举措

国家或组织	举措
美国	围绕前沿技术和先进制造业，引领全球数字化转型变革
欧盟	以建设统一数字市场为方向，明确转型战略方向
英国	注重战略引领，积极构筑数字化转型蓝图
法国	聚焦工业转型和人才培养，支撑产业数字化转型
德国	积极践行"工业4.0"，明确五大行动领域
中国	立足产业和市场优势，推动数字化转型进入新阶段
日本	围绕"社会5.0"理念，推动数字技术应用发展
俄罗斯	强化自主研发地位，持续推动经济社会数字化转型

注：资料来源于《全球产业数字化转型趋势及方向研判》。

美国是全球最早布局数字化转型的国家，美国商务部 1998 年发布了《浮现中的数字经济》系列报告；英国政府在 2009 年即推出了"数字大不列颠"行动计划，致力于实现英国主导的世界数字经济世代；日本在 21 世纪初就制定"IT 立国"战略，并通过"e-Japan 战略""u-Japan 政策""i-Japan 战略"等政策指引，促使日本数字经济逐步向信息化、网络化与智能化方向发展。

发展中经济体的数字经济战略布局起步较晚，但近年来也纷纷出台了相关政策。中国于 2015 年中国共产党第十八届中央委员会第五次会议上将大数据上升到国家战略层面，之后陆续出台促进数字经济行业发展的政策，并不断将其写入政府工作报告；巴西在 2016 年颁布《国家科技创新战略（2016—2019 年）》，将数字经济与数字社会列为其优先发展的 11 个领域之一；俄罗斯于 2017 年将数字经济列入《俄联邦 2018—2025 年主要战略发展方向目录》，并编制完成俄联邦数字经济规划。

2. 支撑端：全球信息基础设施与技术创新加快

目前，全球的主流运营商都已经着手进行基础网络的转型规划，这一转型以云服务为核心，旨在满足日益增长的数字化需求。例如，美国的 AT&T 推出了 Domain2.0，德国电信则有 Pan-Net，中国有中国电信的 CTNet2025、中国联通的 CUBE-Net3.0 以及中国移动的 NovoNet 等，这些都是这一转型趋势的明显标志。

这些主流运营商在寻求网络架构转型的过程中，共同关注到一个核心理念：软件定义网络（SDN）的控制平面与转发平面的分离。这种分离不仅有助于提升网络的灵活性和可管理性，还为运营商在网络架构发展上打开了全新的思路。这种思路已经得到了业界的广泛认可，并被视为运营商网络重构的大方向。

同时，新一代信息通信技术（ICT）产业正在迅速崛起。这一产业不仅是构建信息基础设施的关键，更是提供网络和信息服务，全面支撑经济社会发展的重要力量。其战略性、基础性和先导性的地位，使得 ICT 产业在全球范围内的发展都备受关注。

随着经济全球化的加速和社会信息化的深入发展，信息通信技术的重要性日益凸显。特别是那些具备高带宽、低时延、安全可靠等特性的技术，在推动全球经济增长和数字化转型方面的作用更是不可估量。这些技术不仅为

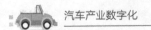

各行各业提供了强大的数字化技术支持，也为人们的生活带来了前所未有的便利和体验。

3. 需求端：数字化消费者的规模和需求日益增长

随着 5G、AI、大数据和云计算等技术的快速发展，数字化已经渗透到我们生活的方方面面。这不仅极大地丰富了产品市场，让我们可以更方便地获取各种商品和服务，还推动了个性化、便捷化和智能化的消费需求不断增长。现在，数字消费已经变成了推动消费增长的重要力量，它让我们的生活更加便利，也让经济更加繁荣。数字化技术的应用和普及，让数字消费成为一个不可忽视的趋势。

特别是自 2020 年疫情暴发以来，在疫情对世界经济造成严重冲击时，数字化的无形触角却正全面渗透至社会运行的每一个角落，加速了新技术、新模式对传统工作方式、生活方式的改变与革新，有力地推动了全球经济的数字化转型。例如在疫情期间，人们的购物、娱乐和办公需求迅速从线下转移到线上。在线办公、在线教育、网络视频等数字化新业态和新模式如雨后春笋般涌现，为人们提供了全新的生活和工作体验。同时，大量企业利用大数据、工业互联网等技术加强供需精准对接，实现高效生产和统筹调配。数字经济的蓬勃发展在减少人员流动、降低疫情传播风险、满足人们的生产生活需求以及稳定经济增长等方面发挥了重要作用。

1.1.2 全球数字化发展的现状及趋势

1. 数字化助力企业应对不确定性的长期考验

在全球的大舞台上，我们正身处一个 VUCA（不稳定、不确定、复杂化、模糊化）的时代，这个时代的特点就是变化与不确定性无处不在，就像一场没有预告的风暴，随时可能席卷而来。全球性的"黑天鹅"事件频频上演，让企业在发展的道路上步步为营，每一步都充满了挑战。

从政治层面看，地缘政治冲突不断加剧，导致全球化和自由贸易受到挑战，关键初级产品的供给短缺问题日益严重。同时，大国之间的博弈使得全球产业链和供应链出现定向脱钩的趋势，给企业的生产和经营带来了极大的不确定性。

从社会层面看，疫情后，全球资本市场和企业营商环境面临的挑战加剧。这场疫情像是一面镜子，照出了传统工作和生活方式的脆弱性，也催生了对数字化转型的迫切需求。

从经济层面看，美联储货币政策的转向也对国际金融市场产生了较大的扰动。货币政策的调整导致非美货币贬值压力上升，全球债务危机风险加剧，这使得企业在跨国经营和投资时面临着更大的风险和不确定性。

在这样复杂的全球形势下，数字化转型不再是企业的可选项，而是必选项。它是行业和企业应对外部不确定性的关键策略，也是通往未来发展的必由之路。数字化转型不仅能够帮助企业提高效率和灵活性，还可以帮助企业开拓新的商业模式和市场机会。通过数字化转型，企业可以更好地适应外部环境的变化，提高竞争力。

因此，数字化转型是企业发展的必由之路，也是应对当前和今后国际形势不确定性的战略选择（图 1-1）。企业需要积极拥抱数字化转型，加强技术创新和人才培养，以适应全球宏观环境的变化和挑战。只有这样，企业才能在激烈的市场竞争中立于不败之地，实现可持续发展。

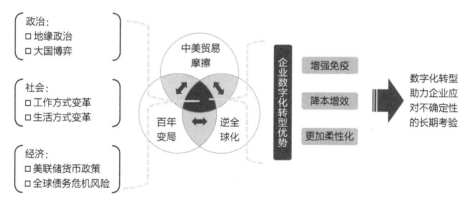

图 1-1　数字化转型是企业发展的必由之路和战略选择

2. 数字经济国际合作进入新的发展阶段

随着全球数字化进程的加速推进，互联网、移动蜂窝网络等数字基础设施已成为全球数字经济发展的基石，为国际数字经济合作提供了坚实基础。

21 世纪以来，全球互联网行业高速发展，世界银行和世界互联网数据统计机构（Internet World Stats）的数据显示，自 2009 年以来，全球互联网用户数持续增长，至 2023 年年底超过 53 亿，占全球人口的 65.7%。数字经济的蓬勃发展，不仅通过成本节约和技术溢出效应大幅降低了国际合作的门槛和成本，更为基于数字技术和数字要素的国际贸易、投资、劳务合作等领域开辟了新的合作空间。这一趋势推动了数字经济国际合作新增长点的形成，即通过集成数字技术、数字要素和数字创新，实现产业链与创新链的深度融合，为全球经济发展注入新的活力。

在全球数字经济蓬勃发展的背景下，国际合作的重要性日益凸显。联合国在 2019 年发布的《数字相互依存的时代》报告中明确指出，数字经济将加深各国间的相互联系和依存关系，任何国家都无法单凭一己之力解决数字经济创新发展的所有难题。此外，联合国贸易和发展会议的《数字经济报告2021》也呼吁加强数字经济在竞争政策和税收方面的国际合作。

我国在数字经济领域的对外合作不断扩展，迈向更广泛的范围、更多元的领域和更深入的层次。2021 年 12 月，我国国务院印发《"十四五"数字经济发展规划》，提出有效拓展数字经济国际合作，推动"数字丝绸之路"深入发展，深化与"一带一路"国家的数字经济合作，主动参与国际组织数字经济议题谈判，开展双边和多边数字治理合作。在加入《数字经济伙伴关系协定》（DEPA）的进程中，我国也取得了积极进展。2022 年 8 月 18 日，根据 DEPA 联合委员会的决定，中国加入 DEPA 工作组正式成立，全面推进加入谈判。商务部部长在 2023 年 5 月 26 日表示，中国加入 DEPA 工作组成立以来，中方与成员方一道，开展了大量富有成效的工作，总体进展积极。2023 年 10 月 18 日，《"一带一路"数字经济国际合作北京倡议》在第三届"一带一路"国际合作高峰论坛数字经济高级别论坛上发布，旨在加强数字互联互通，促进在数字政府、数字经济和数字社会等方面的合作，中国同缅甸、肯尼亚、阿根廷等 13 国共同发布上述倡议，从基础设施、产业转型、数字能力、合作机制等方面，提出进一步深化数字经济国际合作的 20 项共识。

3. 各国纷纷加强数字经济基础设施建设

近年来，各国加快在数字经济基础设施方面的布局，加大在宽带、网络等方面的投入和建设力度，扩大 5G 网络覆盖范围。2013—2023 年，在各国的持续推动下，全球移动网络连接数已从 66.8 亿增长到 86.3 亿，年均复合增长率为 2.6%（图 1-2）。爱立信发布的《爱立信移动市场报告》显示，2023

年全球 5G 用户签约数增加了近 6 亿，全球约有 280 家运营商推出了 5G 商用服务，其中超过 40 家已经部署或开通了 5G 独立组网（SA）。截至 2023 年年底，全球 5G 人口覆盖率达到了 45%，预计到 2029 年将增加到约 85%。

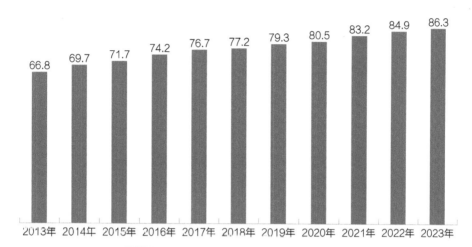

图 1-2　2013—2023 年全球移动网络连接数

注：资料来源于全球移动通信系统协会（GSMA）。

从政策方面看，欧盟《2030 数字罗盘：欧洲数字十年之路》中提出建立安全、高性能和可持续的数字基础设施（图 1–3），到 2030 年，所有欧洲家庭覆盖千兆网络，所有人口稠密地区覆盖 5G 信号；欧洲的尖端和可持续半导体产值至少占世界半导体总产值的 20%；在欧洲部署 1 万个气候中立、安全性高的边缘节点，确保企业能够在所有区域以低时延访问数据服务。英国在《英国数字战略》中指出，英国将投资超 300 亿英镑加快宽带部署，计划 2025 年实现 85% 以上千兆网络覆盖率，2030 年实现 99% 以上千兆网络覆盖率；投资 4G、5G 网络建设和研发，目标是到 2027 年让大多数人都能够使用 5G 信号；实施《无线基础设施战略》，为英国无线网络的开发、部署明确战略框架。美国联邦通信委员会（FCC）2021 年 12 月宣布加大宽带网络建设投入，使用政府补贴来建设乡村宽带网络，互联网服务供应商必须保证宽带下载速度不低于 10Mbit/s，上传速度不低于 1Mbit/s。2023 年，日本修订了《半导体和数字产业战略》，提出计划基于北海道与九州丰富的可再生能源电力供应，在两地部署新的大规模数据中心，分担东京与大阪的数据处理压力。

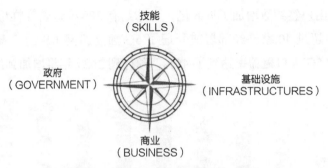

图 1-3　欧盟 2030 数字罗盘愿景示意图

注：资料来源于欧盟委员会。

4. 融合发展成为数字化转型升级的重要突破口

在新一代科技革命和产业变革的推动下，数字化技术正在深刻地改变着各个行业的生产方式、组织形态和商业模式。区块链、大数据、云计算、人工智能等数字化技术为制造业、农业、采矿业、建筑业等行业提供了强大的赋能（表 1-2），推动了从生产要素到创新体系、从业态结构到组织形态、从发展理念到商业模式的全方位变革突破。

表 1-2　各行业数字化转型战略方向及主要数字化手段

行业	转型战略方向	数字化手段
制造业	数字化经营、数字化生产线、数字化营销、数字化研发、市场洞察	客户关系管理（CRM）、办公自动化（OA）、企业资源计划（ERP）系统等综合企业级软件，工业软件和智能工厂解决方案
农业	数字化生产线、质量控制、数据平台、物联网、数字化运营	智慧农场类解决方案、无人机等物联网软硬件设施
采矿业	数字化生产线、智慧矿山、智慧安防、ESG、机器人	智慧矿区类解决方案、ESG 管理体系
建筑业	ESG、数字化管理、数字化生产线、建筑信息模型（BIM）/数字孪生、智慧工地	智慧工地解决方案、BIM/数字孪生
能源业	数字运维、数字化经营、ESG、数字电站/智慧电厂、数字中台	数字电站/智慧电厂解决方案
零售和批发业	数字化运营、数字渠道、用户体验管理、平台经济、供应链数字化	数字中台、智慧物流/仓储解决方案
交通运输和邮政业	用户体验、ESG、数字化经营、全球化渠道、智慧仓储/物流	客户数据平台（CDP）/市场洞察解决方案、服务出海解决方案

（续）

行业	转型战略方向	数字化手段
金融业	数字风险控制、数字营销、智能客服、用户体验管理、数字渠道	金融行业综合解决方案、与提升用户体验相关的应用

注：1. 资料来源于艾瑞咨询。

2. ESG 指环境、社会和公司治理。

在制造业领域，数字化战略已经覆盖了制造企业生产、销售、经营的主要环节。通过市场用户研究和产品研发数字化，企业可以更加精准地把握市场需求和产品创新方向；通过产品的设计和生产数字化，可以实现生产过程的自动化、智能化和柔性化；通过产品的市场营销数字化，可以更加高效地推广产品和服务，提升品牌知名度和客户满意度。

在农业领域，建设数字化种植园、数字化养殖场等数字化生产线是农业企业开展数字化转型的首要任务。这包括数字化生产线的建设、质量控制、数据平台、物联网、数字化运营等方面。通过数字化技术的应用，农业企业可以实现精准种植、精准养殖，提高农产品产量和质量，降低生产成本，提升市场竞争力。

整体来看，各行业数字化转型部署集中在"生产－运输－销售－体验管理"链条上，以及"安全"和"环保"两大概念中。数字化技术的应用正在推动着各个行业的变革和升级，为经济社会发展注入了新的动力。

1.2 中国数字化发展现状及趋势

1.2.1 中国数字化整体发展概况

1. 数字经济总量整体迈向新高度

我国数字经济规模不断提升，总量连续多年位居世界第二。2017—2022年，我国数字经济规模从 27.2 万亿元增至 50.2 万亿元，年均复合增长率达13.04%，占国内生产总值（GDP）的比例从 32.9% 提升至 41.5%，成为推动经济增长的核心引擎之一（图 1-4）。

具体来看，数字产业规模稳步增长，2022 年，电子信息制造业实现营业收入 15.4 万亿元，同比增长 5.5%；软件业收入跃上 10 万亿元台阶，达 10.81

万亿元，同比增长 11.2%；工业互联网核心产业规模超 1.2 万亿元，同比增长 15.5%（图 1-5）。全国网上零售额达 13.79 万亿元，其中农村网络零售额达 2.17 万亿元，农产品网络零售额达 5313.8 亿元，同比增长 9.2%。数字企业创新发展动能不断增强。我国市值排名前 100 的互联网企业总研发投入达 3384 亿元，同比增长 9.1%。科创板、创业板已上市战略性新兴产业企业中，数字领域相关企业占比分别接近 40% 和 35%。

图 1-4　2017—2022 年我国数字经济规模及占 GDP 比例

注：资料来源于国家互联网信息办公室。

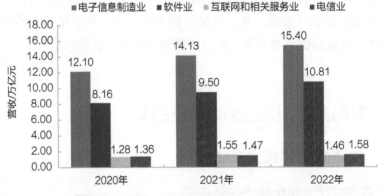

图 1-5　2020—2022 年我国数字产业营收情况

注：资料来源于国家互联网信息办公室。

中国信息通信研究院数据显示，美、中、德三国连续多年数字经济规模位居全球前三位。2022 年，美国数字经济规模蝉联世界第一，达到 17.2 万亿美元；中国位居第二，规模为 7.5 万亿美元；德国位居第三，规模为 2.9 万亿美元。

2. 数字基础设施实现跨越式发展

我国大力支持网络基础设施建设，加快推动高速泛在、天地一体、云网融合、智能敏捷、绿色低碳、安全可控的智能化综合性数字基础设施建设，为我国经济社会数字化、网络化、智能化发展提供支撑。我国已建成全球规模最大、技术领先的网络基础设施。2024 年《政府工作报告》提出，适度超前建设数字基础设施，加快形成全国一体化算力体系。

网络基础设施适度超前部署取得重要进展。我国移动通信实现从"3G突破"到"4G 同步"再到"5G 引领"的跨越，建成了全球规模最大、技术领先的移动通信网络。目前，我国已建成全球规模最大的光纤和移动宽带网络。2023 年，我国新建光缆线路长度为 473.8 万 km，全国光缆线路总长度达 6432 万 km。全光纤网络建设快速推进，截至 2023 年年底，互联网宽带接入端口数达到 11.36 亿个，比上年末净增 6486 万个，千兆光网具备覆盖超过 5 亿户家庭的能力，所有地级市全面建成光纤网络城市，行政村通宽带率达 100%。全国移动通信基站总数达 1162 万个，其中 5G 基站为 337.7 万个，占移动通信基站总数的 29.1%，占比较上年末提升 7.8 个百分点（图 1-6）。IPv6 规模部署与应用深入推进，拥有地址数量居世界第二，IPv6 活跃用户数达 7.78 亿。北斗系统已全面服务交通运输、公共安全、应急管理、农林牧渔等行业，融入电力、通信、金融等基础设施。

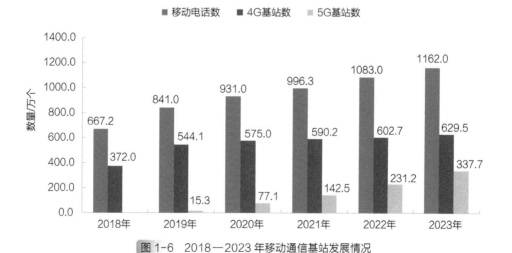

图 1-6　2018—2023 年移动通信基站发展情况

注：资料来源于工业和信息化部。

算力基础设施达到世界领先水平。截至 2023 年年底,我国数据中心机架总规模超过 810 万标准机架(图 1-7),算力总规模达到 230EFLOPS[⊖],位居全球第二,算力总规模近 5 年年均增速近 30%。以中国电信为例,2023 年新增数据中心机架 5 万架,达到 56.3 万架,规模保持行业领先;新增通用算力 1.0EFLOPS,达到 4.1EFLOPS,新增智能算力 8.1EFLOPS,达到 11EFLOPS,形成了独特的云网融合资源优势和突出的服务能力。西部数据中心占比稳步提高,"东数西算"干线光纤网络和兰州等中西部国家互联网骨干直联点加快建设,推动全国算力结构不断优化。我国超级计算发展水平位于全球第一梯队,但相比 2022 年总量有所下降,2023 年 11 月 14 日,全球超级计算大会正式公布了第 62 期全球超级计算机前 500 位(TOP500)排行榜,中国的神威·太湖之光和天河二号 A 进入了前 15,分别排名第 11 和第 14。中国和美国在整个 TOP500 超级计算榜单上占据了大部分位置,其中,美国的领先优势从上一届榜单的 150 个系统增加到本次榜单的 161 个,中国从 134 个下降到 104 个。

图 1-7　2017—2023 年我国在用数据中心机架规模

注:资料来源于工业和信息化部。

3. 产业数字化提升发展质量效益

工业互联网、数字商务、智慧农业加快发展,促进传统产业全方位、全链条转型升级。工业互联网向网络、平台、安全一体化发展,已覆盖 45 个国民经济大类和 85% 以上的工业大类。工业互联网标识解析体系全面建成,全

⊖　1EFLOPS 为每秒一百京(1×10^{18})次浮点运算。

国顶级节点累计接入二级节点 265 个，服务近 24 万家企业。全国具备行业、区域影响力的工业互联网平台超过 240 个，重点平台连接设备超过 8000 万台（套），服务工业企业超过 160 万家。智能制造应用规模和水平大幅提升，四成以上制造企业进入数字化网络化制造阶段，制造机器人密度跃居全球第 5 位，智能制造装备产业规模达 3 万亿元，市场满足率超过 50%。农业数字化加快向全产业链延伸，农业生产信息化率超过 25%，智能灌溉、精准施肥、智能温室、产品溯源等新模式得到广泛推广。服务业数字化转型深入推进，线上消费在稳消费中发挥积极作用，全国网上零售额达 13.79 万亿元，同比增长 4%。

4. 各省份加快夯实数字化发展基础

根据国家互联网信息办公室发布的《数字中国发展报告（2022 年）》，对 31 个省（自治区、直辖市）在夯实基础、赋能全局、强化能力、优化环境以及组织保障等方面进行了综合评估，结果显示，浙江、北京、广东、江苏、上海、福建、山东、天津、重庆、湖北 10 个省份在数字化综合发展水平上脱颖而出，位列全国前 10。这些地区将数字化发展摆在地区发展的重要位置，坚持改革创新和系统推进，建立强有力的组织推进机制，前瞻谋划布局数字化发展的整体战略，加强整体设计，积极推动跨部门跨行业协同联动，全面提升地区数字化发展的整体性、系统性、协同性，争创数字中国建设先行区（表 1-3）。

表 1-3　数字化转型前 10 省份重点举措

省份	重点举措
浙江	全力打造数字变革高地，高质量打造一体化智能化公共数据平台，以党政机关整体智慧治理推动省域全方位变革、系统性重塑，积极探索开展平台经济监管"浙江模式"，打造全球数字贸易中心，搭建高级别全球数字交流合作平台，以数字化改革驱动共同富裕先行和省域现代化先行
北京	大力推动全球数字经济标杆城市建设，加快推进数据专区建设和开发利用，推动政务服务数字化水平明显提升，布局战略新兴产业集群，以国际科技创新中心建设为抓手加快关键核心技术突破，打造自主可控软硬件技术体系，持续有力有效捍卫首都数字安全防线
广东	加快数字化发展，巩固提升数字经济核心产业优势，建强鹏城国家实验室等技术创新平台，持续提升全省一体化政务服务能力，推进数字政府改革向基层延伸，开展数据要素市场化配置改革、"数据海关"等试点建设，加快推进粤港澳跨海智慧通道等重大工程建设

（续）

省份	重点举措
江苏	高质量推进数字江苏建设，深入推进"双千兆"网络建设，加快布局工业互联网、智能交通、城市能源互联网、智慧教育等应用基础设施，加快智能机器人、工控系统等领域技术产业化，建设工业大数据应用示范区
上海	全面推进城市数字化转型，率先试点金融、交通等公共数据授权运营，积极布局数字经济新赛道，推动公共服务更加普惠包容，创新打造数字文化平台，大力推动数字贸易蓬勃发展，加快建设具有世界影响力的国际数字之都
福建	将数字福建建设作为基础性先导性工程，强化政务公共平台一体化建设，发展贴近社会、民生、企业需求的数字化应用体系，高标准举办数字中国建设峰会，加快构建跨境电商综合示范区集群，成为深化数字领域国际交流合作的重要对外窗口
山东	大力实施数字强省战略，高标准建设国家级骨干直联点"双枢纽"省份，构建一体化大数据平台体系，全面推行"免证办事""一码通行"，加快建设"爱山东"政务服务、"文物山东"文化服务等平台，建成全面覆盖山水林田湖草沙的地形级实景三维一张图
天津	统筹发展和安全，加快用"创新力"增强"防护力"，在集成电路、自主软件、人工智能等关键数字技术领域持续攻坚，围绕全产业链布局信息技术创新产业生态体系，建立市区一体的数据安全和个人信息保护工作协调机制，为群众安居乐业和企业安全有序运行提供坚强保障
重庆	坚持以数字化改革引领系统性变革，加快推进数字经济、人工智能国家级试验区"双区"建设，依托汽车制造、医疗产业等工业基础，建立起"软硬结合"的高质量数字经济发展路径，搭建互联云川、通达国际的专用网络通道，加快建设西部国际数据门户
湖北	以数字湖北为抓手，推动5G、工业互联网等数字技术融合发展，引导钢铁、石化等传统产业智能化改造，发挥全国重要数字技术智力密集区作用，高标准建设光谷科创大走廊，加速光电子信息、空天科技、集成电路等关键核心技术突破，积极在光电子信息领域打造具有国际竞争力的标志性产业链和数字产业集群

注：资料来源于国家互联网信息办公室。

1.2.2　中国数字化存在的问题

1. 企业数字化转型的整体战略缺失

虽然现在很多企业都在谈论数字化转型，但其中有一个普遍存在的问题：他们往往更关注具体的转型措施，而忽视了整体战略的规划。数字化转型并不仅仅是买一些新的技术设备或者搭建几个网络平台那么简单，它实际上是一个涉及企业全方位、多层次的变革过程。这个过程需要企业在组织结构、运营方式、管理制度等各个方面都做出相应的调整和创新。

然而，目前的情况是，很多企业在进行数字化转型时，只把目光放在网络、系统、平台等具体的建设上，而没有从战略全局的高度来审视和规划整个转型过程。他们没有对企业的组织结构、运行机制、管理制度等进行相应的调整和优化，导致数字化转型只是停留在表面的信息技术应用上，没有真正深入到企业的核心业务和流程中去。

另外，还有一些企业的数字化战略与业务发展之间存在明显脱节。他们的数字化战略似乎是独立于业务发展之外的另一个体系，两者之间缺乏有效的衔接和协同。这样一来，企业发展战略对数字化部署方向的指导性就变得非常差，数字化转型也就难以取得实质性的进展。

事实上，我国还有大量的企业处于数字化转型的早期阶段。其中，民营企业中，主营业务未进行数字化转型的企业占比高达 38.17%，处于初步探索阶段的样本企业也占 38.82%，两者累计占比达到了惊人的 76.99%。这意味着，在我国，绝大多数企业在数字化转型方面还有很长的路要走。

2. 数字化转型的投入产出不确定性

数字化转型是一个需要投入大量资源并承担一定风险的长期过程。然而，由于数字化转型的投入产出存在很大的不确定性，很多企业在面对转型时都表现得非常谨慎和保守。

与普通项目投资相比，数字化转型的初始投入往往更大，投资专用性更强，转换成本也更高。而且，数字化转型的收益并不是一蹴而就的，它更多来自数字技术对企业整体运营效率和创新能力的提升。这种收益往往难以在短期内用传统的绩效指标来衡量。

然而，一些企业在进行数字化转型时往往急于求成，希望能够在短时间内看到明显成效。他们用传统的绩效指标来衡量转型的效果，而没有根据企业的实际情况和部署计划制定针对性的评估体系。这样一来，当短期内看不到明显的成效时，他们就会对数字化转型失去信心，认为数字化部署是"失灵"的。这种心态导致了数字化投资的持续性变弱，形成了一个恶性循环。

3. 数字化转型的内外协作挑战

数字化转型不仅需要企业内部各个部门紧密协作，还需要企业与外部的合作伙伴进行有效联动。然而，在实际操作中，这种内外协作往往面临着很大的挑战。

从内部来看，企业数字化转型涉及供应商、管理层、发起部门（如 IT 部

门、业务部门、数字化部门），以及其他协同部门之间的联动。在这个过程中，管理层需要负责战略确定和项目落地的决策；发起部门则需要负责辅助落地、辅助培训、运营维护及信息传递；而协同部门则需要承担协助推动的责任。然而，在实际操作中，往往会出现管理层不放权、IT 部门缺乏业务经验、业务部门技术能力不足等问题。这些问题导致企业内部各部门间需求难以理清、难以对接和难以统一。

从外部来看，在产业集群化发展的趋势下，大、中、小、微企业在转型投入能力、投入方式、转型路径和转型效果方面都存在较大差异。产业链上不同能级和环节的主体在技术采用、业务流程和价值创造模式上的变动都可能对集群内部的其他企业带来影响。这种转型不同步、系统不同构、工具不互通的情况都会影响企业与外部生态合作伙伴之间的联动协同，从而加大"摩擦系数"和交易成本。

4. 数字化人才的短缺问题

随着数字化转型的深入推进，企业对数字化人才的需求也越来越迫切。然而，目前我国在数字化人才方面存在较大的缺口。这不仅包括高端的数字技术研发人才和管理人才，也包括大量的数字化技能人才和应用型人才。

人瑞人才联合德勤中国、社会科学文献出版社出版的《产业数字人才研究与发展报告（2023）》指出，当前我国数字化综合人才的总体缺口约为2500 万~3000 万，并且这个缺口还在持续扩大中。这种人才短缺的状况已经严重制约了我国数字经济的发展和企业的数字化转型进程。

此外，数字化人才在各产业中的分布也不均衡。目前，数字化人才主要集中在第三产业中，而在第一、第二产业中的占比较低。这种就业供给结构调整的滞后也加剧了数字化人才的短缺问题。随着各个产业数字化转型的不断深入，大量有关数字化、智能化的岗位将相继涌现出来。相关行业对数字化人才的需求将会与日俱增，而人才短缺的问题也将变得更加严峻。

1.2.3 中国数字化发展趋势

数字化转型是运用最新的信息技术，如大数据、人工智能、物联网和区块链等技术，来提升我们在数字时代的生存与发展能力。这可以帮助我们更快地优化业务、转型创新，并可以改进传统行业，同时创造新的行业价值。

数字化转型不仅是在现有基础上进行数字化的改变和升级，更是深入到公司核心业务，旨在建立全新的商业模式。不同行业和企业根据其特点，利用数字技术来促进行业发展，提高企业效率。随着新技术和新模式的出现，中国的数字化转型呈现以下发展趋势。

1. 数字经济与实体经济深度融合发展

大数据、云计算、5G和人工智能等数字技术正在快速发展，它们已经深入到经济社会的各个领域。这些技术不仅为数字经济发展提供了新动力，还正在推动实体经济发生重大变革，包括改变生产模式、提高效率等（图1-8）。

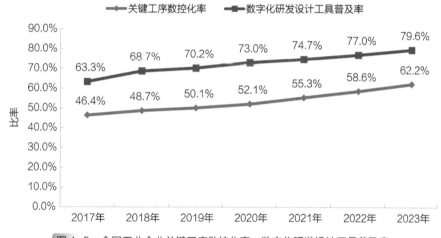

图 1-8　全国工业企业关键工序数控化率、数字化研发设计工具普及率

注：资料来源于国家工业信息安全发展研究中心。

数字经济与实体经济的融合将以技术、数据和产业融合为核心，有效促进产业内部的重新组合，改变业务环节，重塑商业模式，并延伸价值链。持续催生智能化生产、网络化协同、个性化定制和服务化延伸等新模式，为数字经济的创新提供更多动力。

同时，数字经济与实体经济的融合将依靠数字技术、数据要素和数字平台等构成的新生产力系统，改变工业经济时代的一些发展规律，逐步取代依赖大量资本和劳动力的传统产业，加快技术密集型和数据密集型产业的成长和聚集，对创造新价值、扩大新供给和驱动新增长起积极作用。

此外，数字经济与实体经济的融合将构建一个多主体参与、多要素融通

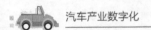

的产业生态系统，全面重塑传统产业的创新方式、生产方式、组织架构和商业模式，推动实体经济体系的体系重构和范式迁移，推动传统产业向更多依靠创新驱动转变，从而提高实体经济的发展效率。

2. 数字技术赋能产业园区高质量发展

产业园区数字化建设是一个不断发展的过程，主要作用是让数字技术与产业园区科技创新、产业发展、管理服务和环保等各个方面更好地结合。这个过程中，数字技术和数字平台的使用非常重要，它们可以帮助产业园区实现更高效、更智能的管理和服务。从目前的形势来看，产业园区数字化建设主要有以下三个特点。

一是产业园区不仅存在于实体空间中，还向虚拟的数字空间扩展。通过数字技术，产业园区在实体和数字两个空间之间建立了联系，可以感知到更多信息，主动提供服务。这使得产业园区像一个有生命力的有机体，能够更好地满足人们的需求，也更加绿色可持续。二是数字技术也改变了产业园区管理和服务的方式。过去，产业园区可能只使用一些简单的系统来管理，但现在，产业园区开始使用更智能的"产业大脑"平台。这个平台可以整合所有数据，提供更全面的功能，比如运行监测、应急指挥、安全感知和决策支持等。这样，产业园区的管理和服务就变得更加高效和智能。三是产业园区的发展方式也在改变，更加注重质量和低碳。一些产业园区利用数字技术来优化资源配置，让资源更多地流向那些效益好、产出高、技术先进、有发展潜力和绿色低碳的企业。同时，也推动那些用地效率低和经营效益差的企业进行改进和调整。

总体来看，产业园区数字化建设是一个不断发展的过程，它让产业园区变得更加智能、高效和低碳。这对于产业园区的未来发展来说，是非常重要的。

3. 产业数字化中数据属性从应用转向治理

准确、实时的数据是产业升级的关键，它能让生产流程更流畅、自动化程度更高，还能帮助企业做出更聪明的决策，进入新领域。然而，数据治理是其中最大的挑战。企业得把数据当成宝贵的资产来治理，还得把数据治理放进公司的战略、制度和领导决策里。现在企业的数据越来越容易得到，数量也越来越多，能帮企业更好地找到运营中的问题，但同时也需要更高级的数据分析技术。因此，有数据意识的专业人士和数据部门就变得更加重要，他们能给企业提供持续的支持。另外，设立专门的数据中心和独立的数据部门也变得越来越重要，首席数据官这个角色也会越来越关键，他们是企业在数字化转型中的关键决策者。

4. 生产消费贯通推动制造业数字化深入推进

数字化转型对制造业来说有巨大的推动作用。它连接了制造业的生产和消费两端，确保制造、产品和服务能够更好地匹配，带动企业内部各个环节的顺畅协作，并加强了整个产业链的协同合作，从而推动制造业的数字化升级。

1）**网络化协同方面**，制造业企业将越来越多地利用工业互联网平台。这些平台可以不受时间和空间的限制，促进资源共享。企业内部或企业之间可以共同开展设计、制造、运维和供应链管理等业务，从过去的独立工作模式转变为产业协同模式。

2）**云端制造方面**，一些有实力的企业正在积极建设基于云边协同基础设施的智能工厂。这类智能工厂能够整合市场需求、产品定义、生产工艺等各种决策和数据，并通过云端自动生成和下发指令，助力传统制造企业解决软件技术上的难题。

3）**产业链协同方面**，大企业通过工业互联网平台与各类合作伙伴紧密联系，互相支持。它们与中小企业分享技术、资源和能力，共同推动产业生态的创新和发展。

4）**数字化供应链方面**，在各企业自身数字化转型的基础上，产业链上下游企业将打通彼此间的数据通道，更好地引导物资流动，确保供需精准匹配，高效推动整个产业链的发展，为产业现代化提供有力支持。

第 2 章

政策推动：
数字化政策法规态势

近年来，随着技术的飞速发展，互联网、大数据、云计算、人工智能、区块链等技术已经逐渐渗透到经济社会的各个领域和全过程。这些技术不仅改变了我们的生活方式，也正在重塑全球的经济格局和产业结构。面对这一浪潮，世界主要国家和地区都认识到数字化转型的重要性，并纷纷加快战略布局。欧、美、日等发达地区和国家在这方面尤为积极，它们采用了多元化的政策工具和手段，以推动实现数字化转型的目标。

在全球经济高速发展的当下，数字化转型已成为各国竞相追逐的焦点。本章深入剖析了欧、美、日等发达地区和国家在数字化转型过程中的政策特点，并从中提炼出值得我国借鉴的宝贵经验。

回顾我国的数字化转型历程，自党的十六大提出"以信息化带动工业化，工业化促进信息化"的战略方针后，我国便踏上了数字化转型的快车道。政府相继在中小企业、数据要素、国有企业以及工业互联网等多个方面推出了针对性的支持政策，这些政策的连续性和系统性，为我国迈向数字化产业新时代提供了坚实的政策支撑。

聚焦到我国汽车行业，不难发现，尽管汽车行业在数字化转型方面有着迫切的需求和巨大的潜力，但相关政策却显得零散且缺乏顶层设计。这种政策上的不足，无疑制约了汽车行业的数字化转型步伐。

总体来看，我国在数字化转型方面已取得了显著成效，但仍需在顶层设计和整体统筹上下功夫，特别是在汽车行业这一关键领域。通过借鉴国际经验和持续完善政策体系，我国汽车行业在数字化转型的道路上将会走得更远、更稳。

2.1　主要经济体数字化政策态势

随着数字化转型成为各国增强竞争力、培育新动能的重要途径，美国、欧盟、日本等主要经济体结合本国（组织）资源禀赋、产业特色等要素，从不同方向切入和着力，陆续推出鼓励和支持政策，促进数字化转型高质量发展。

2.1.1　美国数字化政策态势

美国历任政府在推动数字化转型发展的战略部署方面保持了高度的一致性和连续性。自 2012 年奥巴马政府提出"先进制造"战略以来，美国一直将制造业数字化、网络化、智能化转型作为主攻方向，加紧形成和重塑竞争新优势。拜登政府在促进先进制造业发展方面继续延续前任政府的做法，并力图通过多元化的政策手段扩大前沿技术领先优势并提振制造业整体水平，为制造业转型发展营造良好的政策环境。

1. 加大对美国制造的支持力度

2021年1月，拜登签署了《购买美国货法案》行政令，为确保该行政令的顺利实行，2021年7月30日，美国国防部、总务管理局、国家航空航天局（NASA）三个部门共同提出了一项针对《联邦采购条例》的修正案，提升政府采购对"美国制造"产品的支持力度，主要包括以下内容。

1）提高"美国货"中美国制造成分门槛，引导企业调整供应链安排。《联邦采购条例》中对美国制造成分的含量占比要求是55%以上。新的规则提案提出，将把美国制造成分的占比立即提升至60%，到2024年，这一比例将进一步提高至65%，到2029年将再次提升至75%。

2）设置美国制造成分后备门槛，为新规的执行预留出适度的弹性空间。在美国制造成分含量阈值提高到75%之后一年的时间内，如果满足新的美国制造成分含量阈值的最终产品或建筑材料不可获得或成本不可接受，则可以接受之前的美国制造成分含量阈值。

3）增强对关键产品的价格优惠，强化关键产品的国内供应链。将对被视为关键产品或由关键部件组成的最终产品和建筑材料实行更高的价格优惠。供应商需要在其报价中明确含有关键成分的最终产品，以便采购部门可以在适当的时候应用更高的价格优惠。

2022年8月，《通胀削减法案》（IRA）正式生效，将提供高达3690亿美元补贴，以支持电动汽车、关键矿物、清洁能源及发电设施的生产和投资，其中多达9项税收优惠是以在美国本土或北美地区生产和销售作为前提条件的。2024年1月1日，美国能源部于2023年12月发布《基础设施投资与就业法案》中"敏感外国实体"的解释文件、美国财政部和国税局发布的《通货膨胀削减法》第30D条清洁能源车辆税收抵免相关禁令的指导意见正式生效。根据这两大指导意见的内容，从2024年开始，应用中国、俄罗斯、朝鲜、伊朗等外国实体生产并出口到美国的电池组件超过一定比例的清洁能源汽车（包括电动汽车和清洁燃料汽车）将无法获得消费者购买补贴；而从2025年开始，在电池中应用中国、俄罗斯、朝鲜、伊朗等外国实体生产并出口到美国的锂、镍、钴、石墨等关键矿物超过一定比例的清洁能源汽车将无法获得消费者购买补贴。

2. 构建覆盖全国的创新网络体系

开始于 2013 年的美国制造项目（原名为"国家制造业创新网络计划"，即 NNMI，后于 2016 年更名），是美国政府以核心关键共性技术的研发和应用推广为目标打造的创新载体，是推动数字化、网络化、智能化发展的核心政策抓手。

1）**以创新中心为依托构建公共服务体系。**美国主要支持应用技术竞争前的研发与创新，通过联邦政府的资金投入和对日常运营工作的积极参与，构建服务于先进制造技术研发与应用的公共服务体系。制造业创新中心采用公私合营模式，由联邦政府和产业界按照 1:1 的资金配比共同建立，形成一个 5~7 年的合资计划。

2）**以创新中心为关键依托实现集群化发展。**学术界、产业界以及非营利机构等组织积极加入创新中心，会员数量规模不断扩大。2022 年 10 月，美国国家标准与技术研究院（NIST）发布的《美国制造业亮点报告》显示，美国已建成 16 家制造业创新中心，其中，国防部牵头建成 9 家，能源部牵头建成 6 家，商务部牵头建成 1 家，涵盖数字制造、新材料、制造业网络安全、机器人等关键领域。

3）**以创新中心为载体培育数字化转型技术人才。**创新中心及其成员与美国的教育机构开展积极合作，通过制定和实施先进制造技术的教育、培训和劳动力培育课程、教材、计划等，为从事相关工作的工人提供所需的先进技术知识与技能，提升先进制造业从业人员储备。

3. 为前沿技术研发提供多方位的资金支持

财政资金方面，美国为技术创新提供长期连续的资金支持。2023 年 3 月 9 日，美国拜登政府发布了 2024 财年政府预算，预算案总额接近 6.9 万亿美元，高于 2023 年的 6.2 万亿美元，可用于支出涵盖国防、教育、基础设施、农业等项目的费用（表 2-1）。在研发支持中，美国政府对基础技术研发的支持时间最长、力度最大。除基础研发外，联邦政府也为促进先进制造、工业 4.0 等相关技术的应用提供资金支持，且支持资金规模呈现整体上升趋势。NIST 是美国支持产业应用发展最主要的机构，2024 年的预算比 2023 年的 1.63

亿美元增加 77%，达到 3.75 亿美元，以支持工业技术研究，支持方向涉及增材制造、工业 4.0 和宽带技术等领域的开发和部署。此外，联邦各主管机构也通过创新中心建设、试点项目等为应用发展提供资金支持，并以财政资金为杠杆带动更多社会资金进入。

表 2-1　2024 年美国各个主要科研相关机构预算

机构名称	预算金额	用途
美国国家科学基金会（NSF）	113 亿美元，与 2023 年颁布的水平相比，增加了 18 亿美元，增幅 18.6%	20 亿美元用于人工智能、生物技术和量子计算等技术的研发，18 亿美元用于旨在增加科技人才数量及多样性的计划等
美国国家卫生研究院（NIH）	作为世界上最大的生物医学研究资助机构，将获得 486 亿美元预算投入	2022 年成立的卫生高级研究计划署（ARPA-H）的预算将增加 10 亿美元。ARPA-H 隶属于 NIH，主要投资高风险、高回报的生命科学研究
美国能源部（DOE）科学办公室	88 亿美元的历史性投资，比 2023 年的高出 6.8 亿美元，增幅 9%	用于气候和清洁能源研发，促进美国的创新和重建美国在研究和科学发现方面的领导地位
美国国家航空航天局（NASA）	272 亿美元，较 2023 年增长 18 亿美元，增幅 7%	"阿耳忒弥斯"计划将获得 81 亿美元资助，研究人员正在开发一系列火箭和太空飞船，将宇航员带上月球表面
美国农业部（USDA）农业研究服务署	—	40 亿美元用于农业技术的研发，此外还有 20 亿美元拨款用于农村地区的网络宽带建设
美国国家标准与技术研究所（NIST）	比 2023 年的 1.63 亿美元增加 77%，达到 3.75 亿美元	支持工业技术研究
美国国家海洋与大气管理局（NOAA）	经费预算为 2.31 亿美元，相较 2023 年增加 700 万美元	
美国环境保护局（EPA）	共计获得 120 亿美元预算，比 2023 年增长 19 亿美元，增幅 19%	—
美国内政部（DOI）	3.66 亿美元	气候科学的监测和预测
工兵部队（COE）	8600 万美元研究与试验发展（R&D）科研经费	用于应对 21 世纪新出现的水资源挑战
美国国防部（DOD）基础研究	1450 亿美元，比 2023 年的有史以来最大的研究预算还增加了 11%	国防研发

产业基金方面，由政府主管机构牵头，通过市场化运作方式积极调动各方资金，为中小企业创新发展提供大规模资金支持。美国小企业管理局牵头成立了小企业投资公司（SBIC），负责运营 SBIC 基金（母基金），并投资具有潜力的小企业。SBIC 基金由美国政府提供完全担保，每年投资资金高达60 亿美元，主要用于支持中小企业充盈资本和技术研发。2023 年 3 月，美国推出《2023 年数字公平基金会法案》，鼓励在社区层面开展数字化投资。

2.1.2　欧盟数字化政策态势

作为全球数字化转型的重要参与者，欧盟数字化转型取得了显著成效。产业层面，欧盟工业数字化记分牌数据显示，采用数字技术的企业数量持续增加，并且企业投资数字技术大多取得了积极效果；制度层面，欧盟在数据治理相关规则制定方面领先全球，为全球治理做出了有意义的贡献。

1. 持续推动欧盟数字化转型目标

欧盟通过构建制度规范、资助前沿技术研发等方式，着力构建数字单一市场。新一届欧盟委员会上任后，继续大力促进数字化发展。

1）2020 年 2 月，欧盟发布了《欧洲数据战略》，通过完善治理框架、加强数据基础设施投资、提升数据技能、打造数据空间等举措，为企业和个人更好地利用数据创造了良好环境，加速构建单一数字市场。

2）2021 年 3 月，欧盟委员会发布《2030 数字罗盘：欧洲数字十年之路》，围绕企业数字化、数字化教育与人才建设等四个方面提出具体目标。

3）2021 年 5 月，欧盟委员会发布更新版《欧盟新工业战略》，聚焦加强单一市场弹性、应对欧洲战略依存关系以及加速绿色化和数字化过渡三大领域，提出出台紧急方案解决关键产品短缺问题、审查关键领域战略依存关系、支持中小企业双轨转型等 16 项措施。

4）2022 年 12 月 15 日，欧盟委员会、欧洲议会和欧盟理事会共同签署了《欧洲数字权利与原则宣言》，确立了欧盟及其成员国数字转型的主要实施原则，并将为欧盟"2030 数字罗盘"计划的实施提供指导。

5）2023 年 1 月 9 日，《2030 年数字十年政策方案》生效（表 2-2）。该方案是协调和实现欧盟成功数字化转型的战略工具，提出了数字转型的具体目标和指标，以及在 2030 年前实现欧洲数字化转型的手段。

表2-2 《2030年数字十年政策方案》主要内容

制定主体	制定依据	主要领域	具体举措
欧盟委员会、欧洲议会和欧盟成员国	《欧洲数字权利与原则宣言》	重点围绕数字技能、互联基础设施、商业数字化、在线公共服务四个主要领域	欧盟委员会在年度数字经济和社会指数(DESI)的框架内监测各目标进展 欧盟委员会每年发布"数字十年状况报告",评估数字目标进展情况并提出建议 成员国每两年调整一次"数字十年"战略路线图,即为实现2030年数字目标,在国家层面制定的政策、措施和采取的行动 支持共同行动和大规模投资的多国项目,拟启动5G、量子计算机和互联公共管理等领域的多国项目

6)2023年11月,欧盟理事会发布的最新文件要求,到2030年,16~74岁的欧盟人口中,至少80%具备基本的数字技能。

7)2024年3月6日,欧盟委员会发布《2023年度竞争报告》,指出竞争政策的执行促进了欧盟数字化转型。例如在反垄断执法方面,就芯片市场垄断行为对英特尔处以3.7636亿欧元罚款;就汽车电池合谋定价行为向六家公司通报初步意见。

8)2024年3月7日,欧盟《数字市场法案》正式落地生效。作为欧盟针对科技巨头颁布的反垄断举措之一,《数字市场法案》将明确数字服务提供者的责任,遏制大型网络平台的恶性竞争行为,确保消费者有更多选择。

2. 加大对重点领域的保护力度

欧盟通过调整相关产业政策,审视产业链短板,推动关键原材料供应安全。2021年5月,欧盟公布产业战略升级计划,目的是在原材料、医药原料和半导体等六个战略领域减少对外国供应商的依赖。计划指出,欧盟使用的137种关键产品(占欧盟商品总进口价值的6%)中,约有一半依赖自其他国家进口,这些产品主要是原材料、药品和其他对欧盟的绿色和数字化目标至关重要的产品。2023年3月17日,欧盟委员会发布《关键原材料法案》提案,目标是确保欧盟能够获得安全的、多样化的、负担得起的和可持续的关键原材料供应。2023年11月13日,欧盟委员会与欧洲议会就《关键原材料法案》达成协议,制定了最新的关键原材料以及战略原材料清单,提出未来欧盟将加强关键原材料供应安全,推动可替代材料创新应用,同时还提高了关键原材料基准回收标准。2023年7月10日,欧盟委员会正式通过了《关于可能扭曲欧盟市场的非欧盟成员国政府补贴的规定》的配套实施细则，旨在制定针对非欧盟成员国提供的政府补贴的企业事前申报制度和欧盟委员会依职权主动调查制度。

3．为数字化转型提供多元的资金支持

由于数字化转型具有长期性，欧盟构建了专门的 2021—2027 年的跨年度财务支撑框架（MFF，超 1 万亿欧元），本轮长期预算的重心在于绿色和数字化转型。该框架共涵盖七大支出领域，为了支持数字化转型，本轮预算特别设立了一个新的资助计划——数字欧洲计划（DEP），以促进人工智能、网络安全工具等关键数字技术的大规模推广和使用。DEP 是 MFF 的核心，旨在弥合数字技术研究和应用之间的鸿沟，加速相关技术的市场应用和推广，该计划着重投资于超级计算和数据处理、人工智能、网络安全、数字技能、支持企业和公共管理的数字化等领域。2021 年 11 月，欧盟委员会发布《从"数字欧洲计划"中投资近 20 亿欧元以推进数字化转型》，通过了"数字欧洲计划"的三个工作计划，概述了将获得总计 19.8 亿欧元资金的目标和具体专题领域。2022 年 7 月 28 日，欧盟委员会发布《2022 年数字经济与社会指数（DESI）》，报告显示，迄今欧盟共批复了 25 个成员国的复苏方案，承诺用于数字化转型的资金达 1270 亿欧元，占批复资金总额的 26%。2023 年 3 月，欧盟委员会公布《2023—2024 年数字欧洲工作计划》，欧盟将投入 1.13 亿欧元用于改善云服务安全性、创设人工智能实验及测试设施，以及提升各个领域的数据共享水平。

2.1.3　日本数字化政策态势

日本是全球范围内率先制定数字化转型战略的国家之一。自 2017 年起便开始积极推动"互联工业"作为制造业数字化转型的核心形态。该国将"互联工业"视为实现"社会 5.0"目标的关键手段，通过数据的互联互通，将机器、技术、人等各个要素紧密结合，创造出新的价值并解决社会问题。

1．提升数据战略定位，增强数据治理能力

数据在数字化转型中扮演着至关重要的角色，日本政府正不断提升数据战略定位，并致力于完善与数据相关的法规和制度，旨在为产业界创造一个

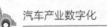

有利的发展环境。

1）2017 年，日本经济产业省发布了《企业数据流通合同导则》，鼓励企业间通过订立合同的方式获得跨部门产业数据的使用权。

2）2020 年 10 月，日本数字政府阁僚会议下设置了"数据战略特遣队"，并于当年发布了《数据战略特遣队第一次汇总》，提出日本数据战略的基本结构。

3）2021 年 6 月，日本正式推出名为"综合数据战略"的国家数据战略，提出日本数据战略的目标和流程。

4）2021 年 9 月，根据日本《数字社会推进会议令》第 4 条，成立了数据战略推进工作组，该工作组于当年 12 月公布了《实施数据战略的考虑方向》。

5）2022 年 9 月，数据战略推进工作组在第四次会议上发布了"综合数据战略"的阶段性实施情况及今后的推进方向。

6）2021 年 7 月，日本经济产业省发布《通过数据促进价值创造的数据管理方法和架构（暂定）》，以此来建立各界对数据管理内容、方法等的共识，采取一系列措施确保数据流通的安全稳定。

7）2023 年 4 月 1 日，日本新修订的《个人信息保护法》正式施行，内容涉及整合个人信息定义，统一分散立法，整合医疗和学术领域个人信息保护规则，明确规定行政机关对匿名化信息的处理规则等。

2. 加速"互联工业"应用推广

打造标杆企业引导行业发展。2020 年 11 月，日本经济产业省发布《数字治理守则》，分别从商业愿景、发展战略、重要指标和治理体系四个方面，设定了定性和定量的指标，按照相关法律法规要求，由经济产业省对相关企业的数字化转型程度进行认证，打造"数字化转型品牌"标杆企业。

降低政策门槛促进新技术应用。日本政府为制造企业分配了专门的频段，允许企业在工厂内部自建无线网络，极大地降低了企业应用无线技术的政策门槛。支持企业在本地部署自营 5G 网络，允许地方政府或企业申请相关执照。2020 年 12 月起，该项规定已经开始执行。

开展数字化转型成效评估。为了解企业数字化转型的实际情况，为政府制定相关政策提供决策依据，帮助企业进行自我诊断和自我评价，日本经济产业省于 2019 年公布了"推进数字化转型指标体系"，该体系由 35 项指标组成，选择了当前日本企业面临的重点问题，以及为解决这些问题应关注的最重要的指标。

3．优化与升级算力资源分布

2023 年，日本对《半导体和数字产业战略》进行了修订，计划利用北海道和九州地区丰富的可再生能源电力，在这两个地区建立新的大型数据中心，以减轻东京和大阪的数据处理负担。同时，日本的超级计算机技术正处于智能化和量子化的同步更迭阶段，2023 年，日本计划初步投入 2.26 亿美元，用于生成式人工智能（AI）和量子技术所用的超级计算机的建设，这个项目由国立产业技术综合研究所牵头，建成后的超级计算机将比日本目前最先进的超级计算机强大 2.5 倍。在量子化方面，日本理化学研究所正在积极推进"富岳（Fugaku）"超级计算机与量子计算机的连接项目，并根据《经济安全促进法》向东京大学提供 2802.66 万美元的补贴，以支持相关研究人员对量子计算机的开发和利用，从而加强算力基础设施建设。

2.1.4　欧美日政策特点及启示

1．欧美日数字化转型政策特点

各国在推动数字化转型时所采取的政策都紧密结合了各自的基本国情，并展现出独特的特点。

（1）美国方面

尽管自 2012 年以来美国就一直在积极推动制造业回流，但由于种种原因，制造业回流的效果并不如预期。疫情的暴发更让美国深刻感受到制造业"空心化"对产业链供应链稳定的冲击。为此，美国政府和企业界开始重新审视并积极利用产业政策来稳定产业链供应链，维护产业安全并促进经济复苏。

拜登政府上台后，迅速对半导体、药品、关键矿物质、大容量电池、汽车等关键产品供应链的风险进行了全面评估，并加大了对前沿科技研发的投入力度。同时，美国还充分发挥其在全球规则制定中的影响力，推动关键产业的回流。然而，在数字化转型方面，美国同样面临着人力成本高昂和碳减排政策带来的能源约束等挑战。

（2）欧盟方面

德国、法国、意大利等欧盟核心国家正积极推动并引领着各行业在数字化转型方面的战略布局。欧盟在这方面的努力不仅系统而深入，还得到了西门子、博世、施耐德等全球领军企业的大力支持。这些企业凭借在园区网络、数字基础设施以及工业互联网平台等领域的专业实力，不仅促进了相关技术标准的形成与完善，更为欧盟内部数量众多的中小企业在数字化转型之路上提供了有力的技术支持和智能引领。

此外，欧盟的多国组成特性使其在数字化转型相关规则的制定上具有得天独厚的优势。其制定的关于推进数字化转型、完善法律法规、保障原材料安全供应等一系列规定和要求，不仅走在全球前列，更成为各国争相研究和借鉴的范本，进一步巩固了欧盟在全球数字化转型治理领域中的引领地位。

然而，欧盟的数字化转型之路也面临诸多挑战。首先，欧盟内部各国在数字化发展水平上存在显著差异，这种数字鸿沟的存在无疑增加了整体转型的难度。其次，在人工智能、数据分析、管理软件等前沿技术领域，欧盟对美国互联网巨头的依赖程度较高，这在一定程度上制约了其自主创新的能力。

（3）日本方面

日本政府推动"互联工业"发展的政策呈现出较高的连续性。自2017年以来，政策支持的领域不断扩大，从提升数据互联互通和网络安全水平逐步延伸至增强中小企业的数字化转型能力。日本还致力于推动5G等无线通信技术在制造业中的应用，但进展相对缓慢。在此过程中，欧姆龙、发那科、富士通、三菱等龙头企业凭借其在自动化等领域积累的技术和市场优势，持续推出创新产品并优化功能，为行业发展树立了典范。

不过，日本的数字化转型也面临诸多难题。一方面，在关键产业和关键技术的自主可控方面存在不足，导致其在应对突发危机时缺乏足够的灵活性和调整能力。另一方面，受经济长期低迷的影响，日本企业的整体实力有所减弱，特别是对于众多中小企业而言，可用于数字化转型的资金大幅减少，这无疑给其转型之路增添了更多困难。

2. 对我国数字化转型的启示建议

我国制造业数字化转型面临着繁重的任务和巨大的压力。为了推动这一进程并取得实效，必须从以下多个方面入手，营造一个健康可持续的产业政策环境。

首先，完善与数字化转型相关的制度规范是关键所在。数字化转型的复杂性要求我们必须对传统架构制度规范进行更新和完善，以适应新一代信息技术的快速发展和其对实体经济的深刻影响。在这一过程中，知识产权、反垄断等传统规则需要与时俱进，同时网络安全、技术伦理等新领域的制度架构也亟待建立。各国政府普遍认识到，形成一套能够适应数字化转型发展需求的制度规范，并加强各主管部门之间的合作，是推动数字化转型的重要保障。为此，各国纷纷成立了跨部门联合工作组，探索建立有效的制度规范。例如，德国工业4.0平台成立了立法工作组，深入探讨了有关人工智能、竞争等方面的法律与工业4.0的关系，为完善相关法律法规提供了宝贵的建议。

其次，确保数字化转型数据的流通和交换畅通无阻是另一重要任务。数据作为数字化转型的核心要素，其流通和交换的顺畅与否直接影响着对数据价值的挖掘深度。为了解决数据交换流通问题，各国正在从制度规则、技术标准和商业合同等多个方面入手。欧盟通过大力推动"Gaia-X"计划，旨在建立一个安全的数据基础设施和生态系统，以促进欧洲数字经济参与者之间的互联互通。德国、法国等国家则通过建立通用的数据基础设施和统一的技术标准，确保企业间的数据能够实现流通互动。日本则注重通过合同促进数据共享利用，发布了相关指引以鼓励企业间开展数据流通，为企业签订数据利用合同或利用人工智能技术开发利用软件合同提供了参考。

此外，提升针对中小企业数字化转型的公共服务水平也是重点之一。中小企业作为制造业的主体，其数字化转型的成效对于提升整个制造业的竞争力具有重要意义。然而，由于中小企业在资金、技术、人才等方面相对较弱，因此需要政府和社会各界提供有力的支持。美国通过构建制造业创新网络，将优势企业、高等院校、研究机构等的创新能力辐射到中小企业，降低了其转型的难度。德国等国家则依托第三方非营利机构形成了支持中小企业技术和知识转移的整体网络，为中小企业提供了全方位的支持和帮助。

最后，持续强化对数字化转型的支持政策也是必不可少的。各国政府正在为数字化转型提供长期、连续、大规模的资金支持，并将技术研发、创新创业、人才培养作为政策的三大着力点。美国通过为前沿技术的基础研发提供财政资金支持、设立各类政府项目，以及以市场化运作方式支持创业创新等措施，推动了数字化转型的深入发展。日本政府也通过投入大量财政资金支持技术研发和人才培养，同时举办制造业技能大赛等活动吸引更多人参与，以期发现优秀人才并推动数字化转型的进程。

2.2　我国数字化政策概况

2.2.1　数字化相关政策

1. 重视层级提升，数字化转型上升至国家战略

2002 年 11 月，党的十六大最早提出信息化是我国加快实现工业化和现代化的必然选择，坚持以信息化带动工业化，以工业化促进信息化。党的十七大和党的十八大均提出，大力推进信息化与工业化融合，促进工业化、信息化同步发展。

2021 年 3 月 11 日，《中华人民共和国国民经济和社会发展第十四个五年规划和 2035 年远景目标纲要》审议通过，提出加快数字化发展建设数字中国，主要包括以下四个方面。一是充分发挥海量数据和丰富应用场景优势，促进数字技术与实体经济深度融合，赋能传统产业转型升级，催生新产业新业态新模式，壮大经济发展新引擎。二是适应数字技术全面融入社会交往和日常生活新趋势，促进公共服务和社会运行方式创新，构筑全民畅享的数字生活。三是将数字技术广泛应用于政府管理服务，推动政府治理流程再造和模式优化，不断提高决策科学性和服务效率。四是坚持放管并重，促进发展与规范管理相统一，构建数字规则体系，营造开放、健康、安全的数字生态。此外，在产业数字化转型方面着重提出，实施"上云用数赋智"行动，推动数据赋能全产业链协同转型。

2023 年 2 月 27 日，中共中央、国务院印发了《数字中国建设整体布局规划》，指出建设数字中国是数字时代推进中国式现代化的重要引擎，是构筑国家竞争新优势的有力支撑。加快数字中国建设，对全面建设社会主义现代化国家、全面推进中华民族伟大复兴具有重要意义和深远影响。

2. 推动数字化赋能中小企业，增添发展后劲

国家层面利好政策不断出台，中小企业数字化进程步伐加快。2019 年 4 月 7 日，中共中央办公厅、国务院办公厅印发的《关于促进中小企业健康发展的指导意见》提出，推进发展"互联网＋中小企业"，鼓励大型企业及专业服务机构建设面向中小企业的云制造平台和云服务平台，发展适合中小企业智能制造需求的产品、解决方案和工具包，完善中小企业智能制造支撑服务体系。2020 年 3 月 18 日，工业和信息化部发布《中小企业数字化赋能专项行动方案》，重点提出助推中小企业上云用云、夯实数字化平台功能、创新数字化运营解决方案、提升智能制造水平等重点任务，以新一代信息技术与应用为支撑，推动中小企业数字化转型发展。

通过财政支持、发布转型指南、开展试点等方式，推动中小企业增强综合实力和核心竞争力，助力中小企业向"专精特新"迈进。2022 年 9 月 5 日，工业和信息化部和财政部发布《关于开展财政支持中小企业数字化转型试点工作的通知》，提出从 2022 年到 2025 年，中央财政计划分三批支持地方开展中小企业数字化转型试点，提升数字化公共服务平台服务中小企业的能力。2022 年 11 月 3 日，工业和信息化部发布《中小企业数字化转型指南》（表2-3），多措并举推动中小企业科学高效开展数字化转型，强化对中小企业数字化转型路径的指引。此外，工业和信息化部印发《中小企业数字化水平评测指标（2022 年版）》（表 2-4），根据行业特点，从数字化基础、数字化经营、数字化管理、数字化成效四个维度综合评估中小企业数字化发展水平，为企业提供更加科学合理的数字化水平测评工具。2023 年 6 月 13 日，财政部、工业和信息化部联合印发《关于开展中小企业数字化转型城市试点工作的通知》，提出在 2023—2025 年，拟分三批组织开展中小企业数字化转型城市试点工作。2023 年 8 月 20 日，财政部印发的《关于加强财税支持政策落实 促进中小企业高质量发展的通知》提出，中央财政将选择部分城市开展中小企业数字化转型城市试点工作，并给予定额奖补。

表 2-3 《中小企业数字化转型指南》主要内容

政策维度	主要内容
增强企业转型能力	一是开展数字化评估。中小企业与数字化转型服务商、第三方评估咨询机构等开展合作，评估数字化基础水平和企业经营管理现状，构建评估指标数据管理机制 二是推进管理数字化。实施企业数字化转型"一把手"负责制，构建与数字化转型适配的组织架构，引导业务部门和技术部门加强沟通协作，形成跨部门数字化转型合力 三是开展业务数字化。应用订阅式产品服务，推动研发设计、生产制造、仓储物流、营销服务等业务环节数字化，降低一次性投入成本 四是融入数字化生态。应用产业链供应链核心企业搭建的工业互联网平台，融入核心企业生态圈，加强协作配套，实现大中小企业协同转型 五是优化数字化实践。联合数字化转型服务商或第三方评估咨询机构等开展转型成效评估，重点开展业务环节数字化水平评估和企业经营管理水平行业横向和纵向对比分析

（续）

政策维度	主要内容
提升转型供给水平	一是增强供需匹配度。互联网平台企业和数字化转型服务商等供给方主体，聚焦中小企业数字化共性需求，研发即时沟通、远程协作、项目管理、流程管理等基础数字应用 二是开展全流程服务。聚焦中小企业个性化转型需求，帮助中小企业制定数字化转型策略，为中小企业匹配与现阶段需求适配的产品和服务，推动中小企业转型逐步深入 三是研制轻量化应用。数字化转型服务商聚焦中小企业转型痛点难点，提供"小快轻准"的产品和解决方案 四是深化生态级协作。工业互联网平台、数字化转型服务商和大型企业等各方主体，推动产业链供应链上下游企业业务协同、资源整合和数据共享，助力中小企业实现"链式"转型
加大转型政策支持	一是加强转型引导。推动产业链供应链上下游、大中小企业融通创新 二是加大资金支持。按照"企业出一点、平台让一点、政府补一点"的思路，发挥地方政府专项资金作用，鼓励金融机构研制面向中小企业数字化转型的专项产品服务 三是推广试点应用。结合当地重点行业和关键领域，遴选中小企业数字化转型试点示范 四是完善配套服务。构建完善中小企业数字化转型公共服务体系，加强中小企业数字化转型公共服务平台建设 五是优化发展环境。加大工业互联网、人工智能、5G、大数据等新型基础设施建设力度，优化中小企业数字化转型外部环境

表2-4　制造业中小企业数字化水平指标评测表

一级指标及权重	二级指标及权重	序号	问卷
一、数字化基础（25%）	设备系统（40%）	1（20%）	企业的数字化设备覆盖范围
		2（30%）	企业的数字化设备联网率
		3（30%）	企业的关键工序数控化率
		4（20%）	企业通过部署工业互联网公有云/私有云/混合云平台等形式，实现业务的数字化管理情况
	数据资源（30%）	5（60%）	企业实现数据自动/半自动获取并展示的业务环节覆盖范围
		6（40%）	企业实现各类数据汇聚及应用的情况
	网络安全（30%）	7	企业在保障网络安全方面采取的举措情况

（续）

一级指标及权重	二级指标及权重	序号	问卷
二、数字化经营（45%）	研发设计（14%）	8	研发设计环节，企业开展数字化研发设计的情况
	生产管控（42%）	9（20%）	生产计划环节，企业实现生产计划排产排程的情况
		10（10%）	生产监控环节，企业利用信息系统实现生产过程监控的情况
		11（30%）	生产作业环节，企业实现智能制造典型场景的覆盖范围
		12（20%）	质量控制环节，企业运用数字化手段提高质量控制能力的重点场景覆盖范围
		13（20%）	仓储物流环节，企业实现仓储物流数字化场景的覆盖范围
	采购供应（10%）	14	采购供应环节，企业实现采购管理数字化场景的覆盖范围
	营销管理（10%）	15	营销管理环节，企业实现营销管理数字化场景的覆盖范围
	产品服务（14%）	16	产品服务环节，企业实现产品服务数字化场景的覆盖范围
	业务协同（10%）	17	业务协同方面，企业使用数字化技术实现企业间业务协同数字化场景的覆盖范围
三、数字化管理（20%）	经营战略（15%）	18	企业数字化转型意识与执行水平情况
	管理机制（35%）	19	企业在设置数字化组织与管理制度等方面采取的措施
	人才建设（25%）	20	企业在数字化方面培训覆盖的人员范围
	资金投入（25%）	21	企业上年度数字化投入占营业收入的比重
四、数字化成效（10%）	产品质量（30%）	22	企业上年度产品合格率
	生产效率（40%）	23	企业上年度人均营业收入
	价值效益（30%）	24	企业上年度每百元营业收入中的成本

3．持续提升数据在我国发展中的战略地位

数据作为新型生产要素，是数字化、网络化、智能化的基础，已快速融入生产、分配、流通、消费和社会服务管理等各个环节，深刻改变着生产方式、生活方式和社会治理方式。近年来，党中央、国务院高度重视数据要素及其市场化配置改革，陆续出台了多项关注数据要素的相关政策（表 2-5）。党的十八届五中全会提出"实施国家大数据战略"，全面推进数据发展。党的十九届四中全会首次提出数据作为新型生产要素参与收益分配，将数据提升到了前所未有的战略高度，极大提升了全社会对数据的重视程度。2022 年6 月 22 日，习近平总书记在主持召开中央全面深化改革委员会第二十六次会议时强调，数据基础制度建设事关国家发展和安全大局，要维护国家数据安全，保护个人信息和商业秘密，促进数据高效流通使用、赋能实体经济，统筹推进数据产权、流通交易、收益分配、安全治理，加快构建数据基础制度体系。2023 年 10 月 25 日，国家数据局正式揭牌。国家数据局负责协调推进数据基础制度建设，统筹数据资源整合共享和开发利用，统筹推进数字中国、数字经济、数字社会规划和建设等，由国家发展和改革委员会管理。

表 2-5　我国数据要素有关政策梳理

发布时间	发布部门	政策名称	主要内容
2019 年 11 月 5 日	中共中央	《关于坚持和完善中国特色社会主义制度　推进国家治理体系和治理能力现代化若干重大问题的决定》	首次将"数据"列为生产要素，提出了"健全劳动、资本、土地、知识、技术、管理、数据等生产要素由市场评价贡献、按贡献决定报酬的机制"
2020 年 4 月 9 日	中共中央、国务院	《关于构建更加完善的要素市场化配置体制机制的意见》	将数据作为与土地、劳动力、资本、技术四大传统要素并列的第五大生产要素
2021 年 1 月 31 日	中共中央办公厅、国务院办公厅	《建设高标准市场体系行动方案》	建立数据资源产权、交易流通、跨境传输和安全等基础制度和标准规范，积极参与数字领域国际规则和标准制定
2021 年 11 月 15 日	工业和信息化部	《"十四五"大数据产业发展规划》	建立数据价值体系，提升要素配置作用，加快数据要素化，培育数据驱动的产融合作、协同创新等新模式，推动要素数据化，促进数据驱动的传统生产要素合理配置

（续）

发布时间	发布部门	政策名称	主要内容
2022 年 1 月 12 日	国务院	《"十四五"数字经济 发展规划》	要充分发挥数据要素作用，强化 高质量数据要素供给，加快数据要 素市场化流通，创新数据要素开发 利用机制
2022 年 4 月 10 日	国务院	《关于加快建设全国统 一大市场的意见》	加快培育数据要素市场，建立健 全数据安全、权利保护、跨境传输 管理、交易流通、开放共享、安全 认证等基础制度和标准规范
2022 年 12 月 19 日	中共中央、 国务院	《关于构建数据基础制 度更好发挥数据要素作 用的意见》	以促进数据合规高效流通使用、 赋能实体经济为主线，以数据产权、 流通交易、收益分配、安全治理为 重点，激活数据要素潜能，做强做 优做大数字经济
2023 年 1 月 3 日	工业和信息化部 等 16 部门	《关于促进数据安全产 业发展的指导意见》	聚焦数据安全保护及相关数据资 源开发利用需求，提出促进数据安 全产业发展的总体要求，分两个阶 段明确发展目标
2023 年 8 月 1 日	财政部	《企业数据资源相关会 计处理暂行规定》	在适用范围、数据资源会计处理 适用的准则、列示和披露要求等方 面做了相应规定

4. 加强国有企业数字化转型力度培育

在数字经济大潮中，数字化转型已不是企业的"选修课"，而是关乎企业生存和长远发展的"必修课"。为鼓励国有企业充分发挥引领带动经济高质量发展的重要作用，进一步推动我国数字经济蓬勃发展，国务院国有资产监督管理委员会早在 2020 年 9 月便印发了《关于加快推进国有企业数字化转型工作的通知》，就推动国有企业数字化转型做出全面部署，提出要促进国有企业数字化、网络化、智能化发展，包括建设基础数字技术平台、构建数据治理体系、推进产品创新数字化、推进生产运营智能化、加快新型基础设施建设、加快发展数字产业等。2021 年 10 月 17 日，国务院国有资产监督管理委员会印发的《关于进一步深化法治央企建设的意见》提出，着力提升数字化管理能力，运用区块链、大数据、云计算、人工智能等新一代信息技术，推动法务管理从信息化向数字化升级，探索智能化应用场景，有效提高管理效能。2022年7月，国务院国有资产监督管理委员会党委委员、副主任翁杰明在第五届数字中国建设峰会上表示，将推进数字化转型列入科技创新头号工程，推动中央企业突破一批关键核心数字技术，建成一批新型数字基础设施，打造一批典型应用场景，培育一批知名数字产业公司。2023年12月28日，国务院国有资产监督管理委员会召开中央企业财务工作会议，要求2024年各中央企业财务系统要加快央企财务数智化转型。

5. 加快工业互联网发展，推动制造业数字化转型

聚焦"5G+工业互联网""工业互联网安全""工业互联网产业生态""工业互联网数据中心"等方面，多措并举强化工业互联网水平。2015年，国务院出台推进"互联网+"行动的指导意见，第一次提出"研究工业互联网网络架构体系"。直至2017年11月27日，国务院出台《关于深化"互联网+先进制造业"发展工业互联网的指导意见》，标志着发展工业互联网的首个纲领性文件正式印发，工业互联网正式上升为国家战略。工业和信息化部根据对工业互联网发展阶段的判断，先后发布《工业互联网发展行动计划（2018—2020年）》和《工业互联网创新发展行动计划（2021—2023年）》，2018—2020年起步期的行动计划全部完成，部分重点任务和工程超预期，带动总投资近700亿元（2018—2020年我国固定资产投资完成额合计约171万亿元），2021—2023年快速成长期覆盖范围更广、关注领域更深、行动目标更高。2023年11月20日，工业和信息化部部长金壮龙在2023中国5G+工业互联网大会上表示，工业和信息化部后续将进一步完善政策体系，制定出台推动工业互联网高质量发展的政策措施，聚焦网络、平台、安全、标识、数据五大功能体系，打造"5G+工业互联网"升级版。

2.2.2 汽车行业数字化整体概况

为在新一轮国际竞争中取得优势，发达国家纷纷将数字化转型提升为国家战略，如美国出台《智能制造振兴计划》，德国提出《数字化战略2025》等。我国自2015年"中国制造2025"提出以信息技术与制造技术深度融合的数字化网络化智能化制造为主线之后，先后出台《关于深化"互联网+先进制造业"发展工业互联网的指导意见》《关于加快推进国有企业数字化转型工作的通知》《关于开展中小企业数字化转型城市试点工作的通知》《关于加

快传统制造业转型升级的指导意见》等政策，不断丰富和完善数字化转型的政策体系。

汽车产业是数字化创新的重要载体，是国民经济的支柱产业，其数字化转型具有必要性和紧迫性。一是汽车产品科技需求的提升、更新换代周期的缩短提出数字化研发要求；二是汽车行业利润率的下降、客户需求的个性化提出数字化生产和管理要求；三是传统营销的低效、汽车消费理念的转变提出数字化营销要求；四是跨界融合趋势加快、汽车服务需求的增长提出数字化服务要求。目前我国汽车产业数字化转型相关政策缺乏顶层设计和整体统筹，政策主要集中在智能网联汽车、智能制造等具体领域，行业数字化转型政策体系有待进一步完善。

2.2.3　重点区域汽车产业数字化政策解读

汽车产业是国民经济和社会发展的重要战略性、支柱性产业，也是制造强国建设的重要标志性产业，在带动产业结构调整、推动制造业转型升级方面发挥着重要作用。目前，我国 31 个省（自治区、直辖市）中，已有 28 个省（自治区、直辖市）将汽车产业确立为支柱产业，27 个省（自治区、直辖市）具备整车生产能力。大部分省（自治区、直辖市）均出台了制造业数字化转型的相关支持政策，仅河北省 2020 年发布过汽车行业数字化转型针对性政策——《河北省汽车制造业数字化转型行动计划（2020—2022）》。

1. 重庆市

全方位纵深推进制造业数字化转型，加快推动制造业高端化、智能化、绿色化发展。

2023 年 6 月 29 日，重庆市经济和信息化委员会印发《重庆市制造业数字化转型行动计划（2023—2027 年）》，提出聚焦汽车、电子、消费品、装备等行业特点，支持重点企业打造一批典型场景。汽车行业重点发挥龙头企业带动优势，建设支撑个性化定制的高柔性生产体系。推动人工智能与制造业全过程、全要素深度融合，鼓励汽车、电子信息、装备等离散行业打造人机协同制造、机器视觉检测、预测性维护等应用场景，鼓励化工、材料等流程行业打造能耗监测与优化、数据辅助工艺优化等应用场景，建设一批应用示范项目。

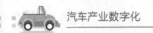

2．吉林省

抢抓制造业数字化、网络化、智能化发展机遇，推动制造业智能化改造和数字化转型。

2021年9月3日，吉林省发布《吉林省制造业数字化发展"十四五"规划》，在汽车行业方面提出，深化新一代信息技术与汽车行业高质量、全生态融合，围绕"业务赋能、产品智能、生态智慧、数据增值"目标，推动汽车行业加快工业互联网平台建设，提升全产业链数字化水平，推进智能网联汽车产业化发展，以数字化转型发展助力民族汽车品牌振兴和"双一流"建设。主要内容包括以工业互联网平台为核心，构建汽车行业数字化赋能体系；以新一代信息技术应用为抓手，推动汽车全产业链数字化水平；以新能源智能网联产业化为引领，加快数据驱动美妙出行步伐。

2023年5月4日，"数字吉林"建设领导小组办公室印发的《吉林省制造业智能化改造和数字化转型行动方案（2023—2025年）》明确，围绕汽车、医药、装备、食品、石化、原材料等领域，实施"七大行动"，集中力量重点推动工业企业加快"智改数转"，大力推广工业软件应用，夯实智能装备基础支撑，加大优秀系统解决方案供应商培育和典型案例推广应用力度，在此基础上推动龙头骨干企业创新引领、产业链协同升级和工业互联网平台赋能。

3．山东省

全面推进制造业数字化转型，加快推进新型工业化发展。

2022年10月22日，山东省人民政府发布《山东省制造业数字化转型行动方案（2022—2025年）》，提出围绕汽车、工程机械、轨道交通装备、船舶等优势领域，开展关键技术和先进制造工艺集成应用，加快数字化车间和智能工厂建设。实施智能制造供给支撑能力提升行动，聚焦研发、生产、质检和供应等关键环节，扩大机器人应用范围，提升整车柔性化生产水平，推进供应链数据流与业务流融合。

2023年10月30日，山东省工业和信息化厅等七部门联合印发的《山东省制造业数字化转型提标行动方案（2023—2025年）》提出，围绕汽车、轨道交通、节能环保、工程机械等装备制造领域，加快工业机器人等智能装备的普及应用，建立高效柔性、敏捷响应、人机协同和动态调度的数字化车间和智能工厂。面向数控机床、新能源和智能网联汽车等重点领域需求，发展一批面向特定行业和特定场景或制造业关键环节的工业 App 和行业解决方案。重点发展新能源汽车、高端工程机械、高档数控机床与机器人等智能终端产业。

4. 安徽省

加快推动制造业数字化模式创新，促进制造业提质扩量增效。

2022 年 8 月 8 日，安徽省经济和信息化厅印发了《推进制造业数字化模式创新行动方案（2022—2025 年）》，其中在平台化设计方面提出，依托工业互联网平台，变革传统设计方式，实现高水平高效率的轻量化设计、并行设计、敏捷设计、交互设计和基于模型的设计，提升研发质量和效率。可借鉴典型案例：蔚来汽车率先在新能源汽车领域引入工业互联网平台设计理念，将信息技术和运营技术数据融合，加强数据采集标准体系建设和数据治理体系建设，实现制造全价值链的透明化运营和智能管理辅助决策支持，制造单车成本降低 15%，人员效率提升 30%；奇瑞汽车通过数字化、网络化、智能化改造联合体，实现研发、制造、营销、用户服务等全生命周期的数字化、智能化布局，公司数字化、网络化、智能化水平显著提升，项目运营成本降低 20%，生产效率提高 20% 以上。

2023 年 2 月 25 日，安徽省人民政府办公厅印发的《以数字化转型推动制造业高端化智能化绿色化发展实施方案（2023—2025 年）》提出，聚焦新一代信息技术、汽车及零部件等 4 个万亿元级产业以及 10 个千亿元级产业，按照分行业、分区域、选龙头、树典型、重引导、全覆盖的思路，以促进制造业提质扩量增效为目标，以新一代信息技术与制造业深度融合为主线，以工业互联网平台和网络基础设施为支撑，推动制造业高端化、智能化、绿色化发展。

第3章

行业趋势：

汽车行业数字化趋势

数字化浪潮席卷全球，为中国汽车行业的转型升级注入了强大的动力。数字化不仅是提升企业内部运营效率的关键，更是连接企业内外、打造"护城河"的重要工具。通过数字化升级，企业可以精准洞察市场需求，优化产品设计，提升生产制造的智能化水平，实现供应链高效协同。只有坚定实施数字化战略，才能帮助中国汽车企业迅速适应时代变革，把握技术革命和产业变革带来的宝贵机遇，从而在激烈的市场竞争中脱颖而出，实现可持续发展。

当前，中国不仅拥有全球最大的汽车单一市场，而且在新能源、智能网联、5G 等前沿技术领域取得了举世瞩目的进展。这些技术的融合与创新，为中国汽车产业的数字化转型提供了得天独厚的条件，使我国逐渐成为引领全球汽车产业变革的重要力量。

汽车行业数字化转型是一场深刻的技术与商业革命，它借助云计算、大数据、人工智能、物联网、区块链等尖端数字化技术，推动产品创新、研发升级、生产优化和供应链协同，旨在为用户带来更加便捷、智能、个性化的出行体验。这不仅要求企业在产品、研发、生产、供应链等关键领域实现数字化升级，更需要构建全新的商业模式和生态系统。

基于对当前行业背景和发展现状的深入分析，本章提出了汽车行业数字化转型的总体架构，明确了以数字化转型战略为引领、业务创新转型为方向、核心能力建设为主线、共性技术与管理创新为支撑的核心原则。在推进策略上，建议企业围绕明确转型战略制定目标计划、优化共性技术支撑体系等措施，加快形成数字化转型生态。

3.1　汽车行业数字化背景

3.1.1　汽车产业主要经济指标持续向好

1. 汽车产销量稳中有增，新能源汽车持续爆发式增长

汽车市场需求逐步回暖，进入稳步增长新常态阶段。在经历了 28 年的销量持续走高后，我国汽车销量在 2017 年达到了 2888 万辆的峰值水平，我国汽车市场进入降速调整、动力转换的关键时期，由"总体规模快速扩张"转向"结构优化和质量提升"。2021 年，我国汽车产销分别完成 2608.2 万辆和 2627.5 万辆，同比分别增长 3.4% 和 3.8%，结束了 2018 年以来连续三年的下降局面，呈现"稳中有增"的发展态势。2022 年尽管受疫情散发频发、芯片结构性短缺、动力电池原材料价格高位运行、局部地缘政治冲突等诸多不利因素冲击，但在购置税减半等一系列稳增长、促消费政策的有效拉动下，在

全行业企业的共同努力下，我国汽车市场在逆境下整体复苏向好，实现正增长，展现出强大的发展韧性。2023 年，是全面贯彻落实党的二十大精神的开局之年，是三年疫情防控转段后经济恢复发展的一年，汽车产销累计完成 3016.1 万辆和 3009.4 万辆，同比分别增长 11.6% 和 12%，产销量创历史新高，实现两位数的较大增长（图 3-1）。

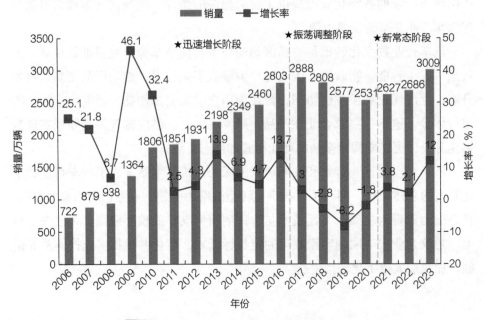

图 3-1　2006—2023 年我国汽车销量及增长率

注：资料来源于中国汽车工业协会。

新能源汽车销量持续创新高，市场渗透率大幅提升。我国新能源汽车产业已经进入了一个规模化快速发展的新阶段，呈现出"市场＋规模"双提升的良好发展局面，预计 2024 年将保持高速发展的态势。2021 年，新能源汽车产销分别完成 354.5 万辆和 352.1 万辆，同比均增长 1.6 倍，市场占有率达到 13.4%。2022 年，新能源汽车持续爆发式增长，产销分别完成 705.8 万辆和 688.7 万辆，同比分别增长 96.9% 和 93.4%，市场占有率达到 25.6%，高于上年 12.1 个百分点。在政策和市场的双重作用下，2023 年，新能源汽车产销量持续快速增长，连续 9 年位居全球第一，新能源汽车产销分别完成 958.7 万辆和 949.5 万辆，同比分别增长 35.8% 和 37.9%，市场占有率达到 31.6%，高于上年同期 5.9 个百分点。从产品技术路线看，2023 年，纯电动汽车销量为 668.5 万辆，同比增长 24.6%；插电式混合动力电动汽车销量为 280.4 万辆，同比增长 84.7%，高于纯电动汽车的增长速度；燃料电池电动汽车销量为 0.6 万辆，同比增长 72%，处于产业化发展初期（图 3-2）。

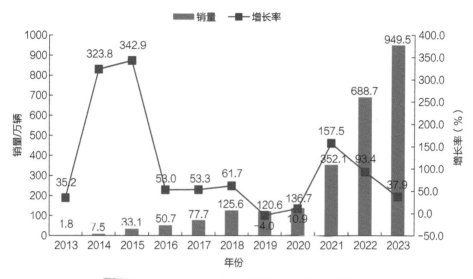

图 3-2　2013—2023 年我国新能源汽车销量及增长率

注：资料来源于中国汽车工业协会。

2. 智能网联汽车迅速发展，市场体量不断扩大

我国 L2 级智能网联乘用车市场接受度日益提升，销量和渗透率均呈递增趋势，市场持续扩大。工业和信息化部数据显示，2021 年，我国 L2 级辅助驾驶乘用车新车的市场渗透率达到 23.5%，2022 年，我国搭载辅助驾驶系统的乘用车新车销量约 700 万辆，市场渗透率为 34.9%，预计 2025 年乘用车中 L2 级及以上辅助驾驶渗透率将会达到 70%。根据中国汽车流通协会乘用车市场信息联席分会（以下简称乘联会）发布的《2024 年 1 月汽车智能网联洞察报告》，2023 年新能源乘用车中 L2 级及以上辅助驾驶功能的装车率已经达到 55.3%，分价格区间来看，低价车型的装车率仍有较大提升空间，目前市场上搭载 L2 级及以上辅助驾驶功能的以 24 万元以上车型为主，新发布车型中搭载高阶辅助驾驶功能的较多。对比 10 年前，如今激光雷达的价格已下降到原来的 1/10 以下，单车成本正在逐渐下降。同时，政策已经逐渐放开对 L2 级以上自动驾驶功能的限制，L3 级牌照也在逐步发放，利好智能网联汽车领域发展。

3.1.2 汽车产品属性发生转变

1. 顶层规划加大引导力度，汽车产品属性重新定义

自 2017 年以来，多个顶层规划提及汽车产品的演进方向，汽车属性在能源革命和产业变革的推动下被重新定义。

2017 年 4 月，工业和信息化部等三部委联合印发《汽车产业中长期发展规划》，提出汽车产品加快向新能源、轻量化、智能和网联的方向发展，汽车正从交通工具转变为大型移动智能终端、储能单元和数字空间。

2020 年 2 月，国家发展和改革委员会等 11 部委联合印发《智能汽车创新发展战略》，提出从应用层面看，汽车将由单纯的交通运输工具逐渐转变为智能移动空间和应用终端，成为新兴业态重要载体。

2020 年 10 月，国务院办公厅印发《新能源汽车产业发展规划（2021—2035 年）》，提出新能源汽车融汇新能源、新材料和互联网、大数据、人工智能等多种变革性技术，推动汽车从单纯交通工具向移动智能终端、储能单元和数字空间转变。

2. 在软件的加持下，汽车产品内涵价值发生演变

软件定义汽车⊖的时代，具备高速通信、更高算力、丰富图像感知能力的各种硬件给软件提供了强大的基础运行平台，汽车电子软件将由单一功能架构演变为面向服务的架构（SOA），可以更加灵活地基于使用场景以及路况动态，通过软件与不同的芯片和传感器的动态组合，形成具有创新、创意特征的新功能。在智能化软件的加持下，智能座舱、智能驾驶、智能电控等功能不断实现并持续优化完善，联动人工智能、5G 通信等新兴技术，共同推动汽车向数字化、信息化、智能化高速发展。

据麦肯锡测算，到 2030 年，汽车软件全球市场规模为 840 亿美元，其中，自动驾驶超过 430 亿美元，娱乐 / 互联 / 安全为 180 亿美元（图 3-3）。中国软件行业协会此前发布的《2022 中国汽车软件产业发展白皮书（框架）》显

⊖ 软件定义汽车是由原百度高级副总裁、自动驾驶事业部总经理王劲提出的概念。其核心思想是，定义未来汽车的是以人工智能为核心的软件技术，而不再是汽车的功率大小、是否有真皮沙发座椅，以及机械性能的好坏。

示，中国汽车软件行业在从无到迈向标准化用了 30 年时间，目前正处于快速发展期，年增速保持在 11% 以上。

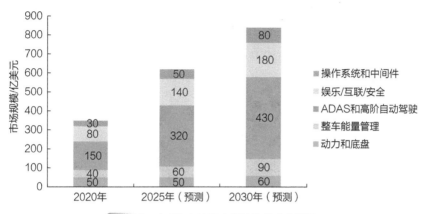

图 3-3　全球汽车软件市场价值组成及预测

3．产品形态、用户需求和产业价值三大因素促进汽车产品变革

汽车产业正在经历一场前所未有的变革。这场变革不仅改变了汽车的产品形态和消费者的用车习惯，还重塑了汽车产业的价值链和商业模式。

汽车的产品形态变革方面，主要有以下四个方向。

1）**从硬件主导转向软件主导**。过去，汽车的价值主要体现在其硬件设备上，如发动机、底盘等。然而，随着技术的发展，软件在汽车中的作用越来越重要，甚至可以说，软件正在成为汽车的核心。

2）**从机械体系转向电动体系**。电动汽车的兴起标志着汽车动力系统的重大变革。电动汽车使用动力电池作为能源，相比于传统的燃油汽车，它们更环保、更高效。

3）**从人工操控转向自动驾驶**。自动驾驶技术的发展使得汽车可以自主行驶，这不仅可以提高汽车行驶的安全性，还可以提高道路的利用率。

4）**从封闭体系转向开放系统**。过去的汽车是一个封闭的系统，而现在，汽车正在变得更加开放。例如，通过车载互联网，汽车可以与外部世界进行连接，提供更多的服务。

消费者用车关注点变革方面，除了传统的操控性、安全性和外观等因素外，消费者现在更加关注汽车的软件应用。这些应用可以提供更多的功能和服务，使汽车不再仅仅是一个代步工具。消费者对汽车的期待和需求也在不断提高。他们希望汽车能够提供更多的应用场景、更智能的车机系统以及更丰富的生态服务。

汽车产业的价值链变革方面，汽车产业的价值链正在从传统的研产供销环节向售后服务、金融保险等衍生业务扩展。价值重心也在发生转移，过去，生产制造是汽车产业的核心环节，但现在，研发设计和汽车后市场的重要性正在不断提高。

3.1.3　汽车产业多元化、网格化趋势凸显

1. 汽车产业正经历电动化、网联化、智能化和共享化四大颠覆性变革

在新一轮科技革命的背景下，电动化、网联化、智能化和共享化（汽车新四化）正在推动全球汽车产业经历前所未有的变革。这些变革不仅改变了汽车的基本形态和功能，还对整个产业的价值链、商业模式以及人们的出行方式产生了深远的影响。电动化是目前新能源动力系统领域实现低碳化出行的最优解决方案，是新一代汽车变革的基础；智能化是智能驾驶或者驾驶辅助相关系统，未来将会在电动化的基础上，实现真正的人车全面交互；网联化是万物互联、车联网布局，汽车产业将基于信息技术的不断发展，把汽车从单纯的交通工具演变为全智能移动载体；共享化是新的出行模式，包括汽车共享与移动出行服务。电动化、智能化、网联化及共享化互补互融、相辅相成，智能网联技术的发展将进一步促进汽车全面电动化的进程（图3-4）。

电动化	智能化	网联化及共享化
•锂电池电芯、关键材料、电池管理系统 •电池的回收与再利用 •燃料电池堆及膜电极、空气压缩机、储氢制氢设备 •高效驱动系统的电机本体、电力电子器件（例如IGBT）、电机控制器及系统 •智能充电系统、储能与清洁能源利用、双向充电系统等	•自动驾驶系统的开发及测试验证技术 •智能感知系统及多传感器融合技术（激光雷达、高清摄像头等） •高精度动态地图开发与应用 •底盘、线控技术 •智能座舱（人机交互、智能语音、出行和娱乐服务等） •基础软件（操作系统等） •车规级芯片（主控芯片、功能芯片、传感器等）	•整车及零部件智能制造、数字化工厂（物联网应用） •新一代车载通信模块及应用技术 •自动泊车系统开发及应用（车端、场端） •大数据（人类驾驶、机器动态地图等）与驾驶、出行服务系统 •商用车数据处理与信息化应用系统

图3-4　汽车新四化重点发展方向

注：资料来源于泽平宏观。

电动化方面，区别于传统汽车技术，汽车电动化细分为三大全新领域，分别是电池、电机、电控，俗称"三电"系统。"三电"系统是纯电动汽车的动力系统核心，其成本约占整车的 50% 左右。具体来看，电池技术的发展、性能的提升是推动新能源汽车实现长久发展的核心动力，动力电池在新能源乘用整车成本中的占比为 35% 左右；电机驱动系统是新能源汽车行驶中的主要执行机构，其性能决定了汽车的加速、爬坡能力以及最高车速等。

智能化及网联化方面，自动驾驶系统按功能可划分为感知系统（环境感知与定位）、决策系统（智能规划与决策）、执行系统（控制执行）三大核心模块。智能网联汽车从单车智能化逐步向智能化与网联化相融合的路径发展，随着智能网联汽车设计运行范围的扩展，道路交通场景复杂程度越来越高，仅凭单车智能化方案难以在量产车上实现无人驾驶，采用智能化与网联化相融合的发展方式，可以有效弥补单车智能化存在的能力盲区和感知不足，降低对车辆自身搭载传感器、车辆硬件性能等的要求，降低单车成本，有利于快速实现自动驾驶。

共享化方面，汽车共享化发展需要建立庞大且合理的数据系统，即通过平台建设强化信息配置能力，以达到提高出行效率、减少空气污染的效果。目前汽车共享主要有两种模式，一是在汽车租赁领域中的分时租赁模式，二是在出行服务领域中形成的网约车模式。目前，共享化的发展有所放缓，需要顶层设计、数字经济发展的支撑，因此，共享化发展的爆发期应在智能化、网联化相对成熟之后。

2. 汽车产业价值链从生产制造环节向使用环节转移

我国汽车消费由购买管理向使用管理转变。近年来，我国汽车市场快速发展，目前已超越美国，成为汽车保有量最大的国家，为汽车使用相关消费产业的发展创造了良好的条件。2020 年 10 月，党的十九届五中全会首次提出推动汽车等消费品由购买管理向使用管理转变，《中华人民共和国国民经济和社会发展第十四个五年规划和 2035 年远景目标纲要》《"十四五"扩大内需战略实施方案》等文件进一步明确提升传统消费，加快推动汽车等消费品由购买管理向使用管理转变。汽车使用管理聚焦消费者购车之后的各个环节，通过完善相关管理措施，规范汽车使用环境，创造更多应用场景，使人们购买汽车后享受到更多便利，从而实现促进汽车消费、提升出行效率、引导节约使用、减少尾气污染等目的，汽车使用环节消费将成为未来汽车市场持续增长的重要动力。

汽车产业链利润逐步从制造环节向后市场转移。与欧美等后市场利润在汽车产业中占比为 60% 左右的成熟市场相比，我国汽车后市场规模化发展的思路还未成型，企业规模小且分散，行业效率整体低下，配件及服务质量参差不齐，缺乏良好的标准和信用体系。随着我国汽车市场由"增量时代"进入"存量时代"，新车销售利润逐步下降，企业正由只提供产品向提供全生命周期解决方案及更加注重后市场服务转型，在产业链利润后移、保有量不断增长等因素的综合作用下，我国汽车后市场未来的发展空间广阔（图 3-5）。根据《汽车产业中长期发展规划》，到 2025 年，我国汽车后市场及服务业在汽车产业价值链中的比例将超过 55%。

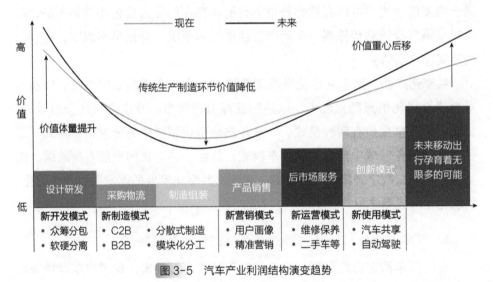

图 3-5　汽车产业利润结构演变趋势

C2B——消费者到企业　B2B——企业到企业

注：资料来源于德勤。

汽车后市场消费潜力不断释放。2009 年，中国汽车产销量超越美国，2021 年成为 100 年来首个汽车保有量超过美国的国家，中国汽车增量及存量市场稳步成长为全球最大单一市场，其高规模、高增长也在吸引着越来越多的企业和资本的关注，不断攀升的汽车保有量和平均车龄保证了中国汽车后市场持续的增长潜力，汽车销售、二手车交易、维修保养、汽车金融、汽车改装、文化赛事、报废汽车回收拆解等领域成为推动汽车后市场以及汽车产业发展的重要力量。以汽车改装为例，截至 2023 年年底，我国汽车保有量达到 3.36 亿辆，按照 5% 的改装比例，平均单车改装产值 0.5 万元计算，汽车改装可以拉动消费近 840 亿元。随着我国汽车市场规模的不断扩大和服务业态日趋丰富，"十四五"期间，汽车后市场消费潜力将不断释放，成为推动汽车产业发展的重要驱动力。

3. 融合开放成为新特征，持续赋能汽车产业快速发展

当前，汽车与互联网、信息通信技术（ICT）、智能交通、智慧城市等领域加速融合，产业边界逐渐模糊。人工智能、信息通信、大数据技术的进步和配套设施的完善等正在有效促进汽车产业的创新和高质量发展。我国汽车行业逐渐打破行业壁垒，加快与其他行业的融合发展和协同创新，推动汽车从传统交通工具向移动智能终端、数字空间和储能单元转变，形成开放包容的汽车产业发展新局面。相互赋能、协同发展成为各类市场主体发展壮大的内在需求，极大地增强了产业发展动力，激发了市场活力，推动形成互融共生、合作共赢的产业发展新格局。

（1）ICT 企业竞相入局，新能源智能网联汽车生态出现

汽车电动化、智能网联化变革带来的技术需求，持续吸引互联网、信息通信等领域的企业加速布局智能电动汽车领域，电动汽车也成为智能网联技术的最佳应用载体。同时，汽车产业在 5G、大数据和新基建的支持下，围绕车联网构建了包括高精度定位、通信芯片、路侧单元（RSU）、汽车制造等的较为完善的产业链生态体系，智能电动汽车正从单车智能向车路协同方向加速演进。汽车产业也由零部件、整车研发生产及营销服务企业之间的"链式关系"向汽车、能源、交通、信息通信等多领域多主体参与的"网状生态"不断转变。

（2）汽车产业链格局打破重塑，新型供应链生态体系加速形成

在国际形势多变、贸易环境恶化、地缘政治风险陡增的大环境下，50%以上的传统零部件体系将面临解构重塑，从新能源汽车动力电池、电驱动系统，到智能网联涉及的芯片、操作系统、计算平台、感知系统、软件算法，再到高精度地图、车用无线网络、云控平台等软硬件，都将成为供应链的重要组成部分。当前，我国新能源汽车已经建立了全球化的零部件制造体系，供应链先发优势已然显现，并在双循环新发展格局中发挥着重要作用。汽车

供应链各环节企业将重新审视和重塑业务形态，调整优化产品和服务模式，寻求协同合作和市场增量的机遇，转变传统单一的供需关系，打造新型的供应链生态体系，叠加市场化程度加深，新型供应链生态体系将为汽车企业开启新的更大的发展空间。

（3）造车新势力企业是我国汽车产业的跨界先锋

在我国新能源汽车产业化起步阶段，造车新势力企业的加入给汽车行业注入新的基因、新的理念、新的思维和新的技术，加速了行业变革的试错过程。特别是一些拥有互联网基因的造车新势力企业，在汽车电商、互联网营销等方面具备丰富的经验，较早地把握住了网联化、智能化和未来出行的方向，将互联网思维、网联化和智能化的概念融入产品定义和营销模式中。继特斯拉之后，以蔚来、小鹏、理想为首的几家造车新势力企业走在软件定义汽车的前面，通过空中下载（OTA）在线功能升级和软件自主研发不断进步，以智能化定位打造差异化卖点。这些造车新势力企业靠精准定位用户群体，在先期形成小范围粉丝⊖消费，后期实现销量持续节节攀升。造车新势力企业以变革者的姿态进入汽车产业，不仅为行业发展注入了新鲜血液，提供了新的思路和方法，也成为电动汽车领域跨界的先锋。

4．汽车数字化产品圈、产业圈"双圈"协同发展

（1）聚焦产品升级、用户体验，构建汽车数字化产品圈

随着能源革命和新材料、新一代信息技术的不断突破，汽车产品加快升级，不断提升用户体验，数字化产品圈逐渐形成。在支持政策陆续出台、产业链韧性不断增强、核心技术持续积累的共同推动下，汽车产品的核心竞争力得到大幅提高，叠加与信息通信、人工智能、互联网等行业的深度融合，汽车逐步从单纯的交通工具转变为智能化应用终端、储能单元和数字空间。从产品应用看，以智能化和网联化为主线，汽车在全车数字化控制、多域融合、主动场景化服务、学习进化成长四大趋势综合作用下，逐渐成长为数字化产品（表3-1）；从整车数字化产品架构看，以用户体验为核心设计的整车数字化产品在体验、用户群体、空间、车内场域和车辆部件五大维度，紧贴消费者实际需求，受众群体更加广泛（图3-6）。

⊖ 网络流行语，fans 的音译，即某人、某品牌等的热爱追捧者。

表 3-1 汽车数字化产品趋势分析

趋势	内容
全车数字化控制	车窗、座椅、空调、转向、制动、灯光、安全带、音响、香氛
多域融合	驾驶域、娱乐域、车身域、动力域、安全域、"三电"系统
主动场景化服务	指令式触发、固定场景触发、固定条件触发、AI智能触发
学习进化成长	用户模型、用户行为学习、成长进化算法、推荐算法、场景引擎算法平台
四大趋势推动兼具安全、智能、乐趣、有生命力的汽车数字化产品不断成长	

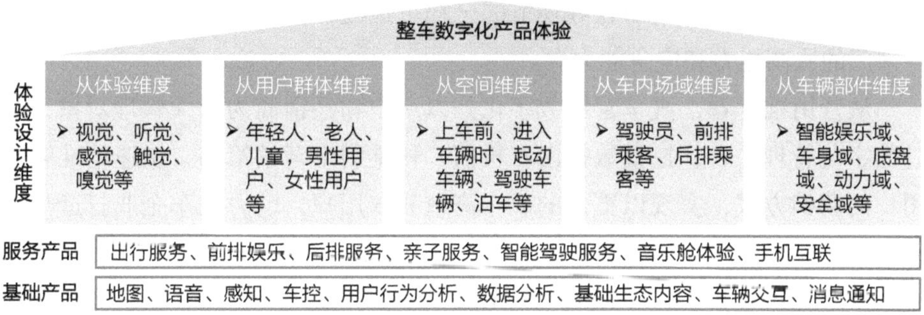

图 3-6 整车数字化产品架构分析

（2）聚焦降本增效、强化能力，构建汽车数字化产业圈

汽车产业数字化转型是利用云计算、大数据、人工智能、物联网、区块链等数字化技术驱动行业的创新与发展，改善用户体验，重构商业模式，最终实现降本增效，涉及研发、生产、供应链、营销、服务等维度（图 3-7）。

研发	生产	供应链	营销	服务
协同研发	PLM	TMS	DMP	智慧出行
虚拟现实	MES	WMS	CDP	数字分析平台
云服务	工业机器人	虚拟现实	精准营销	线上维保
CAX	工业互联网	数字化采购	用户在线	数字金融
PDM	智能排产	智能支出分析	数字中台	二手车数字化
数字孪生		模块化管理		智慧门店

图 3-7 汽车产业数字化全景地图

CAX—计算机辅助设计（CAD）、计算机辅助工程（CAE）、计算机辅助制造（CAM）、
计算机辅助工艺规划（CAPP）等各类计算机辅助工具的统称

注：资料来源于亿欧智库。

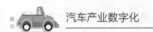

从研发维度看，汽车研发数字化主要通过融合软件、硬件开发，实现"软件定义汽车"，通过研发过程、研发知识、研发工具等的数字化，实现企业内外部的协同研发，缩短新车迭代周期。

从生产维度看，汽车生产数字化是指通过多种数字化技术，对整车生产过程进行全流程、全链条、全要素的改造，充分发挥数据要素的价值创造作用，优化生产排期、物流管理、能耗管理、安全管理、质量检测等环节。

从供应链维度看，数字化可以有效与业务流融合，打通信息孤岛，实现产、供、销、售后以及回收等环节的全程可追溯，从而增强各节点企业以及各部门的协调能力和应急能力。

从营销维度看，汽车营销数字化是以用户和经销商为两大管理对象，通过数字化管理平台，挖掘数据潜在价值，科学制定营销策略，快速精准触达用户的营销方式，实现以更低的成本高效获取用户，助力汽车企业打造消费者形象认知，提升营销链条效率。

从服务维度看，汽车服务数字化即在汽车销售之后的使用和流通环节，利用数字化方式打通用户场景与汽车服务供应链细分场景，为用户打造覆盖汽车全生命周期的管家式服务。

3.2　汽车行业数字化现状

3.2.1　数字化现状及趋势

1. 中国拥有全球最大的汽车市场

随着世界各国和地区之间经济贸易愈加频繁，全球一体化进程不断深入，世界汽车产业呈现新格局，我国成为世界汽车产销的主驱动力，支撑行业加速数字化转型。从各国汽车销量上来看，由于 2008 年和 2009 年的金融危机，美国汽车销量出现大幅度波动，2009 年达到最低，为 1060.8 万辆，随后触底反弹，稳定在金融危机前的 1750 万辆左右，2020 年，在疫情等因素的冲击下出现大幅下滑。

为了应对国际金融危机，稳定国内经济体系，我国政府积极出台了一系列汽车、摩托车促消费政策，极大地刺激了居民购车需求，带动了汽车消费市场的快速发展，在 2009 年，我国汽车销量首次超过美国，成为世界汽车销量第一大国。在经历了 28 年的销量持续走高后，我国汽车销量在 2017 年达到了 2887.9 万辆的峰值水平，我国汽车市场进入降速调整、动力转换的关键时期，由"总体规模快速扩张"转向"结构优化和质量提升"。2022 年，我国汽车销量为 2686.4 万辆，同比增长 2.1%，延续了 2021 年的增长态势，展现出强大的发展韧性，为稳定工业经济增长起到重要作用。2023 年，我国汽车销量突破 3000 万辆，同比增长 12%，创历史新高，实现两位数的较大增长（图 3-8）。

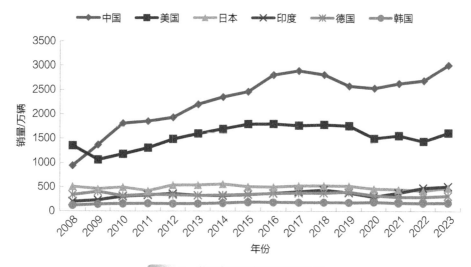

图 3-8　世界主要国家汽车销量变化

注：资料来源于 MarkLines。

从各国汽车产量来看，我国汽车产量与销量大体保持一致，2009 年，我国汽车产量超过日本，跃居世界第一，并在 2013 年产量超过 2000 万辆，2017 年突破 2900 万辆，2021—2023 年产量保持持续增长（图 3-9）。

2. 跨国汽车企业数字化布局重心向中国转移

受我国自主品牌研发需求增加和国际企业研发资源调整的影响，汽车产业的研发重心逐渐向中国转移，越来越多的汽车企业加码在中国的数字化布局，包括加大对中国的投资力度、将中国基地升级为全球战略生产基地、在中国建立全球性研发网络、为中国提供定制化移动出行解决方案、重视中国观点及中国经验向全球市场的推广等。

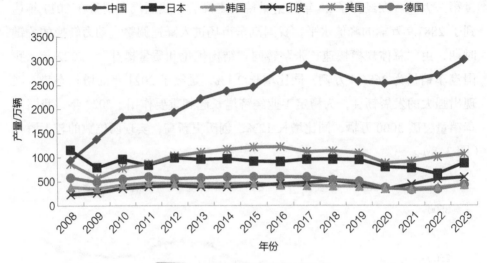

图 3-9 世界主要国家汽车产量变化

注：资料来源于 MarkLines。

本着"在中国研发，为中国创新；在中国研发，为世界创新"的使命，2022 年 4 月 28 日，大众汽车集团旗下的软件公司 CARIAD 正式公布其中国战略，同时，CARIAD 中国子公司的正式成立，中国团队将推动面向中国消费者的软件产品的开发。2023 年 4 月，大众汽车集团宣布将投资约 10 亿欧元加码创新与中国本土化，在华成立全新公司 100%TechCo，建立聚焦智能网联电动汽车的研发、创新与采购中心。

宝马在不断拓展与领先科技公司、高校合作的同时，已在中国建立了德国之外最大的研发体系，在北京、上海、沈阳、南京设立了四大创新基地，并在中国提出了"平台化战略"，旨在通过分析、集成、汇总 IT 资源，将向业务交付 IT 产品的能力平台化，为开发团队提供 IaaS（基础设施即服务）、PaaS（平台即服务）、VaaS（视频即服务）等不同层次、不同形式的云计算服务，帮助 IT 工程师快速开发数字应用，及时响应业务需求，"灯塔"人工智能平台即脱胎于该战略。

梅赛德斯 – 奔驰基于中国消费者领先于世界的数字化生活方式，大力推进数字化战略布局，目前，已完成了包含"官方网站""Mercedes me 手机应用""微信平台及在线展厅""车机互联"在内的四位一体数字化新基建，并以此为基础打造线上与线下一键互联的客户体验。

3. 中国领先汽车企业开始探索新型数字化业务

我国领先汽车企业正在自我革命与重塑，积极探索全新商业模式，越来越多的汽车企业正在跳出舒适区，到传统优势领域之外拓展新疆土。

上汽集团持续推进标杆工厂建设，乘用车分公司入选国家第五批"智能制造标杆企业"；技术中心运用数字孪生技术搭建数字化研发平台，被国务院国有资产监督管理委员会评为"国有企业数字化转型100个典型案例"，入选第五批国家级工业设计中心。在数字化服务方面，享道出行深耕细作长三角"一核五圈"城市的同时，拓展至西南、华南、华北及东北等全国主要出行市场。在数字化生态方面，上汽集团举办汽车SOA开发者大会，携手百度、阿里、腾讯、京东、华为、中国移动等众多生态伙伴，开展智能网联、网络及数据安全、5G赋能、汽车芯片等领域的合作。

广汽集团高度关注数字化、智能化转型升级领域的进展，不断加大投入和研发力度，积极探索和实践相关技术和业务模式，致力于提升企业的核心竞争力和可持续发展能力，推动企业数智化转型变革；大力推进企业经营管理数字化，包括整个研发体系数字化，优化开发流程，通过与业界合作伙伴展开合作，借助云计算、大数据、人工智能等先进技术，共同推进数字化转型；与多家合作伙伴进行车端、座舱芯片及操作系统等领域的技术探讨和合作统筹，通过大模型等先进技术进一步提升车端交互的智能化水平，推动广汽魔方、ADiGO SOUND原景声、广汽AI大模型平台等技术产品的创新升级。

小鹏汽车注重创新和前瞻性，聚焦于智慧驾驶、智能互联和智慧出行等领域的技术研究和应用，通过互联网和移动互联网技术的应用，构建了一整套线上线下融合的销售和服务平台，为用户提供全方位的汽车购车和售后服务体验。通过与互联网科技企业、充电设备供应商以及相关部门等合作，积极推动智能互联和电动出行的发展。例如，通过与充电服务提供商合作建设充电场站，使车主或乘车人在使用车辆过程中的充电体验变得高效又便捷。2024年，小鹏汽车将在国内推送全范围、点到点的XNGP⊖，覆盖小路、内部路、停车场等场景。此外，小鹏汽车还将在2024年研发适用于全球范围内的高速NGP，2025年研发适用于全球范围内的XNGP。

⊖ XNGP为小鹏汽车自主研发的第二代智能导航辅助驾驶系统（NGP）。

3.2.2　生态体系建设

1. 智能网联车产业生态圈

（1）发展智能网联汽车的战略意义

一是培育经济新增长极。从历史上看，汽车产业及产品一直都是新技术应用的重要载体。在智能化时代，智能网联汽车是人工智能、移动互联网、新一代信息技术、物联网、云计算、能源储存、可再生能源等技术的应用平台。大量新技术的应用，不仅将打破汽车以往的产业链、技术链和价值链，为我国汽车产业实现赶超提供重大机遇，还将推动新技术持续创新、突破与产业化，带动相关产业升级迭代，促进产业间深度交叉融合，形成全新的、对未来产生深远影响的产业生态体系与经济增长极。

二是推动社会智能化转型。随着智能化水平的不断提升，汽车正在由单纯的交通运输工具向智能化移动终端转变，带动全社会加速向智能化转型。智能网联汽车将有效且系统地加强汽车、道路基础设施和使用者之间的联系，促进智能交通系统的构建与智慧城市的建设。在我国"新基建"战略加快实施的背景下，智能网联汽车将与信息基础设施有效结合，带动整个社会加快智能化转型。与此同时，智能网联汽车将适应未来汽车社会共享消费的理念，逐步取代驾驶人员，降低成本与能耗，为共享出行服务提供强劲支撑。此外，智能网联汽车还将有效解决老龄化社会所面临的出行问题，并对提升国家面临重大公共事件时的治理能力具有重要的支撑作用。

三是提升国家综合竞争力。发展智能网联汽车，是推动我国新一轮科技革命和产业变革的重要力量。人工智能的飞速发展和应用正在不断颠覆传统的生产生活方式。复杂的运行场景使得智能网联汽车成为人工智能重要的应用领域，将有力推动我国在人工智能领域的基础研发和技术应用。数据是智能化时代的核心战略资源，智能网联汽车作为数据网络的中间枢纽和核心环节，时刻在产生和获取各种有价值的数据。对于海量数据的深度挖掘和使用，将对社会管理和国家治理产生深远影响。发展自主可控的智能网联汽车及基础关键技术，有利于掌控安全敏感数据，避免数据被非法获取、传输或者利用，导致其对国家安全产生隐患。

（2）智能网联汽车生态体系建设情况

智能网联汽车是指搭载先进的车载传感器、控制器、执行器等装置，融合现代通信与网络、人工智能等技术，实现车与 X（车、路、云、网、图等）间的智能信息交换、共享，具备复杂环境感知、智能决策、协同控制等功能，可实现安全、高效、舒适、节能行驶，并最终可实现替代人来操作的新一代汽车。

生态圈构建方面，自动驾驶相关企业发展趋于协同，多方势力共同打造开放创新的生态体系。随着自动驾驶技术的高速发展，部分软硬件无法由单一企业独立完成，需要产业链多方协同配合。在自动驾驶多方相关企业的协同推动下，自动驾驶产业"生态体系"逐步成型。自动驾驶产业生态圈⊖是指自动驾驶产业各赛道相关利益者通过合作共同建立的一个价值平台，各个角色关注其所在的价值平台的整体特性，通过平台撬动其他参与者的能力，使这一系统能够持续创造价值。自动驾驶生态系统主要由感知、决策、执行及网联四个元素构成，自动驾驶生态四元素"孕育"着关键部件供应商、全栈式解决方案商、主机厂、商业化场景提供商以及车路协同方案商等不同类型的企业（图 3-10）。从发展特征看，自动驾驶生态圈企业联合政府、高校、

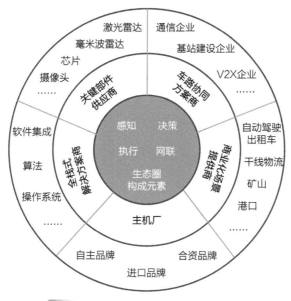

图 3-10　中国智能网联汽车产业生态圈

注：资料来源于亿欧智库。

⊖　亿欧智库基于模仿自然界生态圈的结构与圈层关系，提出中国自动驾驶产业生态圈的概念。

投资机构、社会公共服务机构、标准制定机构，以及其他相关利益者等外部资源共同创建了一个价值网络明晰、体系平衡的以用户为中心的生态体系结构。相较于传统的链式结构，网状结构使自动驾驶企业通过资源共享、联合研发等共享模式，实现价值共创，从而使构建生态体系的方式更为柔性，企业在生态圈内不仅可以将自身价值最大化，也可以实现相关利益企业同步发展。

生态圈企业发展特征方面，生态圈企业具有共生、协同等发展特征，共同推动自动驾驶产业进步。自动驾驶产业生态圈主要特征，是生态圈各利益相关者通过共同建立一个价值平台，从而实现生态价值的最大化，力求"共同进化"，从传统"链式思维"向"生态思维"转变，即从价值分配到价值创造的理念跃升。从共生特征看，生态圈各企业通过建立有序的共生关系，能够创造出真正有价值的生态系统；随后，生态圈企业形成互生关系，各方相互依存、分享价值；最后形成再生关系，不断创造新价值。自动驾驶产业生态圈像一个"拼图"，在当下的共生关系中，任何一个领域的发展状况都会影响"拼图"整体的发展趋势。例如，关键部件供应商是传统上游企业，关键部件供应商发展缓慢会直接制约自动驾驶产业的发展；全栈式解决方案商如果无法有效解决软硬件结合的问题，技术瓶颈就难以突破。从协同特征看，自动驾驶相关企业不仅可以推动自身发展，也可以推动企业之间的合作模式创新，通过与自动驾驶产业链其他相关企业建立连接，与外部企业广泛协同，可以打破信息壁垒，强化企业竞争力。

2. 新能源汽车产业生态圈

（1）发展新能源汽车的战略意义

新能源汽车产业是我国战略性新兴产业之一，是实现汽车强国梦的必由之路。我国新能源汽车产业已经进入了一个规模化快速发展的新阶段，通过完善顶层设计和监管体系规范新能源汽车产业链，利用技术创新全面提升我国电动汽车技术的成熟度和产品的竞争力，增强消费者对中国品牌的自信心，是新形势下我国新能源汽车产业由政策主导驱动向市场主导驱动过渡的关键。

发展新能源汽车产业是国家绿色发展理念的重要实践。近年来，空气污染已成为影响我国经济发展的重要因素。众多城市空气污染严重，部分地区的污染物排放量超过环境容量。部分一、二线城市已经启动限购、限行等政策，制约了我国汽车产业的发展。纯电动汽车和氢燃料电池电动汽车在使用环节具有零排放的特点，插电式混合动力电动汽车和增程式电动汽车具有日常出行零排放和长距离出行低排放的环境友好特性。因此，发展新能源汽车符合绿色发展理念，是国际公认的汽车产业发展的战略选择。

发展新能源汽车产业是实现"双碳"目标[⊖]的重要路径。碳中和发展目标已获得全球范围认可，我国也已经明确碳达峰、碳中和时间表，在"双碳"目标的引领下，全球能源结构转型进程不断加速，清洁化、低碳化能源产业快速发展。在我国碳排放来源中，交通运输排放占比约 10.4%，其中，公路运输占交通运输碳排放的 85% 以上，汽车的新能源化是推动交通运输行业实现碳中和的关键举措。此外，随着电力结构的优化、热电联产的稳步推进以及新能源汽车能效水平的提升，新能源汽车相较于传统能源汽车的生命周期碳排放水平优势越来越明显。因此，发展绿色低碳、高效节能的新能源汽车对减少温室气体排放、应对全球气候变化、实现"双碳"目标具有长远意义。

发展新能源汽车产业是保障国家能源安全的重要举措。能源安全是我国经济发展所面临的无法回避的问题。近年来，我国石油对外依存度已超 70%，交通领域的燃油消耗量占全国总消耗量的 60% 以上。随着汽车保有量的逐年攀升，我国石油资源的安全保障面临更加严峻的挑战。发展新能源汽车对推进我国道路交通能源多样化，保障国家能源安全，具有非常重要的战略意义。

发展新能源汽车产业是实现全社会能源科学调配的重要支撑。新能源汽车既是交通工具，又可作为分布式电能储存装置。与智能电网相融合的新能源汽车具有实现削峰填谷、平衡电网负荷的重要作用，有利于提高发电设备的利用效率，若遇重大灾害还可作为电力供给的重要补充。另外，新能源汽车的发展可推动可再生能源的高效利用，有助于优化我国电力能源结构，推动电力来源的清洁化。

（2）新能源汽车产业生态体系建设情况

《新能源汽车生产企业及产品准入管理规定》明确，新能源汽车是指采用新型动力系统，完全或者主要依靠新型能源驱动的汽车，包括插电式混合动力（含增程式）电动汽车、纯电动汽车和燃料电池电动汽车等。

⊖　我国于 2020 年 9 月承诺"二氧化碳排放力争于 2030 年前达到峰值，努力争取 2060 年前实现碳中和"，并已出台《2030 年前碳达峰行动方案》。

生态圈构成方面，新能源汽车产业生态圈由中心产业圈、核心要素圈和重心政策圈构成。三者相互独立又相互影响、相互协同、共同促进。第一是中心产业圈（生态圈的内圈），由零部件制造、整车制造以及后市场经营服务构成。中心产业圈是一条完整的汽车产业链，是生态圈的主体。其中，直接面向社会提供最终产品的整车制造业是中心产业圈至关重要的平台。第二是核心要素圈（生态圈的中间圈），由资金、信息、人才、科技、渠道等要素资源构成，要素处于流动状态，只要中心产业有需要并能支付相应的价格，就会自动流入。核心要素直接影响中心圈内企业的发展，对生态圈的形成变化起关键作用。第三是重心政策圈（生态圈的外圈），由国家产业政策、行业政策、地方政府以及企业战略等构成。这些政策、战略对中心圈企业而言，犹如物体的重力，引导中心圈产业的发展（图 3-11）。

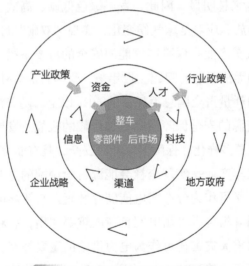

图 3-11　中国新能源汽车产业生态圈

　　生态圈内在关系方面，中心产业圈、核心要素圈、重心政策圈，三者由外而内具有正向作用。重心政策圈内的产业政策、行业政策、地方政策等作用于核心要素圈，会影响核心要素圈内资金、人才、信息、科技等资源的流向，而核心要素圈内资金、人才、信息、科技等资源的流向作用于中心产业圈的企业，会影响中心产业圈内企业的生存发展。三者具有一定由内而外的促进作用，中心产业圈内企业的发展壮大，会促进核心要素圈内资金、人才、信息、科技等资源的集聚；核心要素圈内资金、人才、信息、科技等资源的集聚，会促进重心政策圈相关政策的改进和完善。

3.2.3　汽车产业数字化转型的主要问题

随着大数据、人工智能等技术的发展，万物互联是大势所趋，数字化转型成为时代发展的必然要求，在未来很长一段时间内将是汽车行业转型发展的主旋律，为我国由汽车大国迈向汽车强国提供了难得的历史机遇。随着转型节奏加快，矛盾问题开始凸显，我国汽车企业在数字化升级过程中暴露出了诸多问题，数字化人才不足、直面用户的运营能力较弱、数据基础设施建设滞后，以及缺乏顶层设计四大问题尤为突出。

数字化人才供给需求错配，抑制行业转型升级速度。基于制造工业特性，汽车行业数字化技术应用需求较高，在长期发展中，形成较高的数字化技术应用程度，汽车企业数字化转型中对各种类型数字化技术的应用比例远超其他行业。目前，应用比例更高的数字化技术是物联网、机器人和 3D 打印技术，其他行业中，大数据分析与挖掘、云计算、移动通信技术和人工智能技术应用比例更高。与数字化技术应用相联系的是数字化人才，较高的数字化应用程度显然依靠数字化人才的支撑，这主要体现在传统汽车企业、造车新势力企业、头部互联网公司之间的数字化人才竞争越来越激烈，技术人才需求景气指数增高。

受限于经销商模式，汽车企业直面用户的运营能力有待提高。对大多数汽车企业来说，在过去的产品时代，企业主打的经营思路是以汽车这一硬件产品为核心，研发、生产、销售等各环节都以销售产品、赚取基于车辆的供应链利润为最终目标。与之相匹配的销售方式是经销商模式，即汽车企业把生产出来的汽车批售给 4S 店，然后 4S 店完成零售，而消费者在购车后，除质量投诉等情况外，一般不再与汽车企业有联系。随着时间的推移，这种汽车企业依赖已久的经销商模式所累积的问题逐渐显现。一方面，汽车企业在新产品营销及销售上要投入大量的费用，比如补贴，而这些补贴往往又很难到达用户；另一方面，传统汽车企业无法完全掌握汽车销量、消费者数据及产品体验等真实数据，从而无法开展个性化营销服务。

汽车企业数据基础建设问题仍未得到根治，难以释放数字化的最大价值。数据是数字化时代的重要资产，但在实践过程中，有些汽车企业由于没有高质量的数据输入，也缺乏数据应用场景，因此投资的数据中台无法产生有效回报；同时，数据中台本身的架构设计是否符合汽车企业业务要求也缺乏实战检验，因此，对业务的指导价值较差。加之此前汽车企业进行了十余年的信息化建设，其内部系统庞大且复杂，存在割裂与交叉。信息化建设通常由单个部门提需求，IT 部门实施，使整个汽车企业内部形成了各种各样的 IT 系统，这些系统内的用户账号、数据等并没有打通，数据孤岛效应明显，无法串联起每个用户的完整路径数据，导致很多汽车企业的数据集成难度大、治理成本高、数据应用能力差。

缺乏顶层设计，使企业数字化转型知易行难。汽车产品、生产、供应链、营销、服务等环节的数据、业务、流程、软件系统等的打通都需要对顶层架构的预先设计和规划，而缺乏顶层设计便容易出现流程割裂、建设重复、标准不一等种种问题。更重要的是，在面临短期内的大量资金需求、部门间的利益平衡和原有考核压力等问题时，缺乏顶层设计会导致各部门间数字化目标难以对齐，担心 JPH[⊖]、资金等方面的短期损失会导致数字化内生动力不足，进而使数字化进程受阻。

3.3 汽车行业数字化推进路径

3.3.1 汽车行业数字化总体架构

汽车行业数字化转型的总体架构以数字化转型战略为引领，以业务革新转型为方向，围绕核心能力提升这一主线，依托共性技术与管理创新的支撑，涵盖发展战略、核心能力、业务创新、共性技术支撑以及运营管理保障五个组成部分（图 3-12）。

首先，汽车企业为了顺应行业发展趋势和达成自身的发展目标，会制定一个明确的数字化转型战略。这个战略就像一份地图，为企业在各个业务领域进行数字化转型提供了方向。为了实现这个战略，企业需要对自己的业务进行创新，并提升核心能力。

⊖ JPH 是 Jobs Per Hour 的缩写，即小时工作量或单位时间工作量。在汽车制造业中，JPH 值常常被用来测算和表征生产企业的生产能力。

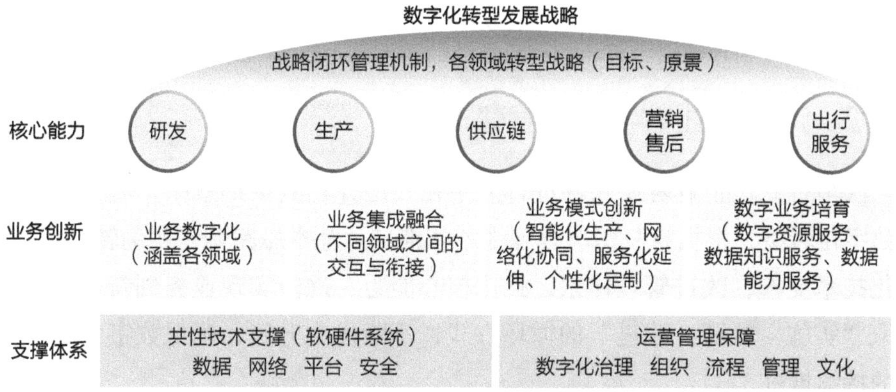

数字化转型发展战略

战略闭环管理机制，各领域转型战略（目标、愿景）

核心能力	研发	生产	供应链	营销售后	出行服务

业务创新	业务数字化（涵盖各领域）	业务集成融合（不同领域之间的交互与衔接）	业务模式创新（智能化生产、网络化协同、服务化延伸、个性化定制）	数字业务培育（数字资源服务、数据知识服务、数据能力服务）

支撑体系	共性技术支撑（软硬件系统） 数据　网络　平台　安全	运营管理保障 数字化治理　组织　流程　管理　文化

图 3-12　汽车行业数字化转型总体架构

注：资料来源于中国汽车技术研究中心。

那么，什么是业务创新呢？简单来说，业务创新就是汽车企业在原有业务的基础上，通过引入新的技术、理念或模式，使得自己的业务变得更加先进、更加有竞争力。比如，企业可以利用数字化技术，让自己的生产过程变得更加智能化，或者通过网络化协同，让不同业务领域之间能够更好地合作。这样，企业就可以形成一些新的业务模式，比如智能化生产、网络化协同、个性化定制等。

同时，业务创新也离不开核心能力的支持。核心能力是企业最擅长的、最具有竞争力的能力，比如研发能力、生产能力、供应链管理能力等。为了支持业务创新，企业需要对这些核心能力进行升级。比如，企业可以引入更先进的技术，提高自己的研发能力；或者通过优化生产流程，提高自己的生产能力。

当然，要进行核心能力的升级和业务创新，企业还需要一些基础的支持，比如数据、网络、平台、安全等资源。这些资源就像企业的基础设施，只有它们足够强大、稳定，才能支撑起企业的数字化转型。

最后，为了确保数字化转型的顺利进行，企业还需要做好运营管理保障工作，包括数字化治理、组织流程、管理、企业文化等方面。数字化治理是指企业需要建立一套完善的数字化管理体系，确保数字化转型的各项工作都能够有序进行。组织流程是指企业需要对自己的组织结构、业务流程等进行优化，以适应数字化转型的需求。管理是指企业需要引入一些新的管理理念和方法，提高自己的管理水平。企业文化是指企业需要培养一种积极向上、勇于创新的文化氛围，鼓励员工积极参与数字化转型工作。

3.3.2 汽车行业数字化发展建议

汽车行业、企业若要顺利进行数字化转型并达到预期效果，需要高度重视数字化转型，根据自身情况合理规划并推进。基本思路是：明确转型目标，优化技术支撑，改进管理体系，强化核心能力，逐步实现业务创新。企业应采取"实施 – 验证 – 改进"的循环方式，不断优化升级，确保数字化转型工作的持续推进。

1. 确立转型策略，制订清晰的目标计划

首先要明确整体的转型战略，找到转型的方向和目标，之后，还需要根据这个战略制订详细的转型计划，这个计划必须考虑到汽车企业体量大、部门和层级多、业务复杂等特点，因此，每个部门、每个分厂或分公司都需要设定自己的具体转型目标。这样，各个部门和层级就能更有针对性地进行工作，由领导亲自带头推进转型计划的实施。

同时，为了保证转型工作的顺利进行，还需要建立一套完整的考核制度，不仅要有明确的考核标准和考核时间点，还得详细地规划出转型的实施步骤。这样，才能够通过定期的考核，了解转型工作的进展情况，及时发现问题并进行调整。

2. 完善共性技术支撑体系

为了让数字化转型工作顺利进行，企业需要打好基础，包括建立一个强大的共性技术支撑体系，并不断进行优化和提升，以确保转型工作能够深入开展。同时，企业还需要对现有的软硬件系统进行升级和优化，以适应数字化转型的需求。虽然汽车企业在装备自动化和信息系统建设方面已经有多年的积累和经验，但要实现数字化转型的目标，还需要进一步提升数据、网络、平台和安全等技术资源的支撑能力，以确保企业的生产、经营、管理等各项业务和活动都有精准的数据来源，从而提升数据质量和数据利用程度。

3. 优化运营管理制度框架

管理方面的支持和保障至关重要，主要涉及企业文化的塑造、组织和管

理措施的改进，以及业务流程和管理流程的优化调整，数字化治理也是不可或缺的一环。通过这些综合措施，企业可以加强核心能力建设，推动业务领域的创新，实现运营和管理效率的大幅提升。数据将成为驱动企业发展的重要动力，确保数字化转型工作取得实效。

4.　不断推进核心能力提升

汽车企业的关键业务能力涵盖产品研发、生产、供应链管理、销售和售后服务以及出行服务等方面。对这些核心能力进行数字化转型，可以为企业创新提供动力，支撑其发展战略，并增强企业的价值创造力。这不仅能助力企业扩大服务领域，还能提高企业市场竞争力，增强品牌影响力。因此，提升企业在核心业务上的数字化应用水平，是评估其数字化转型成效的重要指标。

5.　渐进式改革推动业务创新

汽车企业数字化转型不仅是为了提升产品质量和提高运营效率，更重要的是要通过业务创新为企业创造更多价值。通过集成和联动内部业务，数据能够发挥更大的作用，大幅提升企业的决策效率和执行效率，进而降低成本，增加效益。此外，业务创新还可以帮助企业实现智能化生产、网络化协同、服务化延伸等新型业务模式，从而提升客户满意度，扩大品牌影响力。更重要的是，通过业务创新，企业可以开发出新型的数据知识服务、数据资源服务和数据能力服务，改变与终端用户和产业链企业的互动方式，让数据成为驱动企业发展的新动力，实现新模式的服务增值，进而扩大盈利范围。

汽车产业数字化

第 2 篇　体系变革

第 4 章

产品变革：
智能体验 + 智能驾驶功能
加速普及

汽车产品数字化已成为当今汽车行业的发展趋势，智能体验和智能驾驶功能的加速普及正引领着产品变革。数字化技术为汽车行业注入了新的活力，使汽车不再仅仅是交通工具，而成为集出行、娱乐、办公等多种功能于一体的智能空间。智能座舱作为数字化汽车的重要组成部分，通过人机交互系统为驾驶员和乘客提供了更加便捷、舒适和安全的出行体验。同时，智能驾驶功能的不断完善和应用，也使得驾驶更加轻松和安全。汽车产品的数字化变革不仅提升了用户体验，更推动了汽车产业的升级和发展。未来，随着技术的不断进步和创新，汽车产品的数字化将更加深入，为人们的出行生活带来更多可能性和便捷性。

4.1　产品数字化定义

产品数字化是通过运用数字化技术和方法,全面增强汽车产品的各项能力,以提供更加便捷、智能和安全的驾驶体验。这一进程主要包括智能驾驶和智能座舱两大部分。

智能驾驶,就像智能汽车的大脑和神经系统,是现代信息技术与汽车工程的完美结合。它通过感知层、决策层、执行层和应用层等关键部分的紧密协作,利用雷达、摄像头等先进传感器体系及高精度地图,实时感知车辆周围环境,再通过高阶智能算法和车载中央计算平台,进行快速、准确的路径规划和行为决策。这样,车辆就能实现自动跟车启停、车身稳定控制和辅助驾驶等功能,为驾驶者带来更加轻松、安全的行车体验。

智能座舱,则是车内的智能化数字平台,它集成了多种智能化和网联化技术及软件、硬件,是一种全新的智能化驾驶环境。智能座舱不仅具备高效感知座舱环境的能力,更能理解和融合用户的需求与情感,形成一种独特的"内在人格特性"。这意味着,智能座舱不仅能满足用户在不同场景下的实际需求,更能与用户建立深厚的情感联系,提供富有情感色彩的智能体验。智能座舱的功能十分丰富,包括车载信息娱乐系统、仪表盘、抬头显示、流媒体后视镜、语音控制等,这些功能未来还将进一步整合和优化,为用户带来更加便捷、智能和舒适的驾驶体验。

总的来说,产品数字化是汽车工业发展的必然趋势,智能驾驶和智能座舱作为其重要组成部分,将为用户带来更加智能化、便捷化的驾驶体验,推动汽车工业向更高水平发展。

4.2　智能驾驶发展重点

4.2.1　驱动因素

1. 发展智能驾驶具有必要性

随着科技的飞速发展,智能驾驶已经成为当今社会最热门的话题之一。

对于消费者和社会而言，智能驾驶的兴起不仅预示着出行方式的革新，更为出行安全、节能、性价比、驾乘体验、出行效率等方面带来了前所未有的贡献。本章将深入探讨智能驾驶在这些方面的巨大潜力，以及它如何塑造我们未来的出行方式。

智能驾驶让出行更安全。安全始终是出行时首要考虑的因素。世界卫生组织披露的数据显示，每年的道路交通事故会造成全球约 130 万人死亡、5000 万人受伤，这一数字触目惊心。然而，智能驾驶的兴起为我们提供了新的解决方案。美国密歇根大学的研究报告指出，高达 20%~46% 的碰撞事故是可以通过高级驾驶辅助系统（ADAS）来避免的。这些系统通过摄像头、雷达等传感器实时感知周围环境，为驾驶员提供及时准确的驾驶辅助信息，从而大大降低事故发生的概率。美国公路安全保险协会（IIHS）的研究也表明，自动驾驶技术能够减少 34% 的安全事故。这是因为自动驾驶车辆具备更全面的感知能力和更精确的控制能力，能够在复杂多变的交通环境中做出快速准确的反应。随着自动驾驶技术的不断成熟和普及，我们有理由相信，未来的道路将变得更加安全。

智能驾驶助力节能减排。节能减排是当前社会面临的重要挑战之一。智能驾驶的控制系统通过优化汽车的加速、制动和减速方式，能够有效提高燃油和电力的利用率。美国卡内基梅隆大学的报告指出，配备智能驾驶功能的汽车可以提升 10% 的燃油经济性。这意味着在相同的行驶距离下，智能驾驶汽车消耗的燃油和电力更少，从而减少尾气排放和能源消耗。随着自动驾驶技术的不断发展，未来我们甚至可以看到完全由电力驱动且具备自动驾驶功能的汽车大规模上路。这将进一步推动节能减排目标的实现，为保护环境、缓解能源压力做出重要贡献。

智能驾驶提升出行性价比。在人力成本较高的场景中，如长途货车运输，使用自动驾驶技术可以带来显著的经济效益，每年每车可节省人力成本 6 万~15 万元，这一数字对于运输企业来说无疑具有巨大吸引力。此外，自动驾驶技术还可以减少人为因素导致的交通事故和货物损失，进一步降低运输成本。对于普通消费者而言，智能驾驶同样具有高性价比。随着技术的不断进步和成本的降低，未来，智能驾驶汽车的价格将更加亲民。同时，智能驾驶汽车能够提供更舒适、便捷的出行体验，让消费者在享受科技带来的便利的同时，也能够节省时间和精力。

智能驾驶改善驾乘体验。智能驾驶的兴起不仅让出行更安全、更节能，还为驾乘体验带来了革命性的提升。智能驾驶操作简单，能够更及时全面地捕捉路面信息并做出反应，从而提供更加平稳、舒适的行驶感受。对于高龄驾驶员和新手驾驶员来说，智能驾驶无疑是一个福音，它可以帮助他们更好地掌握驾驶技巧，提高驾驶安全性，同时也能够减轻驾驶过程中的压力和疲劳。

智能驾驶提升出行效率。每年交通拥堵给经济带来的损失相当于国内生产总值的 5%~8%，这是一个惊人的数字。然而，自动驾驶技术的普及有望使整体交通效率提升 10% 以上。自动驾驶车辆具备更精确的控制能力和更高效的行驶策略，能够在拥堵的路况中保持稳定的行驶速度，减少制动和加速的频率，从而降低交通拥堵的程度。此外，自动驾驶技术还可以实现车辆之间的协同行驶和智能调度，进一步提高道路利用率和交通效率。这将有助于缓解城市交通压力，提升出行效率，为人们提供更加便捷、高效的出行方式。

智能驾驶在出行安全、节能、性价比、驾乘体验、出行效率等方面都带来了显著的贡献。随着技术的不断成熟和普及，我们有理由相信，智能驾驶将成为未来出行的主流方式，为我们的生活带来更加便捷、高效、节能的美好体验。

2. 发展智能驾驶具有迫切性

发展智能驾驶的需求对于我们来说非常迫切，它对汽车产业的影响也是非常深远的。大家都知道，汽车不仅仅是人们出行的工具，在居民消费中也是一个附加价值很高的产品。对于一个国家的制造业来说，汽车产业就是核心，就像心脏对于人体一样重要。那么，为什么智能驾驶这么重要呢？因为它的发展能带动整个汽车产业技术的升级。这就像手机的发展一样，手机从最初的只能打电话发短信，到现在可以上网、拍照、玩游戏，功能越来越强大。汽车也一样，有了智能驾驶技术，汽车就能更加智能、安全、便捷。

智能驾驶不仅能让汽车变得更智能，还能带动整个供应链和产业生态的革新。就像苹果手机带动了整个智能手机产业链的发展一样，智能驾驶也有这样的潜力。从原材料到零部件制造，再到整车生产，甚至到售后服务，智能驾驶都能带来新的机遇。而且，智能驾驶还能带动上下游核心科技的突破。就像 5G 技术让手机网速更快一样，智能驾驶也需要各种高科技技术的支持，比如传感器、芯片、算法等。这些技术的发展，不仅能提升汽车的性能，还能使技术应用到其他领域，推动整个科技领域的进步。

智能驾驶已成为各国竞相抢占的战略高地。从 2023 年自动驾驶专利申请数量可以看出，我国专利申请数排名第三，处于国际前列。在我国有很多企业在自动驾驶技术方面都做得非常出色，比如百度、腾讯、商汤、华为等，它们在专利方面都具有领先优势。从全球范围内看，还有其他很多知名企业也在自动驾驶技术方面有着深厚的积累，比如特斯拉、Cruise 等。在该领域的竞争与合作中，将出现更多的创新和突破，推动智能驾驶技术的进一步发展。

3. 发展智能驾驶具有合理性

我国作为全球最大的汽车消费市场，发展智能驾驶的合理性尤为凸显。我国拥有齐全的基础设施，从通信基础设施到智能化道路，再到高速公路网络，无一不为智能驾驶的推广和应用提供了坚实的基础。同时，随着科技的不断进步和创新，我国的智能驾驶技术和标准也日趋完善。这意味着，无论是在技术研发上还是在实际应用上，我们都已经具备了推动智能驾驶发展的成熟条件。

更值得一提的是，我国消费者对新事物的接受度普遍较高，市场活跃度高。这种开放和包容的市场环境为智能驾驶的普及和推广提供了广阔的空间。事实上，2023 年，我国机动车保有量已经达到了 4.35 亿辆，其中，汽车保有量高达 3.36 亿辆。这样一个庞大的汽车市场，无疑为智能驾驶的发展提供了巨大的空间，再加上百万级的 5G 基站数量和 80% 以上的 ETC（电子支付卡）渗透率，我们有理由相信，这些优势条件将共同支撑起我国智能驾驶的蓬勃发展。

4. 智能驾驶技术取得重要进展

智能驾驶相关技术近年来突飞猛进，其进步之快速、影响之深远，无不令人瞩目。在这场技术革命中，高精度地图、激光雷达、车载 AI 芯片等前沿科技如璀璨繁星，引领着智能驾驶的发展方向。高精度地图为智能驾驶提供了精准可靠的导航服务，其厘米级的精度和实时更新的能力，让车辆能够准确识别道路信息，实现精准定位。激光雷达则以其强大的环境感知能力，为智能驾驶车辆装上了"眼睛"，使其能够实时感知周围环境，做出快速准确的决策。而车载 AI 芯片则是智能驾驶的"大脑",其强大的计算能力和高效的数据处理能力,为智能驾驶提供了强大的智力支持。这些技术的不断突破和创新,不仅推动了智能驾驶技术的飞速发展,更预示着未来将有众多具有跨时代意义的新技术得到广泛应用。这些新技术的应用,将深刻改变人们的出行方式和交通生态,使出行更加安全、便捷、高效,让人们的生活更加美好。

以车载 AI 芯片为例,随着自动驾驶技术的不断发展,高阶自动驾驶芯片已经具备了量产装机能力。这意味着自动驾驶汽车离我们的生活又更近了一步。华为昇腾 910、地平线征程 5 等智能驾驶芯片的正式推出和量产,不仅展示了我国在智能驾驶领域的强大研发实力,更为自动驾驶的商业化落地提供了有力支撑。这些新一代智能驾驶芯片在算力上较前代产品实现了成倍增长,为自动驾驶汽车提供了更为强大、高效的处理能力。与此同时,国外企业也在智能驾驶领域积极布局,不断推出创新产品。高通骁龙 Ride、英伟达 Orin 等高算力芯片的陆续面世,进一步加剧了智能驾驶领域的竞争。这些国际巨头的加入,不仅为我们带来了更多的技术选择,也推动着整个行业不断向前发展。未来,随着这些新技术的不断应用和普及,我们有理由相信,智能驾驶将会为人们带来更加安全、便捷、高效的出行体验。

5. 智能驾驶行业标准日趋完善

2022 年 8 月,国内首部 L3 级自动驾驶法规《深圳经济特区智能网联汽车管理条例》实施,支持 L3 级以上智能驾驶汽车上路行驶。工业和信息化部、公安部等四部门《关于开展智能网联汽车准入和上路通行试点工作的通知》,对具备量产条件的搭载 L3、L4 级别自动驾驶功能的汽车,逐步开展准入试点。

在智能驾驶系统的研发过程中,涉及传感器、算法、通信等多个技术领域。行业标准的制定,使得不同厂商和研发机构能够遵循统一的技术规范,提高系统的兼容性和互操作性,降低技术研发和市场推广的成本;明确了系统安全性能的评估方法和指标,为政府部门和第三方机构进行安全性能监管提供了依据,同时,也为智能驾驶系统的商业化落地提供了安全保障。

4.2.2　等级定义

智能驾驶可划分为不同等级。我国 GB/T 40429—2021《汽车驾驶自动化分级》规定智能驾驶分为 6 个等级：0 级 ~2 级为驾驶辅助，3 级 ~5 级为自动驾驶（表 4-1）。

自动驾驶技术涉及交通、通信、电子等多领域融合和多产业协同，是一个从 L0、L1、L2 往 L3、L4、L5 渐进的过程。随着等级上升，软硬件配置要求也在提高。以激光雷达为例，L0~L2 驾驶辅助不需要激光雷达，但在 L3 及以上高阶自动驾驶中，激光雷达是必不可少的硬件设备。芯片方面，若要实现 L2 到 L3 级别的跨越，算力需要从 24TOPS [⊖] 跨越到 300TOPS，至少提升 12.5 倍。

表 4-1 中国与美国汽车工程师学会（SAE）自动驾驶分级标准

等级	部门	名称	驾驶操作	周边监控	驾驶任务后援	场景
0 级	工业和信息化部	应急辅助	驾驶员	驾驶员及系统	驾驶员	有限制
L0	SAE	无自动驾驶		驾驶员		—
1 级	工业和信息化部	部分驾驶辅助	驾驶员及系统	驾驶员及系统	驾驶员	
L1	SAE	驾驶员辅助		驾驶员		
2 级	工业和信息化部	组合驾驶辅助	系统	驾驶员及系统	驾驶员	
L2	SAE	部分自动驾驶				有限制
3 级	工业和信息化部	有条件自动驾驶	系统	系统	动态驾驶任务后援用户	
L3	SAE				驾驶员	
4 级	工业和信息化部	高度自动驾驶	系统	系统	系统	
L4	SAE					
5 级	工业和信息化部	完全自动驾驶	系统	系统	系统	无限制
L5	SAE					

注：资料来源于工业和信息化部、SAE。

4.2.3 系统构成

智能驾驶的实现，其实质在于感知、决策、执行三大核心系统的协同作战（图 4-1）。这三大系统相互依存，共同为智能驾驶提供了坚实的技术支撑。

⊖ 1TOPS 指每秒进行 1 万亿（1×10^{12}）次整型运算。

"五官"感知层	"大脑"决策层	"四肢"执行层
• **环境**：通过摄像头、雷达等感知周围是否有障碍物、交通信号灯颜色等 • **位置**：通过高精度地图、全球定位系统（GPS）、超声波传感器等判断位置 • **其他**：通过陀螺仪、压力传感器、光学传感器收集如速度、压力等信息	• **操作系统**：i-Drive、斑马智行、Xmart OS等 • **集成电路**：CPU、GPU、FPGA等 • **计算平台**：EyeQ、Xavier、MDC等	• **动力**：执行加速、匀速行驶、减速、制动等命令 • **方向**：执行左转、直线行驶、换道、右转、倒车等命令 • **车灯**：执行打开远光灯、雾灯、前照灯、转向灯等命令

图 4-1　智能驾驶三大系统及其重要组成部分

注：资料来源于工业和信息化部、中国信息通信研究院。

首先是**感知层**，它如同人的五官一般，敏锐地捕捉着周围环境中的每一个细节。无论是道路状况、车流情况，还是行人动态、天气变化，都被感知层一一收入眼底。车载摄像头、超声波传感器、毫米波雷达、激光雷达等关键软硬件设备，就如同人的眼睛和耳朵，时刻搜集着各种信息，为智能驾驶提供着丰富的信息源。而高精度地图更是感知层的重要组成部分，为车辆提供了精准的位置和导航服务。

接下来是**决策层**，它扮演着类似人类大脑中决策者的角色。决策层接收到感知层传输过来的数据后，会运用先进的算法操作系统、AI 芯片以及计算平台进行处理和分析。这些数据在决策层中经过层层筛选、整合和计算，最终形成相应的操作指令。这些指令是智能驾驶的决策依据，直接决定着车辆的行为和行驶轨迹。

最后是**执行层**，它则如同人的四肢一般，负责将决策层的指令转化为实际的车辆动作。动力供给、方向控制、车灯控制等关键系统，在执行层的精确控制下，协同工作，确保车辆能够按照决策层的指令平稳、安全地行驶。无论是加速、减速、转弯还是停车，执行层都能够做到精准无误，为智能驾驶的实现提供了有力的保障。

从技术和产业链的发展阶段来深入剖析，智能驾驶领域中的感知环节已经基本完成了国产化替代的过程，整个产业链也展现出了相对成熟的态势。车载摄像头、毫米波雷达以及超声波传感器等核心感知设备都已经实现了自主研发与生产，这无疑是国内技术实力的一次巨大飞跃。

在激光雷达领域，国内企业同样展现出了强大的技术实力和创新精神。它们不仅采用了多元化的技术路线，更在集成能力上取得了显著突破，为智能驾驶的进一步发展奠定了坚实基础。

然而，在决策环节，我们不难发现该环节的技术壁垒相对较高，国内相关产业链仍处于艰苦的技术攻坚阶段。尽管如此，我国在应用软件算法方面的研发正在加速追赶国际先进水平。自主 AI 芯片的研发也取得了积极进展，已经能够满足驾驶辅助的基本需求。部分领先的企业更是推出了针对高阶自动驾驶的专用芯片，展现了我国企业在智能驾驶领域的雄心壮志。

智能驾驶 AI 芯片的自主可控化发展，无疑是一场需要时间和毅力的攻坚战，而执行环节则相对处于起步阶段。由于传统汽车技术向新技术迁移的成本较高，市场对新技术的接受度和积极性还有待提高，因此，智能驾驶的商业化落地仍需时间和市场的双重考验。

但值得期待的是，随着我国整车和零部件企业技术的逐渐成熟以及布局的逐一完善，我们有理由相信，国产化替代在智能驾驶领域将有望实现全面突破。这不仅将提升我国汽车产业的国际竞争力，更将为消费者带来更加智能、安全和舒适的驾驶体验。

4.3　智能座舱发展重点

4.3.1　发展历程

回顾汽车座舱的发展历程，我们可以清晰地看到其从简单到智能的转变。在 20 世纪的大部分时间里，汽车座舱的设计相对简单，功能也较为有限。大约在 20 世纪 30 年代，雪佛兰和凯迪拉克等知名品牌开始尝试在车辆中搭载车载收音机，为驾驶员和乘客提供了初步的娱乐体验。随后，在 1965 年，福特汽车引入了磁带播放器，使车内的娱乐选择更加丰富。然而，这些早期的座舱设计在电子化程度上仍然较低，主要侧重于提供基础的车载信息娱乐功能。

进入 21 世纪后，汽车座舱的电子化程度开始逐步提升。在 2001—2015年这一阶段，车载屏幕逐渐从传统的模拟显示屏转变为液晶显示屏，为驾驶员和乘客带来了更清晰的视觉体验。同时，蓝牙技术和导航系统等也逐渐成为汽车座舱的标配，使车辆具备了更便捷的与外界连接的功能和定位功能。然而，这一时期座舱内的屏幕尺寸仍然较小，提供的内容也相对简单，主要以基础功能为主，娱乐功能不足。

自 2016 年以来，汽车座舱的设计和技术迎来了新的突破。大屏化和多屏化成为主流趋势，许多先进技术的融合使得汽车座舱真正进入了智能时代。例如，抬头显示（HUD）技术和流媒体后视镜等技术的快速发展，为驾驶员提供了更全面的驾驶信息和更广阔的视野。同时，车辆也逐渐实现了语音交互功能，使得驾驶员可以通过简单的语音命令来操控车辆的各种功能。

在智能座舱时代，汽车不再仅仅是一个交通工具，而是成为一个移动的智能空间。360° 全景摄像头为驾驶员提供了全方位的驾驶辅助；车载 Wi-Fi 和车载视频等功能则使乘客在车内也能享受到与家中相似的娱乐体验。这些先进的技术和功能不仅提升了汽车的舒适性和便捷性，也使驾驶变得更加安全和有趣，汽车智能座舱也将会变得更加人性化。

4.3.2　应用场景

智能座舱以人为中心的设计理念正在逐步改变我们的出行方式。智能座舱不仅仅是一个提供舒适驾乘体验的空间，更是一个能够满足多样化需求的第三生活空间。通过先进的感知技术，智能座舱能够实时了解乘客的需求和偏好，从而做出相应的决策和调整。当前，随着技术的不断进步，座舱正在经历一场智能化升级。大尺寸中控液晶屏开始替代传统的中控台，全液晶仪表也逐渐取代了传统仪表，为乘客提供了更加直观、便捷的信息展示方式。

除了基础的显示设备升级外，智能座舱还在人机交互方式上取得了显著进展。HUD、流媒体后视镜等先进设备的应用，使得驾驶员在行驶过程中能够更加轻松地获取车辆信息和外部环境信息，提高了驾驶的安全性（图 4-2）。同时，这些设备也为乘客提供了更加丰富的娱乐体验。未来，随着高级别自动驾驶技术的逐步应用，芯片和算法等性能的不断提升，汽车的使用场景将变得更加丰富和生活化。基于车辆位置信息，智能座舱将能够融合信息、娱乐、订餐、互联等多种功能，满足人们在出行过程中的各种需求。

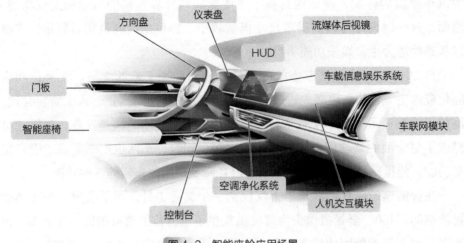

图 4-2　智能座舱应用场景

注：资料来源于盖世汽车。

人机交互系统在智能座舱中的应用场景主要体现在以下几个方面。一是语音控制，这是最常见也最直接的应用场景。驾驶员可以通过语音指令来控制车辆的各种功能，如导航、音乐播放、电话拨打等。这种交互方式使驾驶员在行驶过程中能够保持双手在方向盘上，眼睛注视前方，从而提高了行车安全性。二是触控交互。智能座舱通常配备触摸屏，驾驶员和乘客可以通过触摸屏幕来操作车辆的各种功能。这种交互方式直观易用，适合在停车或者低速行驶时使用。三是手势控制。一些高级的智能座舱还支持手势控制功能。通过座舱内置的摄像头或者传感器，系统可以识别驾驶员的手势动作，并转化为相应的指令。这种交互方式具有一定的科技感和趣味性，但也需要驾驶员进行一定的学习和适应。四是生物识别。智能座舱还可以通过生物识别技术来识别驾驶员的身份，并自动调整座椅位置、后视镜角度、音乐播放曲目等个性化设置。这种交互方式提高了车辆的智能性和舒适性，使驾驶员能够享受到更加个性化的驾驶体验。五是情感交互。一些先进的智能座舱还具备情感交互功能。它们可以通过分析驾驶员的语音、面部表情、肢体动作等信息，来判断驾驶员的身体状态，并做出相应的反馈。例如，当驾驶员感到疲劳时，系统可以自动播放轻松的音乐或者提醒驾驶员休息。这种交互方式使智能座舱更加人性化，能够更好地满足驾驶员的需求。

人机交互的流程主要是由感知层对用户的语音信号、人脸特征和姿势手势进行识别，并将信号传递至应用层，识别语音内容并对感情变化情况进行判断，最终实现状态跳转，将语言转化为语音传递给用户（图4-3）。

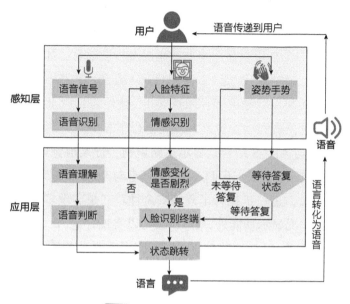

图4-3　人机交互流程示意图

注：资料来源于头豹研究院。

流媒体后视镜在智能座舱中应用的作用主要体现在以下几个方面。一是实时画面显示：流媒体后视镜能够通过车辆后置的一枚摄像头，实时拍摄车辆后方的画面，并在中央后视镜显示屏上呈现出无损、无延迟的画面，这样，驾驶员就可以通过摄像头的视角，观察车辆后方的真实情况，从而减少视觉盲区，提高行车安全性。二是夜间行车辅助：流媒体后视镜具有夜视功能，能够在夜间或光线较暗的环境下，提供清晰的后方视野，这对于夜间行车来说尤为重要，因为传统的后视镜在夜间很难看清后方路况，而流媒体后视镜则可以有效解决这一问题。三是恶劣天气辅助：在雨天、雾天等恶劣天气条件下，传统后视镜的视线容易受到阻碍，而流媒体后视镜则可以通过摄像头捕捉后方画面，并清晰显示在屏幕上，帮助驾驶员更好地掌握后方路况。四是行车记录功能：流媒体后视镜通常还配备行车记录仪功能，可以记录行车过程中的视频和音频信息，这对于处理交通事故、提供证据等方面具有重要意义。五是与其他智能系统联动：在智能座舱中，流媒体后视镜还可以与其他智能系统联动，如导航系统、驾驶辅助系统等，通过与这些系统的协同工作，流媒体后视镜可以提供更加精准、实时的路况信息，帮助驾驶员做出更加准确的判断。

HUD 在智能座舱中应用的作用主要体现在以下几个方面。一是显示车况及导航系统内容：HUD 可以显示当前的车况及行驶信息，如车辆状况（胎压监测、油量/电量、续驶里程等）、行驶状况（时速、转速/功率、能耗等），以及导航提示（转向、行驶里程、限速等），这使得驾驶员在行驶过程中不需要频繁低头查看仪表和中控屏幕，提高了行车安全性。二是与 ADAS 深度绑定：HUD 可以与 ADAS 结合，显示道路识别、行人预警等辅助驾驶信息，通过增强投影面技术，HUD 还可以将导航信息与车道线进行融合，以更直观的方式提醒驾驶员，进一步提升了驾驶安全性。三是实现多种娱乐功能：除了基本的导航和车况显示功能外，HUD 还可以实现打电话、玩游戏和播放高清电影等功能（图 4-4），这些功能使得驾驶员和乘客在车内能够享受到更加丰富的娱乐体验。四是提供宽视角和远成像距离：与传统的组合式抬头显示（C-HUD）和风窗玻璃抬头显示（W-HUD）相比，增强现实型抬头显示（AR-HUD）具有更大的视场角和更远的成像距离，这使得驾驶员能够更清晰地看到 HUD 显示的信息，提高了驾驶的舒适性和便捷性。

图 4-4　AR-HUD 示意图

从用户购买决策的关键因素来看，座舱智能科技配置水平已经成为仅次于安全配置的第二大类关键要素。根据 IHS Markit 最新的调研结果，用户在购车时越来越注重座舱的智能科技配置，其重要程度已经超过了动力、空间与价格等传统购车关键要素（图 4-5）。这反映出随着科技的进步和消费者对智能生活的追求，座舱智能科技已经成为用户购车的重要考量因素之一。因此，汽车制造商需要不断加大对智能座舱技术的研发和应用力度，以满足消费者对高品质出行的需求。

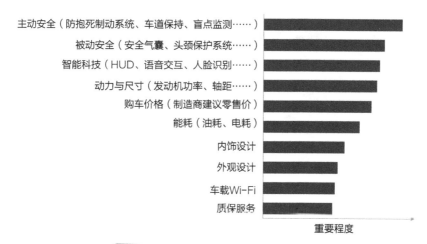

图 4-5　中国用户购车因素重要程度排名

4.4　案例分析

4.4.1　小鹏智能驾驶

1. 小鹏智能驾驶发展历程

小鹏自 2018 年开始在智能网联领域加速布局，攻关视觉感知、传感器融合、决策、规划、控制等一系列核心技术，推动实现智能驾驶方案全栈自研。2018 年，Xpilot 智能辅助驾驶系统正式落地，能够提供单车道辅助驾驶等 L1 级辅助驾驶功能，开启智能驾驶领域探索之路。2019 年，小鹏 L2 级行车辅助系统实现量产应用。2021 年，推出高速 NGP 功能。2022 年，推出城市 NGP 功能，完成智能辅助驾驶上半场（高速公路、地下停车场等单场景高级辅助驾驶）最后一个核心能力的建设。根据小鹏汽车微信公众号数据，截至 2022 年年底，小鹏高速 NGP 功能里程渗透率已超过 60%，计划在 2023—2025 年实现全场景智能辅助驾驶，2025 年起向无人驾驶迈进（图 4-6）。

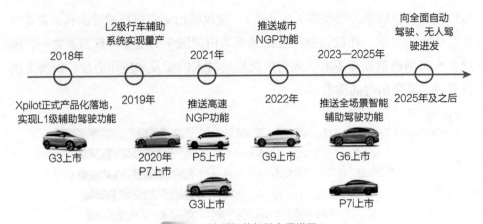

图 4-6　小鹏智能驾驶布局进程

注：资料来源于佐思汽车研究微信公众号。

2. XNGP系统功能特点

XNGP智能辅助驾驶系统是小鹏汽车自主研发的一套高级驾驶辅助系统，集成了多种传感器、算法和其他硬件，旨在提供更加安全、舒适和便捷的驾驶体验。XNGP系统不仅具备高速公路导航辅助驾驶（NGP）的全部功能，还在此基础上进行了全方位的能力升级，具备全新的能力架构、超级感知、高效决策、协同执行以及安全保障。

1）XNGP可以实现全场景智能辅助驾驶的能力，具有覆盖整座城市范围的"城市导航辅助驾驶"功能。

2）针对用户通勤和高频路线的"AI代驾"功能，为用户提供定制化服务。"AI代驾"功能将不受限于城市范围，用户可以在全国范围内设置"AI代驾"路线。用户只需设置一次路线，路线通过云端质检后即可开放使用。随着使用熟练程度提升，"AI代驾"将持续优化路径和习惯。

3）可对Pro和Max版本的产品进行升级，无论有没有激光雷达，全部以一套视觉系统为基础。小鹏G6、G9、P7i的Pro版车型将在环境现实描绘（Surrounding Reality，SR）感知能力、高速NGP能力和车道居中辅助（LCC）能力等方面进行升级。

3. XNGP系统的技术特点

（1）全新的能力架构

XNGP智能辅助驾驶系统采用了全新的能力架构，实现了软硬件的深度融合。它通过高性能计算平台对车辆周围的各种信息进行实时处理，从而实现了更加精准、快速的决策和响应。这种全新的能力架构不仅提升了系统的整体性能，还为未来的功能升级和扩展提供了基础保障。

（2）超级感知

小鹏通过自研的鸟瞰视角（BEV）感知网络——XNet，提供了更强的环视感知能力，以纯视觉方案成为行业内率先降低对高精地图依赖的汽车企业之一。XNet 是小鹏实现量产的 BEV 感知技术架构，也是 XNGP 辅助驾驶系统的核心技术模块。XNet 通过将多个摄像头采集的数据，进行多帧时序前融合，输出在 BEV 下的动态目标物的 4D 信息（如车辆速度、运动预测等）和静态目标物的 3D 信息（如车道线位置等），利用神经网络实现端到端数据驱动算法迭代，大幅提升了车辆的智能辅助驾驶能力，尤其是面对城市复杂场景时的环境感知以及动态物体运动轨迹预判、决策、执行等能力。小鹏的 XNet2.0 将感知范围提升了 200%，类型增加了 11 种，同时融合了高精度纯视觉占据网络，实现了动态 BEV、静态 BEV 和占据网络三网合一，是具备时空理解能力的感知架构。这种超级感知能力不仅可以准确识别道路上的车辆、行人、障碍物等，还能实时监测道路状况、交通信号等信息，为驾驶决策提供更加全面、准确的数据支持。

（3）高效决策

决策能力是智能驾驶系统的另一个关键，XNGP 系统全闭环处理效率提高了 150%，每一次代码改动和模型升级都进行端到端的仿真验证，累计仿真里程已超过 1 亿 km。通过先进的算法和模型对感知数据进行实时处理和分析，实现了高效、精准的决策。它可以通过长时序规划，根据道路状况、交通状况以及车辆自身的状态等信息，分析连续动机，实时规划出最优的行驶路径和速度，确保车辆在各种复杂环境下都能安全、稳定地行驶。

（4）协同执行

协同执行能力是 XNGP 系统的一大亮点。它通过与车辆的动力系统、转向系统、制动系统等关键部件的紧密配合，实现了对车辆运动的精确控制。这种协同执行能力不仅可以确保车辆在紧急情况下实现快速响应和避险，还能提供更加平稳、舒适的乘坐体验。

（5）安全保障

安全保障能力是对智能驾驶系统最基本的要求。XNGP 系统在设计之初就充分考虑了安全性问题，采用了多重安全保障措施。通过冗余设计、故障自诊断、远程监控等手段，确保了系统在出现故障或异常情况时能够及时响应和处理，从而保障了车辆和乘员的安全。

4.4.2 华为鸿蒙车机系统

1. 华为鸿蒙车机系统概述

华为鸿蒙车机系统是华为公司为智能汽车量身定制的操作系统。它基于开源的鸿蒙操作系统，结合汽车的特点，为车辆提供丰富的智能化功能，具有车机流畅、隐私安全、智慧交互（比如小艺的语音交互、智能的车控体验）和生态丰富的特点。鸿蒙车机操作系统从底层的车机模组，到鸿蒙的微内核，再到系统层、框架层，包括北向原生鸿蒙应用、仪表应用，都是端到端全技术栈深度自研的，保证了座舱体验的智能流畅。

2. 鸿蒙操作系统概述

鸿蒙操作系统（鸿蒙OS）兼顾生态、稳定和效率，是一款基于微内核的面向全场景的分布式操作系统。该操作系统基于微内核，兼具QNX和Android的优点，尤其在国内华为服务支持的基础上，在后端生态适配上更有优势。鸿蒙OS采用微内核，分布式的产品构造对硬件资源要求较低，响应速度较快，可以支持仪表等具有高实时稳定要求的部件工作。相比于Android系统，鸿蒙OS具有轻量化、安全性高、天生流畅、生态共享等优势。

3. 华为鸿蒙车机系统特点

1）**硬件与技术支持**：华为作为信息科技公司，具备强大的硬件和软件研发实力，为智能车机提供了先进的技术支持和稳定的硬件基础。

2）**智能化交互体验**：华为智能车机采用了智能化的交互设计，支持语音控制、手势识别等多种交互方式，使驾驶过程中的操作更加便捷和智能。

3）**丰富的应用生态**：华为鸿蒙车机系统不仅提供了基础的操作系统功能，还通过构建完善的开发者生态，吸引了大批软件开发者为系统开发各种应用。这种生态性使得各种创新应用能够不断涌现，满足消费者多样化的需求。依托华为庞大的用户群体和开发者社区，华为智能车机拥有丰富的应用生态，涵盖了导航、音乐、电话、智能家居控制等多种实用功能，为驾驶者和乘客提供了更加丰富的娱乐功能和便捷的交互体验。

4）**高度的安全性**：华为智能车机在设计和开发过程中注重安全性和隐私保护，采用了多层安全防护机制，确保用户数据的安全性和隐私性。例如，系统会对车辆数据进行加密存储，防止数据泄露；同时，还会对车辆的各项操作进行安全验证，确保只有授权的操作才能执行。

5）**与智能手机的无缝连接**：通过华为的 HiCar 等技术，华为智能车机可以实现与智能手机的无缝连接，将手机上的应用和服务无缝流转到车机上，提供更加便捷的使用体验。

6）**前瞻性**：面向未来智能汽车的发展趋势，华为鸿蒙车机系统已提前布局。例如，系统支持 5G 网络、物联网、云计算等先进技术，为未来的智能汽车发展提供了强大的技术支撑。

7）**开放性**：与安卓系统类似，华为鸿蒙车机系统采用了开源的模式，使得各类厂商和开发者可以自由地对其进行定制和扩展。这种开放性有利于吸引众多的参与者，推动系统的不断完善和发展。

4. 鸿蒙车机系统的应用——AITO 问界

（1）超级桌面

随着汽车逐渐成为人们生活的"第三空间"，我们在车上的时间越来越多，车主希望在车机上也能用到手机上的 App。超级桌面功能可支持手机主流应用无缝直达车机，手机应用变成车机应用的一部分。在车机上可以使用大部分华为手机上的应用，支持娱乐、办公、教育等众多使用场景，开车时可以完全摆脱手机，不会再因为低头看手机而影响行车安全。超级桌面还可以通过语音控制系统打开、关闭上车应用，也可以调用车机硬件功能，包括车载 GPS、传声器与扬声器、车机前 / 后置摄像头等。AITO 问界超级桌面依托鸿蒙生态，整合了鸿蒙 OS 的能力，拥有"平行视界"的丰富应用。通过车机上自适应布局功能，让手机应用变成车机应用的一部分，实现手机应用上车无缝切换到车机。

（2）智慧寻车功能

此功能利用"停车位号码智能识别""地下车库高精经纬度定位""楼层识别""信息脱敏"等功能，在停车过程中更好地观察车辆的停车环境，精准获取车辆停车位置、停车位号码以及停车楼层等信息。在使用时，只需要打开车机内的"智慧寻车"功能，车辆在倒车过程中就可以准确识别车辆的停放位置及楼层，不需要手动记录，车辆自动记录车位信息，并在离车闭锁后悄无声息地将车位信息发送至 AITO App 中。当返回寻车时，AITO App "智慧寻车"界面会出现车辆停放的精确经纬度、四张车辆环境信息照片、停车位识别号以及车辆停放楼层等信息，精准定位车辆的所在位置。驾驶员停好车并挂入 P 档位后，系统自动计算出经纬度位置，记录车位号码并自动拍摄环境信息。系统将信息（主要是周边环境中的车牌信息、人脸信息）脱敏后，在地下车库有网络的情况下，会上传到对应用户的手机上，因此不必担心隐私问题。在日常实际停车过程中，停车场车位信息印刷字体、大小、清晰程度不一，即便是同样的车位也有不同的停法，大大加大了识别难度。开发之初，研发工程师使用在通用场景中表现最好的光学字符识别（OCR）算法，但识别率也只能达到 20%，因此，提升识别率成为智能寻车功能的最大难点。研发人员通过综合鱼眼摄像头、透明底盘等视频流，推出了针对停车场景优化的华为自研 OCR AI 算法。智慧寻车特性可以自动综合判断哪一帧最适合识别，获取关键帧，排除错误信息，再进行准确的 OCR 识别，使准确率从 20% 跃升到了 90% 的可商用水平。

（3）HUD 高度自适应调节

当驾驶员入座并调整完座椅后，摄像头会主动识别用户眼睛的位置，完成眼球定位，并将 HUD 快速调整至最佳高度，从而将时速、导航等重要行车信息投影在驾驶员前面的风窗玻璃上，减少驾驶员在行车时的转头或低头等动作，保障行车安全。在驻车状态下，当驾驶员踩下制动踏板后，HUD 会快速结合眼球定位调整至最佳高度，使不同身材、不同穿着的驾驶员均可获得最佳视觉体验。在行车过程中，系统不会主动触发 HUD 高度自适应调节，但用户可通过语音控制调节 HUD 高度。在长期用车过程中，HUD 高度自适应调节每次会自动比对上一次的位置和本次位置的差异区间，如差异区间不大，则不会频繁触发自适应调节，避免影响驾驶者体验。

（4）连续语音对话功能

该功能支持免唤醒直接说，用户可一口气下达 5 个指令，例如"关闭车窗""打开空调""开启座椅加热""播放音乐""导航去公司"，多个意图一次搞定，识别速度较快，识别率也较高。系统能够"听懂"几千句不同的指令，包括多种常用场景，符合未来语音交互的拟人化发展方向。

（5）PC 双屏协同功能

座舱屏幕可作为个人计算机（PC）屏幕的镜像或扩展显示，键盘和鼠标可在双屏间自由穿越，用户可以在车内进行文档处理、视频剪辑等操作。用户可将华为 PC 与鸿蒙座舱组成超级终端，利用双屏协同办公、浏览娱乐视频网站、剪辑视频，大幅提升效率，PC 键盘鼠标也支持双屏共享（图 4-7）。

图 4-7　PC 双屏协同演示

4.4.3　理想 NOA

理想智能驾驶已步入 3.0 时代，理想 AD Max 3.0 通过大模型 AI 算法，摆脱了对高精度地图的依赖，可以像人类驾驶员一样实时感知、决策、规划，覆盖从高速公路场景进入到城市道路场景，实现不挑路段的通勤导航辅助驾驶（NOA）。

1．技术架构特点

理想城市 NOA 技术架构的特点有三点：一是使用神经先验网络（NPN）特征和交通意图网络（TIN）增强 BEV 大模型，做到不依赖高精度地图，可识别万物；二是使用模仿学习让规划控制算法做出更加拟人的决策（从规则驱动转向数据驱动）；三是全自动、全闭环的训练平台支撑大模型持续进化。

2．神经网络大模型算法

城市 NOA 算法中，使用了二种神经网络大模型算法：静态 BEV 网络、动态 BEV 网络、占位栅格网络，并通过神经辐射场（NeRF）技术增强占位栅格网络还原的精度和细节，实现对物理世界的完整还原。

静态 BEV 是摆脱对高精度地图依赖的关键技术。它可以实时感知并构建道路结构，相当于一边开车一边动态地创建地图，解决了高精度地图数据实时性的问题，同时，感知特征也更符合自动驾驶的需求。

动态 BEV 克服了传统视觉识别技术不好解决的遮挡和跨相机问题，当有车辆穿越多个摄像头的视野时，可以精准地识别其位置、速度。即使视野被遮挡，仍能通过"脑补"对周围环境进行稳定感知，思维判断方式与人类相似。

对于通用障碍物的识别，通过占位栅格网络处理。占位栅格网络可以构建与现实世界完全对应的虚拟世界，识别真实环境中存在的不属于道路和交通参与者的物体，比如路上的垃圾桶、临时的施工牌等。

三种神经网络大模型算法的感知结果汇总到预测模型中，就可以实时输出对周围所有交通参与者未来几秒内的行动轨迹预测，该预测结果会动态调整，为后续的决策规划提供更准确的信息。

3．去地图化

AD Max 3.0 系统引入了 NPN 来处理城市中超出感知范围或视野被遮挡的复杂路口。

NPN 提取的道路参数的可视化结果，其实并不是给人类驾驶员看的，而是给 AI 作为道路特征的补充参考。NPN 所补充的，是理想 NOA 的主干 BEV 大模型。其核心是利用 360° 全景摄像头输入的多张图片信息，还原构建出 3D 环境信息。但城市中的复杂路口，仅通过 BEV 大模型来进行感知依然是不够稳定的，尤其是城市复杂路口中通行的目标很多，传感器的视野容易被遮挡，导致车端的感知结果会丢失一些局部的信息而显得不够稳定。NPN 对于这类复杂路口提前进行特征的提取和存储，当车辆再次行驶到该路口时，会将之前提取好的 NPN 特征调取出来，与车端的感知大模型 BEV 的特征层相融合，就得到了更加准确的感知结果。

另外，在路口交通标志识别方面，理想放弃了以往建立的一套信号灯与道路通行意图的规则算法，而是使用大量人类驾驶员在路口对于信号灯变化的反应，训练了一个端到端的信号灯意图网络。该方案不需要人为设定任何规则，不需要识别红绿灯的具体位置，只要将图像视频输入该 TIV 网络，就能直接给出车辆应该怎么走的结果——是左转、右转、直行还是等待。

4.4.4　特斯拉视觉方案

特斯拉（Tesla）的纯视觉路线是指其自动驾驶系统主要依靠摄像头来获取并解析道路信息，而不依赖于激光雷达等其他传感器。特斯拉认为，人类驾驶员在驾驶时主要依赖视觉信息，因此，模仿人类的视觉系统是实现自动驾驶的一种有效方法。

特斯拉的纯视觉路线采用了深度学习算法和计算机视觉技术，通过对摄像头捕捉到的图像进行分析和处理，识别道路上的车辆、行人、交通信号等各种元素，并据此做出相应的驾驶决策。这种方法的优势在于，它不需要额外安装其他传感器，因此可以降低车辆的成本和复杂性。然而，纯视觉路线也面临一些挑战和限制。例如，摄像头容易受到光照、阴影、反光等环境因素的影响，导致图像质量下降或误识别。此外，对于一些特殊情况，如恶劣天气、道路施工等，纯视觉系统可能难以准确识别和处理。

为了解决这些问题，特斯拉采用了多种技术手段来提高纯视觉系统的性能和可靠性。例如，他们使用了多个摄像头来获取不同角度和视野的图像，从而增加了系统的冗余性和准确性。此外，特斯拉还不断优化其深度学习算法，以提高图像识别和处理的精度和速度。

"Tesla 视觉神经系统"是依靠车身搭载的高分辨率摄像头捕捉周围的环境信息，经过不断迭代的先进算法和神经网络模型处理，最终直接输出 3D 场景下的"Vector Space"用于辅助驾驶。纯视觉方案共配有环绕车身的 8 个摄像头，视野范围可达 360°，对周围环境的最远检测距离达 250m，另配置 12 个超声波传感器和 1 个毫米波雷达探测物体，与视觉系统相配合实现泊车引导（图 4-8）。

1. 数据收集与处理的深度探索

特斯拉的视觉方案所需的数据远不止简单的图像。为了构建一个全面、可靠的自动驾驶系统，特斯拉需要收集多维度、多模态的数据，包括视频、音频、雷达扫描、车辆动态数据等。对这些数据的收集和处理都需要高度专业的数字化技术。在数据收集阶段，特斯拉会利用高清摄像头、超声波传感器等多种设备来捕获环境信息。而为了确保数据的准确性和完整性，特斯拉还需要采用一系列复杂的数据清洗和同步技术。

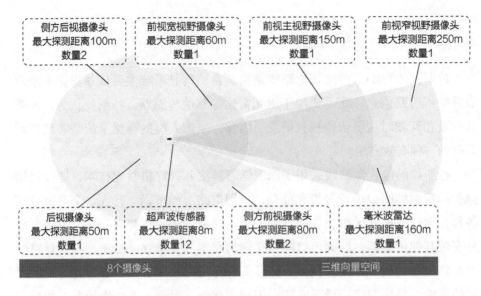

图4-8 特斯拉自动驾驶纯视觉方案

在数据处理方面,特斯拉可能会运用深度学习、计算机视觉、传感器融合等多种技术来提取和解析数据中的关键信息。这些处理过程不仅需要强大的计算能力,还需要高度优化的算法和软件架构。

2. 模拟与测试的前沿实践

特斯拉在模拟测试方面的实践处于行业前沿。他们不仅使用传统的仿真软件来模拟驾驶环境,还利用数字孪生技术来构建一个与现实世界高度相似的虚拟世界。在这个虚拟世界中,特斯拉可以模拟出各种极端和罕见的驾驶场景,如恶劣天气、交通事故、道路施工等,以测试其视觉方案的鲁棒性和安全性。同时,通过模拟测试,特斯拉还可以快速验证新的算法和功能,从而加速产品的研发和迭代。

3. 自研自产FSD芯片

从HW3.0开始,特斯拉旗下的电动汽车搭载的就是特斯拉自研自产的FSD[⊖]芯片。和其他芯片不一样的是,FSD芯片既负责图形处理,又负责数据处理和深度学习。FSD芯片拥有强大的计算能力,算力高达600TOPS,而当

⊖ FSD指特斯拉完全自动驾驶(Full-Self Driving)系统。

时主流汽车企业使用的英伟达 AGX Xavier 仅提供了 30TOPS 的算力。在图像处理方面，FSD 芯片能够达到每秒 2100 帧的处理速度，远超其他供应商通常使用的每秒 17 帧浮点运算能力，这意味着它可以以每秒 25 亿像素的超高速度处理多个摄像头同时捕捉到的画面，从而协助驾驶员实时观察路况和车流。

4. 算法开发与优化

开发和优化视觉识别算法是特斯拉面临的一大挑战。随着自动驾驶技术的不断发展，对算法的准确性和实时性要求也越来越高。为了应对这些挑战，特斯拉不断探索新的算法架构、优化方法和训练策略。通过利用大数据和机器学习技术，特斯拉可以从海量的驾驶数据中提取出有价值的模式和规律，从而改进其视觉方案的性能。此外，通过与其他领域的合作和交叉研究，特斯拉还可以将最新的科研成果应用于其视觉方案中，推动自动驾驶技术的不断进步。

5. 持续学习与更新

随着人工智能和机器学习技术的不断发展，特斯拉的视觉方案将具备更强大的持续学习和更新能力。这意味着特斯拉的车辆将能够在实际使用中不断学习和适应新的驾驶环境和挑战。特斯拉可能会利用更先进的在线学习技术来实现车辆的实时更新和优化。这将使得特斯拉的车辆在保持高度自动化的同时，还能够为用户提供更加个性化和智能化的驾驶体验。

第5章
研发驱动：
技术路线多元化且日趋成熟

汽车研发数字化利用虚拟化和数据流动实现研发流程变革，缩短周期、提升质量。通过植入数字化系统实现项目管理透明高效，通过可视化构建提升设计效率。优化算法和算力提供技术支撑，提升产品性能。研发数字化转型是汽车企业提升生存能力的关键，可以解决效率短板、增强软硬件协同开发能力、提升利润空间。外部环境压力、服务升级需求和行业竞争加剧正在推动汽车企业加快数字化转型步伐。核心技术架构是以数据流为核心的全生命周期数字孪生，融合协同研发平台、虚拟现实、数字孪生和云上数据流，打通物理与虚拟世界的壁垒。

5.1　研发数字化定义

汽车研发数字化，即在汽车产品的研发阶段利用数字化技术，在研发周期缩短、平台化和虚拟验证能力的基础上，通过数据流动实现研发流程的变革。①表层价值：以虚拟化和数字化的形式代替或辅助传统汽车研发的业务环节，从而实现时间、成本的节约和质量的提升；②深层价值：利用数字化工具缩短整车开发周期、实现平台的复用和建立虚拟验证能力，其核心在于三维数模和超级物料清单（BOM）；③核心价值：利用数据流的变化和分析能力的提升，缩短研发环节上的决策链。

在汽车研发数字化的实践中，可以通过在研发管理环节植入数字化系统，实现项目管理的透明化和高效化。数字化系统可以对研发流程进行精细化管理，确保各个环节的紧密衔接，减少不必要的耗时和人力成本。同时，数字化系统还可以对研发数据进行实时收集和分析，为决策提供有力支持。

在产品设计环节，汽车研发数字化则体现为可视化构建。借助先进的数字化设计工具，设计师可以在虚拟环境中对汽车进行全方位的设计和模拟，大幅缩短从设计到实车的周期。此外，数字化设计还可以实现多部门、多领域的协同设计，有效提升设计效率和质量。

从技术手段上看，汽车研发数字化不断优化算法、提升算力，为汽车研发提供了强大的技术支撑。这些技术手段的应用，不仅提升了汽车研发的技术水平，还使汽车产品在性能、安全、舒适等方面都得到了显著提升。

5.2　研发数字化发展驱动因素

5.2.1　研发数字化是汽车企业生存与发展的新引擎

从企业内部发展的视角来看，研发数字化转型已成为提升企业生存能力的关键一环。在当今这个日新月异的时代，汽车企业面临的竞争压力日益加大，而研发效率的低下往往成为制约其发展的瓶颈。传统汽车企业的研发流程，虽然以其严谨性确保了多方协同工作的有序进行，设置了诸多节点和里程碑来监控项目进度，开发时间和验证周期也都遵循着严格的规定，但这样的流程设计在保障品质的同时，也难以避免地带来了研发效率的滞后。每一个节点的等待、每一次验证的耗时，都在无形中增加了产品的上市时间。在市场竞争日趋激烈的背景下，这种效率上的短板显得愈发突出，成为汽车企业亟待解决的问题。

除了研发效率问题外，软硬件整合开发能力的不足也是汽车企业在数字化转型过程中必须面对的挑战。过去，对于汽车产品的研发主要聚焦于硬件，软件部分则往往采取外包的方式进行处理，然而，随着智能汽车时代的来临，软件在汽车产品中的占比和价值不断提升，软硬件的协同开发和验证能力成为决定产品竞争力的关键因素，许多汽车企业在这方面的能力储备并不充足，软硬件开发的脱节不仅影响了产品的整体性能，也增加了后期维护和升级的难度。因此，提升软硬件整合开发能力已成为汽车企业数字化转型中不可或缺的一环。

汽车企业面临的另一个严峻问题是单车利润率的急剧下滑。在原材料价格、人工成本等不断上涨的背景下，如果汽车产品的品质和服务保持不变，那么企业的利润空间将被不断压缩。为了突破这一困境，汽车企业需要寻找新的利润增长点，而数字化手段无疑提供了有效的解决方案。通过数字化技术，汽车企业可以在产品开发阶段就实现更精细化的成本管理，通过开源（如 OTA 升级）和节流（如平台化）的方式，在不降低产品品质和服务水平的前提下，有效提升利润空间。这不仅可以增强汽车企业的市场竞争力，也是其实现可持续发展的必由之路。

5.2.2 研发数字化是汽车企业应对外部挑战的利器

从外部环境的角度审视，研发数字化转型对于汽车企业而言，是应对行业压力的有效途径。当前，随着大规模 IT 技术和科技类硬件配置在汽车领域的广泛应用，新车型的研发复杂性日益增加。尽管摩尔定律的效力逐渐减弱，但新车型从研发到上市的周期仍然难以短于 18 个月。与此同时，产品的生命周期却在急剧缩短，这使得汽车企业面临着巨大的市场压力。消费者的需求多变且日益个性化，传统的研发模式已经难以满足这种快速变化的市场需求。因此，急需通过数字化能力来缩短研发周期，提高研发效率，以应对市场的快速变化。这种外部压力迫使汽车企业必须进行研发模式的变革，而数字化转型正是这场变革的核心。

服务升级也是推动汽车企业研发数字化转型的重要因素之一。为了提高服务质量，部分汽车企业开始尝试摒弃传统的 4S 店销售方式，转向更加灵活和高效的服务模式。共平台开发理念在这一过程中发挥了重要作用。通过将各类总成、部件、电气系统等以模块化的方式进行自由组合，汽车企业可以更加高效地开发和生产新产品，同时也能更加有针对性地解决售后问题。这种模块化的开发方式不仅可以简化可能出现的问题，还能尽可能减少差异化问题的出现，从而提高售后服务的效率和质量。这种服务升级的需求也促使汽车企业加快研发数字化转型的步伐。

　　行业竞争加剧也是推动汽车企业研发数字化转型的重要外部动力。随着新能源和智能化趋势的不断发展，越来越多的场外"玩家"开始进入汽车行业，他们带来了大量的资金和快速的迭代能力，加剧了行业的竞争。在这种背景下，汽车企业必须不断提升自身的竞争力才能保持市场地位，而研发数字化转型正是提升竞争力的重要途径之一。通过数字化转型，汽车企业可以更加高效地开发和生产新产品，快速响应市场变化，提升产品质量和服务水平，从而在激烈的竞争中脱颖而出。因此，行业竞争的加剧也促使汽车企业加快研发数字化转型的进程。

5.3　研发数字化应用场景

　　研发数字化的核心技术架构是以数据流为核心资产的全生命周期数字孪生。研发数字化的技术架构主体包含协同研发平台、虚拟现实、数字孪生和云上数据流，其本质是多技术融合的数字化生态，用于打通物理世界和虚拟世界的壁垒。整体数字化研发架构可理解为以云服务为研发环境，以满足协同设计要求的仿真软件为基础，以虚拟现实为展现形式，以数据为流动资产的全生命周期数字孪生（图 5-1）。

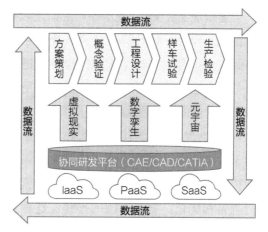

图 5-1　多技术融合的研发数字化架构

注：资料来源于艾瑞咨询。

5.3.1　协同研发平台

协同研发平台，其本质是研发团队内部和外部一起合作，快速开发新产品的机制。这个平台就像大家共用的一个工具箱，里面有 CAD、CAE、CATIA 等各种多人协同的研发工具，这些工具都是数字化研发的基础。

那么，协同研发平台到底有什么好处呢？首先，它能帮助我们弄清楚各个任务之间的关系，比如哪个任务需要先完成，哪个任务可以后完成。这样，在不同的环境下，我们都能快速地做出决策，及时发出预警。而且，这个平台还能把各个系统和软件连在一起，让它们不再各自为政，而是能实时记录仿真数据，让研发流程更加顺畅。

其次，更重要的是，协同研发平台还能打通研发、生产和售后之间的信息壁垒。以前，这三个环节可能各自为政，信息不流通，但现在，通过这个平台，我们可以把更有价值的信息引入研发决策中，从而最大限度避免系统性问题的出现。协同研发平台就像一个大家庭里的共享空间，让大家能一起合作，快速开发新产品，同时还能确保信息的畅通无阻。这样，企业就能更好地满足市场和客户的需求，提升产品的质量和竞争力。

5.3.2　虚拟现实

虚拟现实（VR）技术在产品研发领域的应用，已经展现出其强大的潜力和价值。作为一种计算机仿真系统，它能够模拟出逼真的虚拟交互环境，使得研发人员可以在这个虚拟的世界中进行各种操作和测试，就像在现实世界中一样。这种技术具有多感知性、沉浸感强、交互性强等特点，为产品研发带来了全新的可能性和体验。

自 20 世纪 90 年代起，国外汽车企业便开始积极探索将虚拟现实技术应用于虚拟评审环节中。通过模拟出实际场景中的各种复杂情况，他们发现这种技术能够帮助他们在产品设计阶段就预见到潜在的问题和缺陷，并及时进行调整和优化。随着时间的推移，这种技术的应用范围逐渐拓宽，涵盖了工艺校验、工程分析以及生产线调整等多个关键环节。

如今，虚拟现实技术在从产品开发至生产线联调的整个过程中都发挥着重要作用。通过减少物理样车的反复整改和耗时耗力的物理实验，该技术极大地降低了研发成本并缩短了项目周期。这种技术的应用，使得研发人员能够在更短的时间内完成更多的工作，提高了工作效率和质量。虚拟现实技术不仅为研发人员提供了一个全新的工具和视角，更在降低成本、提高效率、优化产品设计等方面展现出了显著的优势。

VR 技术在产品策划设计方面的应用涉及方案策划、概念开发、工程设计和样车试验等环节。客户端负责处理输入、输出、构建 3D 模型，并将物理定律应用到外形及运行交互场景。数据库负责存储 3D 模型、VR 交互场景和用户数据。后台管理允许访问数据库中的内容，从而实现在客户端应用程序中修改数据（图 5-2）。

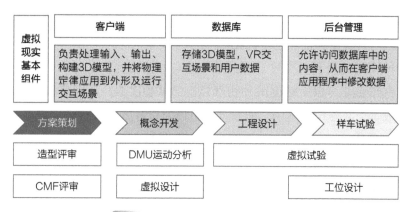

图 5-2　VR 技术在汽车设计中的应用

DMU—数字样机　CMF—颜色、材料和表面处理

以车身造型设计为例，整个设计过程中的绝大部分时间都耗费在了油泥模型的制作与修改环节。传统的人工雕刻至少要三个月，即使使用铣削机铣削再局部精修也要耗时一个月，再加上反复评审和修改的时间，整个概念设计阶段中至少 2/3 的时间都花费在了模型制作阶段。同时，由于空间限制导致参与评审的人数有限，无法涵盖所有开发部门，这也会导致某些潜在问题无法及时发现。而借助 VR 平台，设计师可以 1∶1 放大 3D 模型，不需要制作油泥模型，从而在虚拟空间以实物尺度评审设计，节省了制作油泥模型的成本，大幅缩短了项目周期，节省了项目成本。而且 VR 平台不需要导出模型数据，且兼容多种 3D 软件，这些都让 VR 技术越来越受到汽车行业的青睐。

5.3.3 数字孪生

数字孪生技术作为一种前沿的模拟与仿真手段，正以其强大的复现能力在产品研发领域掀起一场革命。这一技术的应用，建立在虚拟仿真、物理实体以及数据分析的坚实基础之上，通过对物理样本建立精确的虚拟副本，能够高效地发现缺陷、预测故障，并推动产品性能的持续改进。

随着多年来的技术积累与创新，汽车行业已经拥有了大量先进的软件和自动化技术作为应用基础，这使得数字孪生系统能够天然地与汽车行业相融合，并得到广泛的应用。利用数字孪生技术，汽车企业可以在虚拟环境中迅速模拟出动力流、阻力以及部件间的连接等关键因素，从而在产品设计的早期阶段就对其质量和性能进行优化。

这种优化过程不仅高效，而且具有极高的精确度。通过数字孪生技术的运用，汽车企业可以大幅度减少物理样机的试验次数，从而节省大量的研发时间和成本。在虚拟环境中，研发人员可以对设计方案进行反复修改和验证，直到达到最佳的性能表现。这种灵活性和高效性，使得数字孪生技术成为汽车行业研发流程中不可或缺的一环。

此外，数字孪生技术还能够为汽车行业的生产流程带来显著改进。通过在生产线上应用数字孪生系统，企业可以实现对生产过程的实时监控和优化，进一步提高生产效率和产品质量。这种全方位的应用，使得数字孪生技术在汽车行业中展现出了巨大的潜力和价值。

5.3.4 云上数据流

云上数据反哺已成为现代汽车企业从经验决策转向数据决策不可或缺的桥梁。面对日益激烈的市场竞争和快速变化的市场需求，汽车企业亟待通过更加精准、高效的数据分析来提升研发、生产、售后等各环节的协同效率与创新能力。而混合云架构的建立，则为这一转变提供了坚实的基础。

为了满足各地研发中心上云的需求，汽车企业普遍采用混合云的形态，同时建立各地分支云平台。这种架构不仅确保了数据的灵活性和可扩展性，还能够有效应对不同地域、不同业务场景下的数据处理需求。基于云端的大数据分析，汽车企业能够解决传统业务中依赖经验难以真正解决的问题。通过对海量数据的深入挖掘和分析，汽车企业可以更加准确地洞察市场趋势、用户需求以及产品性能，从而为研发决策提供更加有力的数据支持。

然而，研发环节并非孤立存在，而是与生产、售后等各个环节紧密相连。这就要求汽车企业在云部署过程中，必须充分考虑生产工艺、生产可行性、用户抱怨、用户习惯等多方面因素。为了实现这一目标，云间的打通成为汽车企业云部署时最重要的成功因素。通过打通不同云平台之间的数据壁垒，汽车企业可以实现生产、售后等数据的自由流转与共享，进而验证或预测研发与其他环节的适配性。这种跨平台的数据整合与协同，不仅有助于提升汽车企业的整体运营效率，还能够为产品创新提供更加全面的数据支撑。

因此，云平台在汽车企业数字化转型中扮演着数字化基础环境的角色。只有成功部署与运营云平台，才能够充分发挥数据分析与反哺的最大价值。通过云上数据反哺，汽车企业可以更加精准地把握市场动态、优化产品设计、提升用户体验，从而在激烈的市场竞争中脱颖而出。

5.3.5　元宇宙

元宇宙是物理世界、虚拟世界和人类社会三者高度融合的世界，扩展现实技术和数字孪生技术作为其核心技术，对汽车与元宇宙的结合起着十分重要的作用。随着智能网联汽车的异军突起，汽车上承载的功能会越来越多，如自动驾驶、虚拟场景等，这必然对硬件的输入输出能力、芯片算力、云计算能力等各方面都产生非常高的要求，汽车向元宇宙迈进则有望给智能网联汽车的发展带来更多机会。汽车元宇宙的实现路径主要有以下两种方式。

一是"一芯多屏"趋势。芯片算力的提升，推动着汽车电子电气架构不断演进，当下车内所有电子单元（除自动驾驶控制单元外）都可由一块芯片来控制。"一芯多屏"设计思路有着明显优势。"一芯多屏"相比"多芯多屏"方案投入势必降低，可降低整车成本。"一芯多屏"中多屏（多系统）交互信息在芯片内部完成传输，改变了多个操作系统之间通过 CAN/LIN 总线等通信技术传输信息的方式，通信时间大幅降低，交互体验会更加流畅、快速。"一芯多屏"方案的系统复杂度降低，芯片器件数量减少，使得系统整体的可靠性增加。在"一芯多屏"趋势下，车载操作系统将是智能座舱的软件核心。

车载操作系统可以管理智能座舱内的硬件资源，调配软件运行，为车载应用软件提供运行环境。未来，汽车就像一个配置了超级计算机的移动空间，能够稳定、流畅、高效地实现第三空间的沉浸式体验。

二是软件定义汽车。软件定义汽车是指汽车从高度机电一体化的机械终端，逐步转变为一个智能化、可拓展、可持续迭代升级的移动电子终端[⊖]。在进入汽车软件研发领域时，软件企业需要具备全栈式软件能力，拥有全栈式的软件布局和兼容开放的工具链；同时，还要拥有快速市场化的能力，能够通过绑定核心硬件企业融入汽车供应网络中。当汽车企业的研发焦点逐渐从扁平的驾驶体验转向多元的出行体验时，汽车行业也正在由硬件驱动向软件驱动转变，汽车逐渐成为像手机一样的移动终端，将真正成为"人的延伸"，成为人探索世界新的触手。

5.4 协同性变革趋势

随着数字化进程的加速推进，研发内部和外部相对孤立的情况正在被逐步打破。这一变革为汽车企业带来了前所未有的机遇，使得他们能够更加精准地把握市场动态，优化产品设计，并提升用户体验。

在研发前期，引入市场调研的 PDCA（计划、实施、检查、处理）流程已成为汽车企业的共识。这种流程不仅有助于汽车企业基于上一次的经验教训，对品牌、车型、车身等进行更精确的再规划和再定位，还能够确保新产品更加符合市场需求和消费者期望。通过深入的市场调研，汽车企业可以收集到大量关于消费者需求、竞争对手情况以及行业趋势的宝贵信息。这些数据为汽车企业提供了有力的决策支持，帮助他们在激烈的市场竞争中保持领先地位。

数据反哺在这一过程中发挥着至关重要的作用。通过对上一代车型的设计缺陷、消费者需求等问题的深入分析，汽车企业可以在设计开发阶段就避免类似问题的产生并充分满足消费者需求。这种数据驱动的研发模式，不仅提高了产品的质量和性能，还逐渐培养了研发人员的生产思维和用户需求导

⊖　德勤，《软件定义汽车，箭在弦上的变革》。

向，使他们开始更加注重产品的实际使用场景和用户体验，从而设计出更加符合市场需求的产品。

与此同时，软件定义汽车的趋势日益明显，汽车产品的差异化逐渐从传统硬件差异化转变为软件差异化，这一转变为汽车企业带来了更多的创新空间和机会。为了在激烈的市场竞争中脱颖而出，越来越多的主机厂选择在 G4 阀点或开始量产（SOP）前将车辆对外发布，并基于样车执行新一轮的用户调研。这种做法不仅展示了汽车企业对产品的自信，还为他们提供了更多的软件优化机会。

在量产前进行用户调研和软件优化，使得汽车企业能够更加快速地响应个性化的、多变的用户需求。通过对用户反馈的实时收集和分析，汽车企业可以及时发现并解决产品中存在的问题，不断提升产品的用户体验和满意度。这种以用户为中心的研发模式，不仅增强了汽车企业与用户之间的联系和互动，还为他们赢得了更多的市场份额和忠实粉丝。

总的来说，数字化进程的推进正在打破研发内部和外部相对孤立的情况，为汽车企业带来了更多的创新机会和发展空间。通过引入市场调研的 PDCA 流程、数据反哺以及软件定义汽车等先进理念和技术手段，汽车企业可以实现涵盖战略阶段、概念阶段、设计开发、试制试验及认证、生产准备和量产测试与投产全流程的研发协同性变革（图 5-3），更加精准地把握市场动态和消费者需求，设计出更加优秀的产品，并在激烈的市场竞争中脱颖而出。

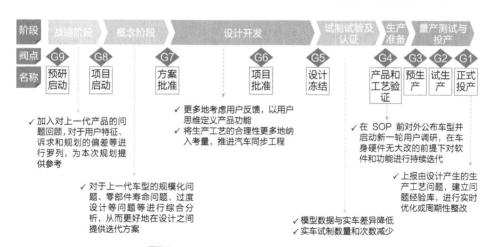

图 5-3　汽车产品研发流程的协同性变革

注：资料来源于艾瑞咨询。

5.5 案例分析

5.5.1 蔚来数字化业务中台

　　蔚来汽车在起步阶段以传统方式与外部合作，大量采用传统软件，如产品生命周期管理（PLM）系统和各类仿真软件等。然而，由于外部竞争压力的加大，蔚来在研发和工艺方面越来越多地引入中台和创新技术，其全生命周期的数字化研发闭环不仅大幅缩短了研发周期，还实现了产品品质的提升和软件、硬件团队的协同。蔚来汽车建设了贯穿价值链的数字化业务中台（图 5-4），从自主研发的 myPLM、一体化 BOM、一体化的研发工具，合作伙伴研发协同，到 3D 检测和 3D 工艺；从订单到交付的端到端全程协同，制造领域软硬件 Coding File[⊖]的匹配刷新，到用户问题反馈直达产品研发等，构成了蔚来产品数字化研发与运营的闭环。

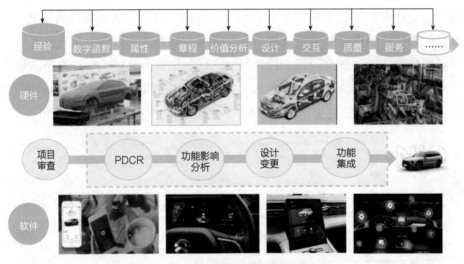

图 5-4　蔚来整车产品定义——需求协同研发体系

注：资料来源于蔚来汽车。

　　蔚来以用户需求协同为核心的研发体系，实现了产品的研发与迭代。同时，考虑整合经典的传统需求和新时代下的数字化需求，研发模式根据用户

　　⊖ Coding File 指与制造过程相关的编码文件或配置文件。

需求的转变不断调整。

蔚来的研发管理模式借鉴互联网管理理念，在项目节点评审中，引入在线看板管理；在整车研发过程中，建立统一的问题管理平台以及线上会议管理等，实现高效研发。通过建立协同空间，借助互联网技术建立与 CATIA 的连接，按需定义以协同为目标的产品数据上下文，从而实现精准高效的研发协同（图 5-5）。

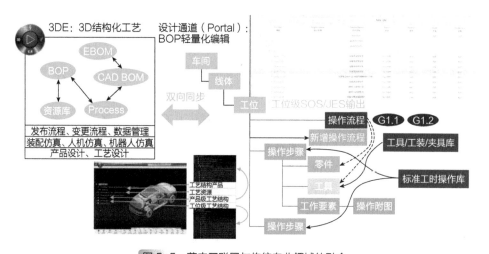

图 5-5　蔚来互联网与传统专业领域的融合

SOS—标准化操作单　JES—作业执行单

注：资料来源于蔚来汽车。

1）问题管理：在研发过程中，相关的问题直接借助互联网开发的一些程序进行操作提交。

2）会议管理：在会议的管理上，可以选择想要进入的主题会议，查看以往会议的会议纪要；也可以选择你关心的某个项目的信息。

3）协同管理：可以快速定义区域性协同的数据，把整车数据按区域打开，基于互联网开发的程序，选择它的版本、配置，并进行对比。

4）三维应用：三维工艺数据通过互联网共享，支持不同用户的用户场景，工厂的一线工人可以直接查看三维设计工艺设计的结果。

5.5.2　华为协作研发云解决方案

华为将"数字化华为"树立为未来的变革方向与目标，依托云计算、大数据等新技术，开始规划研发云，将研发相关业务搬迁到云上。研发云基于集成产品开发（Integrated Product Development，IPD）流程，识别七大研发作业场景，规划了设计云、桌面云、编译云、测试云、仿真云、杀毒云、分析云七个服务。有了华为研发云，即使员工分布在全球的不同角落，企业依然能针对同一个项目快速完成团队开发、测试、版本发布，让研发人员聚焦产品创新，减少环境搭建等待的时间，让开发回归开发。

1. 全球分布式云数据中心解决方案 SD-DC²

从技术架构上，华为采用了 SD–DC² 分布式云数据中心解决方案。华为在全球建设了"5+8+N"的数据中心架构来支撑全球的业务。选择"成本洼地"，在廊坊和贵阳部署核心节点，实现南北双中心，与深圳、东莞、南京三个企业级数据中心形成核心；边缘节点依托研究所业务布局，满足就近接入及法规遵从；针对短期紧急需求采用租用互联网数据中心（Internet Data Center，IDC）方式快速构建。整体构成"集中＋分布"的云数据中心（Cloud Data Center，CDC）架构，在满足性能的基础上追求运营成本最优。

在基础设施层，通过 FusionSphere 级联 OpenStack 架构构建大规模弹性资源池，实现全球统一的资源池部署，研发环境云化，构建高算力、高网络、高 I/O 弹性分布式调度系统，为实现万级并行编译、测试等奠定基础。存储部分采用 ServerSAN 分布式存储（FusionStorage），并在网络部分实现 SDN+VxLAN 的大二层网络，为不同业务部门（如泛网络、IT、终端、芯片等各产品线）提供虚拟私有云（Virtual Private Cloud，VPC）服务。基于研发云可以实现资源快速创建，业务部门研发人员可以实现自助服务，同时，研发云开放 API 接口，供 PaaS 层与 SaaS 应用层使用。

在运营管理方面，华为构建全球统一云管理平台，实现快速提供资源、一键部署到用户环境、一键回退到历史环境、全面配置管理、按需获取的弹性动态资源分配与调度。在运维管理方面，依靠架构上的可靠性设计，不再依赖单个物理组件，应用云化分布式架构、分层分级多 AZ 部署，降低对底层的依赖；故障自动发现自动隔离，减少现场操作频次，降低操作难度，采用集中例行化处理，降低对现场人员的技能要求；同时，版本可在线升级，集群批量上线、自动重构，运维走向自动化和智能化。

2. 华为研发云基于业界开源技术，重构研发开发模式

研发云基于业界如 CloudFoundry 、OpenStack、Docker 等开源技术的产品（FusionSphere、FusionStage），打通 IaaS 和 PaaS 层，实现 IaaS 和 PaaS 层紧密结合，并用 Docker 部署和管理企业应用，最终实现 I/P/C（IaaS/PaaS/Container）融合打通。

利用 FusionSphere 构建 IaaS 层虚拟化平台，管理计算、网络和存储池，实现自动化的 I 层资源统一管理和资源调度。在 PaaS 层，利用 FusionStage 实现 I/P/C 融合打通，向下对接 OpenStack 实现自动化的虚拟机资源部署、配置和管理，实现 App 按需动态管理虚拟机资源，同时对 App 容器环境的自动编排、部署和管理以及对用户请求、负载和资源进行动态调度。在 PaaS 层实现了基于 Docker Container 部署和管理应用，包括 App 环境的容器化，Docker 封装应用运行时环境和代码，构建了可以快速迁移的轻量化容器；利用容器实现异构和多样化的服务环境构建；支持用户自助上传容器和编排环境管理。

应用了容器方案后，研发人员只需下载一份数据，然后通过克隆多份链接，以及在线将数据盘挂到 Docker 这两步操作，就能完成环境准备，整个搭建过程在秒级时间内就能完成；同时，容器用完销毁的特性极大地提升了资源共享的效率，每次编译测试都是全新的环境。2015 年，容器方案已在各产品线场景完成试点，2016 年全面推广，已上线超过一万个容器。

3. 代码上云，作业上云，让开发回归开发

研发云部署后效果显著，大幅提升了研发的效率，如某版本的编译，以前需要 68min，现在只需要 32min 就能够完成，某千万行代码级产品，版本迭代周期从 8 周缩短到 3 周，特性循环时间从 9 个月缩短到 6 个月。同时，通过自助服务界面，可在分钟级时间内完成环境准备，缩短自行准备周期，使开发人员更聚焦代码开发，摒除了大量的环境搭建准备工作，得到了研发人员的支持。

第 6 章

制造先行：
主流制造企业基本完成智能化
生产改造

在工业 4.0 时代，生产数字化已成为汽车企业应对市场挑战、满足用户个性化需求的重要手段。随着中国汽车市场的成熟和用户品味的多元化，传统的大批量生产模式已无法满足市场需求。小批量定制化生产逐渐成为新趋势，但实现起来面临诸多困难。生产数字化通过利用大数据、人工智能等技术，优化生产流程、降低成本、提升效率，并降低不确定性。数字工厂的出现为个性化定制提供了可能，能够满足用户的多元化需求。然而，中国车市的震荡调整和增长态势下的不确定性因素，使得数字化转型成为汽车企业的迫切需求。面对激烈的市场竞争和缩短的产品生命周期，汽车企业必须提高生产计划的准确性和执行率，减少库存积压，以降低运营成本。数字化转型不仅是汽车企业应对当前挑战的关键手段，也是其未来持续发展的基石。通过生产线的数字化改造和智能化技术的应用，汽车企业将能够提升市场竞争力，满足用户的个性化需求，并在激烈的市场竞争中立于不败之地。

6.1　生产数字化定义

生产数字化，作为当下工业 4.0 时代的重要特征，是汽车企业为满足日益增长的客户定制化需求，以及有效应对生产过程中的不确定性而采取的一种革命性的生产变革手段。在中国，随着汽车市场的不断成熟和用户品味的日益多元化，汽车企业面临着前所未有的挑战，传统的大批量、同质化的产品制造模式已经难以满足用户对于个性化、定制化的强烈需求。这一转变迫使汽车企业必须寻求新的生产策略，以适应市场的快速变化。

小批量定制化生产逐渐成为汽车企业探索的新方向，然而，这种生产模式的转变并非易事。客户对于汽车质量、配置、服务和交付时间的要求日益严苛，且充满不确定性。这种不确定性给汽车企业的生产流程带来了极大的压力，倒逼其必须进行深刻的变革，而生产数字化，正是在这一背景下应运而生的重要手段。

生产数字化不仅能够帮助汽车企业优化生产排期，改进工艺流程，从而实现成本的降低和效率的提升，更能够在应对市场不确定性方面发挥巨大作用。通过引入自动化设备、积累制造经验以及践行精益制造的理念，汽车企业的生产效率已经得到了成倍提升，然而，这些传统的提升手段正面临着边际效应递减的问题。因此，汽车企业必须寻找新的突破口，以实现生产流程的持续优化。

这个突破口便是数据能力。生产数字化的核心在于利用大数据、人工智能等先进技术，对生产过程中的各种数据进行深度挖掘和分析，从而精准地把握用户需求、预测市场变化，并将生产流程、工艺中的不确定性降到最低。这种数据驱动的生产模式，不仅能够帮助汽车企业更好地应对用户需求转变所带来的潜在风险，还能够为其创造巨大的长期隐性价值。这些价值包括但不限于提升客户满意度、增强品牌影响力、开拓新的市场机会等。

6.2　生产数字化驱动因素与挑战

数字化转型的核心驱动力来源于政策、需求、市场和企业自身。现在，用户越来越追求个性化的产品和服务，这成了推动数字化变革的主要动力，但是，汽车企业现在很难满足用户的这种定制化需求。除了努力提升生产效率外，汽车企业还在通过数字化寻找新的竞争优势。同时，汽车市场的竞争越来越激烈，这让汽车企业内部的压力和问题更加明显。再加上疫情的影响，汽车企业开始深刻反思并加速进行数字化改革。这种改革是从企业内部开始的，然后逐渐扩展到整个行业。为了推动经济发展和满足人们的消费需求，国家也鼓励汽车企业自主研发并进行数字化转型。这样一来，在各种因素的共同推动下，进行数字化转型已经是大势所趋，是汽车企业必须做的事情了。

6.2.1 政策引领与地方支持共促制造业数字化转型

国家指引和地方细则双轮驱动的策略，正在加速推动制造业的数字化转型进程。在国家层面，政府不断深化供给侧改革，积极顺应科技发展和产业变革的大趋势，这已成为近年来坚定不移的发展方向（表6-1）。为了响应国家号召，各地政府也纷纷出台了一系列细则文件，以支持制造业的数字化转型，这些细则文件为地方企业提供了明确的指导和有力的支持。在这一大背景下，部分具有国有资产背景的汽车企业积极行动，承接了大量国务院国有资产监督管理委员会的数字化、智能化相关研究课题。这些课题涵盖了数据上云后的智能生产等多个领域，旨在从理论和实践两个角度全面推动汽车企业的数字化转型。通过这些研究，汽车企业不仅能够深入了解数字化转型的必要性和可行性，还能在实际操作中积累宝贵的经验。

表6-1 汽车生产数字化相关政策

发布时间	发布部门	政策名称	核心内容
2015年5月	国务院	《中国制造2025》	在重点领域试点建设智能工厂/数字化车间，促进制造工艺的仿真优化、数字化控制、状态信息实时监测和自适应控制
2016年5月	国务院	《关于深化制造业与互联网融合发展的指导意见》	强化制造业自动化、数字化、智能化基础技术和产业支撑能力，加快构筑自动控制与感知、工业云与智能服务平台、工业互联网等制造新基础
2016年9月	工业和信息化部等	《智能制造发展规划（2016—2020年）》	在基础条件较好的领域，开展数字化车间/智能工厂的集成创新与应用示范

（续）

发布时间	发布部门	政策名称	核心内容
2020 年 12 月	工业和信息化部	《工业互联网创新发展行动计划（2021—2023 年）》	针对传统制造业关键工序自动化、数字化改造需求，推广应用数字化技术
2021 年 3 月	国家发展和改革委员会等	《关于加快推动制造服务业高质量发展的意见》	加快发展工业软件、工业互联网，培育共享制造、共享设计和共享数据平台，推动制造业实现资源高效利用和价值共享
2021 年 6 月	工业和信息化部等	《关于加快培育发展制造业优质企业的指导意见》	实施智能制造工程、制造业数字化转型行动和 5G 应用创新行动，组织实施国有企业数字化转型行动计划，打造一批制造业数字化转型标杆企业
2021 年 11 月	工业和信息化部	《"十四五"信息化和工业化深度融合发展规划》	围绕机械、汽车、航空、航天、船舶、兵器、电子、电力等重点装备领域，建设数字化车间和智能工厂，构建面向装备全生命周期的数字孪生系统
2022 年 11 月	工业和信息化部	《中小企业数字化转型指南》	应用云化制造执行系统（MES）和高级计划与排程（APS）等数字化产品，优化生产制造资源配置，实现按需柔性生产
2023 年 6 月	工业和信息化部	《开展 2023 年工业和信息化质量提升与品牌建设工作的通知》	推动企业质量管理体系升级，深化质量管理数字化应用，强化企业全过程质量绩效，提升中小企业质量发展能力

此外，地方财政支持的加码也为汽车企业的数字化转型提供了重要助力。在购买数字智能化软件和设备、技术应用等方面，汽车企业将能够得到相应的补贴或减税优惠。这些政策措施的实施，大大降低了汽车企业进行数字化转型的成本和风险，进一步加速了部分汽车企业更新数字化生产线、使用智能化设备的步伐。可以预见，在国家和地方政府的共同推动下，制造业的数字化转型将迎来更加广阔的发展空间。

6.2.2　个性化需求驱动汽车生产模式革新

随着时代的进步和科技的飞速发展，消费者的个性化需求在汽车市场中变得日益重要，为汽车生产带来了前所未有的挑战并提出更高的要求。过去那种"一刀切"的生产模式，即生产配置相对固定、缺乏个性化的汽车，已经无法满足现代用户对多元化、个性化的追求。如今，汽车已经不仅仅是一种交通工具，更成为用户展示自我、追求生活品质的重要载体。

现代用户对于汽车的期待已经远远超出汽车的基本功能和性能。他们不仅关注汽车的安全性、舒适性和经济性，更希望汽车能够成为他们个性的延伸，展现出他们独特的审美和品味。因此，越来越多的用户开始寻求个性化的汽车定制服务，希望能够根据自己的喜好和需求，打造出独一无二的座驾。这种个性化的需求不仅体现在汽车的外观上（比如车身颜色、轮毂样式、车灯设计等），更深入到汽车的性能和驾驶体验中。用户希望可以根据自己的驾驶习惯和行驶环境，选择不同的动力配置、悬架系统和驾驶辅助技术等。此外，随着智能科技的不断发展，用户对汽车的智能化配置也提出了更高的要求，比如智能互联、自动驾驶、语音控制等。

然而，面对用户这种日益增长的个性化需求，目前大部分汽车企业的生产方式却显得力不从心。由于传统生产模式的限制，这些汽车企业往往只能提供有限的产品选择和配置组合，无法满足用户多样化的需求。同时，以产定销的生产方式也使得汽车企业难以根据市场的实时反馈和用户的实际需求进行灵活调整，导致生产与市场需求脱节。虽然也有少数传统汽车企业和部分新势力汽车企业在总装环节实现了一定程度的定制化，但这种定制化通常只是在有限的范围内进行选择和搭配，仍然无法完全满足用户的个性化需求，与真正的个性化定制，即根据用户的具体需求和喜好，从零开始打造一辆独一无二的汽车，还有很大的距离。

而数字工厂的出现，为汽车企业实现真正的个性化定制提供了可能。通过引入先进的数字化技术和智能化设备，数字工厂可以根据用户的实际订单数据，进行精确的排产计划、原材料采购和物流方案制定。这使得汽车企业能够在同一条生产线上实现多种不同配置、不同需求的汽车混线生产，从而满足用户的个性化需求。同时，数字工厂还能够实现生产过程的可视化和智能化管理，提高生产效率和质量，降低生产成本和风险。因此，面对用户日益增长的个性化需求，汽车企业需要积极拥抱数字化和智能化技术，推动生产模式的革新和升级。通过建设数字工厂，实现柔性化生产和个性化定制，满足用户的多元化需求，赢得更多的市场竞争优势。同时，汽车企业还需要加强与用户的沟通和互动，深入了解他们的需求和期望，不断推出符合市场需求的新产品和服务。

6.2.3　市场驱动因素

我国汽车市场的震荡调整愈发凸显数字化转型的迫切性。近年来，我国车市经历了前所未有的震荡调整。2018 年，受宏观经济增速回落、中美贸易摩擦以及消费信心不足等多重因素影响，我国汽车销量出现了 2.8% 的同比下降，共计销售 2808.1 万辆。这一数据标志着我国汽车市场进入了降速调整、动力转换的关键时期。这一时期，汽车行业的发展不再单纯依赖于总体规模的快速扩张，而是转向了结构优化和质量提升的新阶段。

车市增长态势下汽车企业面临不确定因素与新兴势力的挑战。尽管在 2023 年，受益于购置税减半等一系列稳增长、促消费政策的拉动，我国汽车市场延续了增长态势，但行业依然面临着诸多不确定因素。芯片供应的紧张、国际环境的复杂多变，都对汽车市场的稳定发展构成了威胁。与此同时，传统汽车企业不仅要应对合资品牌的竞争，还要面临造车新势力企业的冲击。除了蔚来、小鹏、理想等知名品牌外，埃安、智己、极狐、岚图等传统汽车企业孵化的新能源品牌也在市场上崭露头角。更值得关注的是，ICT 企业深度参与的阿维塔、问界、集度等新兴品牌，其新建生产线的数字化程度远超传统企业，为用户提供了更高水平的定制化服务，从而不断蚕食着市场份额。

数字化转型成为汽车企业提升市场竞争力的关键手段。面对日益加剧的行业竞争，数字化已成为汽车企业转型升级、提升竞争力的必然选择。通过数字化生产线的改造，汽车企业能够大幅提高生产效率，有效规避不确定性风险。机器人流程自动化和各类设计、仿真软件的应用，不仅优化了生产流程，还为用户带来了更高质量、更具个性化的汽车产品。数字化转型不仅是汽车企业应对当前市场挑战的有力武器，更是其未来持续发展的坚实基础。

6.2.4　企业自身驱动因素

汽车更新换代周期的缩短对生产计划提出了更高要求。在当今的汽车市场，竞争之激烈可谓前所未有。除了部分超高端汽车产品因其独特的品牌价值和市场定位能够维持较长的生命周期外，大部分汽车的生命周期都在不断缩短。现有车型的更新换代周期已经缩短至约 16 个月，从研发到销售的时间甚至更短。这与过去一款桑塔纳可以持续多年经久不衰的时代形成了鲜明的对比。这种快速的市场变化对汽车企业生产计划的制定和执行带来了巨大的压力。如果生产效率无法跟上消费需求的步伐，就会造成供不应求的局面，从而影响销量。同时，由于预测准确度不足，订单预测往往高于实际水平，这就会导致库存积压，使汽车企业不得不降价销售，进而影响企业的利润。

生产计划执行率低导致的不确定性。在生产计划的执行方面，除了部分新势力企业和少量超豪华汽车品牌能够按照真实订单制定生产计划外，绝大部分汽车企业都采用"预测订单＋真实订单"的方式来制定生产计划。然而，受多种内、外部因素的影响，客户的真实需求波动较大，订单预测的难度也相应增加。目前，汽车行业月均计划波动率高达30%，而生产计划执行率仅为75%左右。这种不确定性直接导致汽车企业被迫大幅度更改生产计划，造成资源的不足或累积，难以做到平衡。这不仅影响了生产效率，也增加了企业的运营成本。

库存积压占用企业资金。汽车制造是一个连续性的生产过程，前工序的停顿会对后工序的生产造成直接影响。因此，部分汽车企业为了完成销量目标，不仅将生产线效率拉满，还要储备大量的物料。甚至为了追求生产计划的稳定执行，一些企业会积压多达7天生产所需的原材料库存。这种做法虽然在一定程度上保证了生产的连续性，却导致企业资金被大量占用。长时间的库存积压不仅增加了企业的财务负担，也降低了资金的流动性，对企业的健康发展构成了潜在威胁。

6.2.5　生产数字化面临的挑战

数据分析工具和人才仍存在较大缺口。随着数字化技术的飞速发展和普及，全球数据量正在以前所未有的速度增长。据估计，2020年的数据量已经相当于世界上所有沙子粒数的57倍之多，其中绝大部分都是非结构化数据，如视频、音频、文本等。在如此浩瀚的数据海洋中，如何有效地处理和分析数据，将其转化为有价值的信息和洞察，已经成为摆在我们面前的一大难题。特别是在数字化工厂中，传感器、机器人等智能设备每时每刻都在产生海量的数据。这些数据不仅包含了设备的运行状态、生产效率等关键信息，还隐藏着优化生产流程、提高产品质量的线索。因此，在汽车制造领域，如何对这些数据进行有效的处理和分析，已经成为决定企业竞争力的关键因素之一。在这一背景下，数据分析相关人才的重要性日益凸显。他们不仅需要具备扎实的统计学和计算机知识，还需要对汽车制造的工艺流程有深入的理解。只有这样，他们才能从海量的数据中提炼出有价值的信息，为企业的决策提供有力支持。同时，商业智能（BI）、Business Objects 和 Cognos Analytics 等数据分析系统也将在汽车制造领域中发挥越来越重要的作用。这些系统不仅能够帮助企业实时监控生产流程、预测设备故障，还能够通过对历史数据的挖掘和分析，发现优化生产流程的新思路和新方法。因此，那些既了解汽车制造又能够熟练使用数据分析工具的人才，将在未来的汽车制造行业中获得巨大的竞争力。他们不仅将成为企业争抢的对象，还将有机会在推动汽车制造行业数字化转型的过程中发挥关键作用。

新兴技术在应用部署环节存在滞后风险。目前，5G 通信技术已经日益完善，它具备大带宽、高可靠性和低时延等卓越性能，在汽车制造领域的应用适应性也在不断提升。同时，前沿的太赫兹通信技术也已经达到了实验室级的应用条件，预示着未来通信技术的更多可能性。然而，与这些快速发展的通信技术形成鲜明对比的是，国内大多数整车工厂在生产设备上仍然采用固网专线的方式进行通信。这种以有线形式在工业总线协议下进行的生产数据采集和传输方式虽然稳定可靠，但随着汽车制造数字化进程的加速推进，其局限性也日益凸显。设备接入量和数据量的爆炸式增长，给传统通信方式带来了严峻的挑战。例如，在大型搬运自动导引车（AGV）的应用中，传统局域网由于有时延和数据丢失的风险，已经难以满足高精度、高效率的生产需求。同样，在焊装工厂中，电火花对 Wi-Fi 稳定性的干扰也是一个亟待解决的问题。另一方面，人机环境共融的协作机器人技术也在不断发展成熟。这种新型机器人技术相比现有的主流数控机器人，在柔性生产的适用性和支撑力方面具有显著的代际优势。然而，尽管其具有巨大的潜力，但在汽车生产制造中的实际应用效果仍然取决于对具体场景的开发和优化，这意味着，要想充分发挥这种技术的优势，还需要在生产场景的设计、实施和维护等方面进行深入的研究和探索。

数字解决方案服务价值与汽车制造业存在脱节风险。除了机器人或硬件服务商之外，当前市场上的数字化服务商大多来自互联网及 IT 行业。这些企业深受互联网思维的影响，其运作方式和传统的工业制造思维存在显著差异。这种差异不仅体现在业务流程、项目管理等方面，更深入到对数据的理解、对创新的追求以及对市场变化的敏感度上。数字化并不是简单地将互联网技术与制造业相结合，而是一个涉及多个层面、需要深度整合的复杂过程。它要求将先进的互联网技术与传统的制造业知识、经验以及特定的行业需求相结合，以实现生产效率的提升、成本的降低以及市场竞争力的增强。然而，部分汽车企业在与数字化服务商合作后发现，实际产生的价值并未达到预期的效果。这可能是因为双方在合作初期对彼此的业务理解不够深入，或者是因为数字化服务商提供的解决方案并没有完全契合汽车企业的实际需求。此外，数字化转型本身就是一个长期且持续的过程，短期内可能难以看到显著的效果。不过，值得肯定的是，数字化服务商也在不断地探索和成长中。它们通过深入了解汽车企业的实际问题，提供更加聚焦、有针对性的解决方案，从而逐渐获得了汽车企业的广泛认可。以 BATH[⊖]为代表的大型互联网企业凭借其在技术、资金、人才等方面的优势，正在不断夺取外商的市场份额，成为数字化服务市场的重要力量。与此同时，那些宣传伪数字化概念的服务商将逐渐失去市场，他们或许能够暂时吸引一些不明真相的客户，但长远来看，没有实质性技术和解决方案的支撑，他们终将无法在这个竞争激烈的市场中立足。随着数字化进程的深入推进和市场环境的不断变化，这些服务商将逐渐被淘汰出局，退出历史舞台。

6.3　生产数字化应用场景

汽车生产数字化是一个深刻改变产业模式的进程，它的核心目标是推动生产模式的根本变革。在传统的汽车生产方式中，大规模、标准化的生产占据了主导地位，但这种模式已无法充分满足当今用户对个性化和定制化的需求。为了有效应对这一挑战，数字化工厂成为一个强有力的解决方案，它能

⊖　BATH 为百度（Baidu）、阿里巴巴（Alibaba）、腾讯（Tencent）和华为（Huawei）四家企业首字母的缩写。

够将传统刚性的生产制造方式转变为更加柔性、灵活的生产方式。柔性化生产方式具有诸多优势，其中最为显著的是它能够快速、准确地响应用户的个性化需求。此外，数字化生产还大大降低了满足这些多样化需求的过程中所产生的各种不确定性和风险。通过对实时数据的收集、分析和反馈，企业能够在生产过程中及时调整策略，从而确保生产效率和经济性的双重提升，同时也保证了产品的丰富多样。

我国汽车制造商目前面临的一个核心难题是，现有的生产体系很难有效地满足用户对于高度个性化和定制化产品的需求。大量生产的同质化产品已逐渐失去了用户的青睐。为了在这一激烈的市场竞争中脱颖而出，汽车企业开始积极探索并尝试小批量、定制化的生产方式，但是，这种生产方式的转变并不是一蹴而就的，它要求汽车企业对整个生产流程进行全面、深入的改革。这一改革受到了来自用户端多重压力的推动，用户对于产品的质量、配置、服务水平，以及交付时间的要求都愈加严格，而这些要求中的不确定性和多变性成为汽车企业必须解决的重大问题。生产数字化便是在这种背景下应运而生的一种关键策略。

汽车制造主要包括冲压、焊装、涂装、总装四大核心工艺，每种工艺的数字化程度不尽相同（图6-1）。冲压工艺由于工作环境较为恶劣，冲压通常

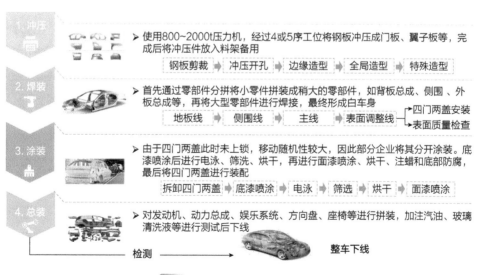

图6-1　汽车制造四大工艺流程

注：资料来源于艾瑞咨询。

为简单、批量化的工作，自动化率可达90%以上，但其数字化程度相对较低。焊装是汽车质量分界点，焊装线主要包括地板线、侧位线、主线、表面调整线等。焊装工艺相对复杂且车间环境恶劣，部分操作要求使用带有计算机视觉的设备进行自动化激光点焊，自动化率可达80%~90%，但由于分拼线和表面调整线操作较为复杂，仍需人工操作。涂装工艺相对简单，由机器人按照既定轨迹喷涂，自动化率可达80%以上，但其过程少有复杂的数字化系统支持，故数字化程度相对较低。总装工艺由于操控零部件种类较多且不规则，故使用机器人成本较高，因此主要依赖人工装配，自动化率为20%~30%，数字化特征较多体现在工时优化和质量检测等方面。

不过，生产数字化的价值远不只有优化生产排程、改进工艺流程这些表面层次的提升。虽然这些方面的改进确实可以带来显著的成本节约和效率提升，但在现代化的制造环境中，自动化设备的大量应用、制造经验的持续积累以及精益生产理念的深入实施已经极大地提升了基础生产效率。这意味着，单纯地依靠这些传统手段来获取进一步的生产效率提升将变得越来越困难，其边际效益也在逐渐递减。

因此，汽车企业生产数字化的真正核心在于如何利用先进的数据技术来有效应对因用户需求变化而产生的潜在风险。这包括但不限于对生产流程和工艺中的各种不确定性因素进行精确识别、实时监测和有效管理。通过建立一个高效、可靠的数据驱动的生产系统，汽车企业可以将这些不确定性降到最低，从而在保障生产连续性和产品质量的同时，显著提升其对市场变化的快速响应能力。

6.3.1 智慧工厂推动数字化技术全过程集成应用

数字化智慧工厂利用数字技术、物联网技术和监控技术加强信息管理服务，可提高生产过程的可控性，减少生产线所需的人工干预，以及合理安排计划排程。数字化智慧工厂的建设，让汽车柔性制造、柔性供应链、产业链协同、客户定制化演变成现实（图6-2）。汽车企业通过数字技术串联、打通汽车生产制造全域网络，将进一步实现构建高效、节能、绿色、环保、舒适的人性化工厂的美好愿景。

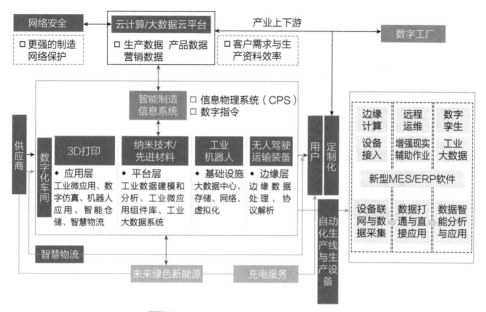

图 6-2　汽车产业数字化智慧工厂网络

注：资料来源于艾瑞咨询。

6.3.2　工业大数据

工业数据在汽车企业生产环节的数字化转型中发挥着基础性作用。为了实现生产的数字化转型，数据的透明化和决策的敏捷化至关重要。这需要对库存、制造、物流、质检等各个生产环节产生的数据进行有效连接、深入分析和应用。通过这种方式，汽车企业能够改变原有的粗放生产方式，向更加精细化的生产管理迈进。

数字化智慧工厂是解决汽车生产中所面临问题的有效途径。它通过整合生产控制系统、BOM 系统、生产管理系统（PMS）、PLM、仓储管理系统（WMS）等多个系统，连通决策层、交互 / 操作层、控制 / 监控层、数据采集层和设备支持层，形成网络化的数字体系（图 6-3）。这种体系能够打通原本孤立的纵向应用，通过数据中台构建相互连通的网状结构。不同数据以相互交织的方式共同提升生产效率，实现汽车产业生产全流程的数字化。这种数字化流程不仅提升了生产效率，还降低了潜在风险，为汽车企业带来了显著的竞争优势。

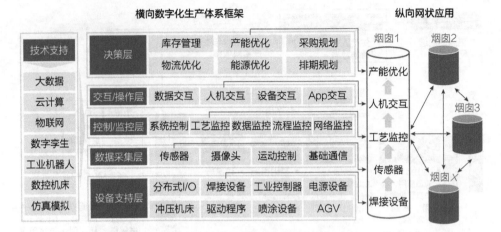

图 6-3　数字化智慧工厂体系框架

注：资料来源于艾瑞咨询。

工业大数据在汽车企业生产环节中的应用具有重要意义。通过数据的透明化和快速传输能力，汽车企业能够打造数字工厂，解决长久以来的遗留问题或未被发现的问题。这有助于精准管控生产效率，预防潜在风险。工业大数据为汽车企业生产环节带来了革命性的变革，推动了汽车产业向数字化、智能化方向发展。同时，这也要求汽车企业不断提升自身的数据处理和分析能力，以适应日益激烈的市场竞争。

6.3.3　工业软件

工业软件是工业领域实现信息化和数字化的关键工具，它集成了应用、数据、方法和功能，为产品研发、设计、生产、数据收集和信息管理提供了全面的支持。在汽车行业，生产制造环节一直面临着诸多挑战，如严格的交货周期、新旧车型的调整、产线设备的升级以及一线人员的匹配等，这些问题使得静态的生产计划难以适应动态的生产环境，往往牵一发而动全身。同时，随着用户个性化需求的日益增长，汽车生产管理的单位也经历着从最小批量向单一整车的转变。这种转变对生产过程的灵活性、响应速度和准确性提出了更高的要求，工业软件的应用成为解决这些问题的有效方案之一（图 6-4）。

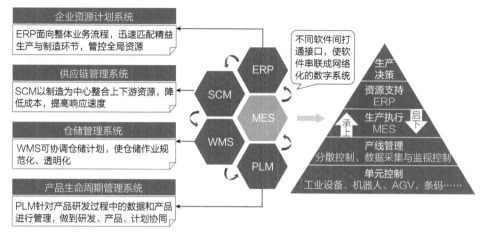

图 6-4　工业软件集成方案

其中，制造执行系统（MES）作为生产执行侧的重要软件，填补了计划层与控制层之间的信息空白，负责车间级生产过程执行管理。MES 借助底层信息，根据上传的计划数据和生产实时数据做出反应、计算和展示，实现了生产计划与实际生产过程的紧密结合。它上接车间管理层，下接设备层，横向覆盖冲压、焊接、涂装、总装四大车间，能够从生产、物流、人员、工艺、过程等各个维度做出快速响应，大大提高了信息传递的效率和精准度。此外，MES 的应用还有效减少了不确定性因素导致的停工、错料等情况的发生，在汽车企业智能制造构架中搭建了上下联通的桥梁。正因如此，西门子、通用等制造业巨头正在持续加大对工业软件的投入，并积极开展依托于工业软件的工业物联网、数字化工厂等革新性项目，以期通过工业软件的应用进一步提升生产效率和产品质量，满足市场的多样化需求。

6.3.4　工业机器人

工业机器人是一种高度自动化的机械设备，具备自动控制、可编程、多用途等特性，并且一般拥有至少 3 个轴，既可以移动使用，也可以固定在某处使用。在我国，工业机器人的密度位列全球第 15，每万名员工中就有 187 台工业机器人在提供服务。特别是在汽车行业，机器人的使用量占整体的 30%~35%，这足以证明机器人在汽车制造中的重要地位。

机器人在生产数字化进程中，不仅作为执行终端，高效地完成各项任务，同时还扮演着数据收集器的角色。它们能够实时收集生产制造过程中的基础数据，并将这些数据存储起来。随后，通过服务器，这些数据被上传至车间级的 MES 和企业级的 ERP 系统中，为生产的数字化提供了坚实的数据基础。

在汽车制造的四大车间中，焊装和涂装环节对机器人的依赖尤为明显。由于焊装对质量和精度的要求极高，而涂装喷房中的环境又极为恶劣，高温、高湿以及涂料的异味都对人体健康构成威胁，因此，这两个环节大量使用机器人来代替人工操作。使用机器人的具体数量会根据生产线的生产节拍来确定。相比之下，冲压环节由于操作流程相对简单，机器人主要被用于抓取和装卸工作，因此所需机器人数量较少。而在总装环节，由于其自动化程度本身就相对较低，除了某些特定操作，如玻璃打胶、密封条粘贴等由机器人完成外，大部分工作仍需要人工来完成，因此，机器人在这一环节的使用量介于冲压和焊装/涂装之间。

然而，尽管机器人在汽车制造中的应用已经相当广泛，但在项目规划时，企业仍会进行详细的人力执行和机器人执行的成本核算。考虑到项目成本和运维成本，企业会根据实际需求来决定是否使用机器人以及使用多少机器人。此外，目前市场上的部分机器人在负载能力、精细度和臂展等方面还不能完全满足汽车企业的要求。为了解决这些问题，企业通常会采取一些措施，如增加机器人数量、更换吊具，或在机器人末端增加臂触传感器等。但由于成本问题，对机器人本体进行定制化的解决方案相对少见。汽车领域常用的工业机器人类型包括笛卡儿机器人、SCARA 机器人、关节型机器人、并联机器人和圆柱机器人，各类型工业机器人的应用范围和运动结构见表 6-2。

在汽车制造四大工艺流程中，各自有不同类型的代表性机器人（表 6-3），由于焊装对质量、精度要求较高，涂装喷烤漆房环境高温高湿且涂料异味较重，因此，焊装和涂装环节机器人用量最大，从几十到几百台不等，取决于生产线生产节拍。冲压环节操作流程简单，机器人仅作抓取、装卸使用，因此少量机器人便可满足需求。而总装环节本身自动化程度较低，除玻璃打胶、密封条粘贴等，其他操作机器人难以执行，因此部分企业用量在 8~10 台不等。总体而言，每台机器人约可替代 5 个人工，可将 JPH 从 30 提升至 50 以上，将设备综合效率（OEE）从 70%~80% 提升至 90% 以上，极大程度地提高生产效率及制造水平。

表 6-2　常用工业机器人类型

类型	定义	主要应用	运动结构	样例
笛卡儿机器人	手臂具有 3 个移动关节，且轴与笛卡儿坐标系重合的机器人	搬运、码垛、焊装、涂装、包装		
SCARA机器人	在平面上有 2 个平行旋转关节以提供顺应性的机器人	装配、包装、物料搬运		
关节型机器人	手臂至少有 3 个旋转关节的机器人	装配、弧焊、物料搬运、包装		
并联机器人	手臂有平行的移动关节或旋转关节的机器人	精准筛选、物料放置 / 拾取		
圆柱机器人	轴线构成圆柱形坐标系的机器人	物料放置/拾取、铸造、装配、注塑成型		

表 6-3　工业机器人赋能数字工厂

工艺	代表性机器人	具体内容
冲压	上下料机器人	采用压力机和上下料机器人的配合将极大程度地减少人工，保证冲压件一致性。同时，可在 6 轴机器人（搭配真空或磁性抓取工具）的基础上增加第 7 轴，使其沿直线轨道运行时可提高加速度性能，加快压力机生产效率，优化生产节拍
焊装	焊接机器人	焊接机器人通过视觉、光谱、电弧等传感器完成焊缝识别跟踪、熔池检测等，提升焊接效率及质量。若全部使用焊接机器人可将生产效率提升 8~10 倍，生产节拍最高可达 55~60JPH，但部分生产车型较多的生产线若全部使用焊接机器人则成本较高，部分企业选择主线自动化、支线半自动化的方式进行改造
涂装	喷涂机器人	喷涂工艺可全部由机器人完成，部分机器人难以操作的位置采用人工补漆。通过对雾化器静电高电压值、成型空气量、轴承转速和喷涂距离等核心参数进行调节，可以保证喷涂质量，同时能够实现快速连拍作业，并降低涂料对人体的损害
总装	装配机器人	通过机器人视觉传感设备感知周围环境和装配物料，再由末端完成装配，机器人在装配要求较高的环节体现出绝对的优势，如玻璃打胶、密封条粘贴等环节，可将 JPH 提升 1 倍左右。但汽车零部件种类较多，装配操作复杂程度较高，因此，机器应用较少，全球汽车企业的装配自动化率约为 20%~30%

然而，机器人在自动化时代就被各大汽车企业广泛应用，因此，机器人在数字化时代的价值不仅仅是替代人工，通过挖掘机器人采集到的数据并进行进一步分析，可以赋能整个生产环节，利用机器和数据价值的叠加打造数字工厂，为智能制造和工业 4.0 打下基础。

6.3.5 数字孪生

数字孪生技术是一种将物理实体以数字化的方式转化为数字模型的创新手段。通过结合实时数据和历史数据，该技术能够进行模拟、控制、验证和预测，有效降低生命周期中的不确定性。在汽车生产领域，数字孪生技术的应用尤为突出。

在汽车生产之前，数字孪生技术能够通过虚拟生产的方式，模拟不同配置、类型汽车的生产过程。这种模拟不仅有助于降低实际操作时可能出现的瓶颈，还能缩短产能爬坡周期，并减少计划外的停机时间。同时，该技术还能将原材料、边线物流、工序要求以及设备健康状况等关键因素进行统一模拟，并记录模拟生产时的各项参数。这有助于企业及时发现实际生产过程中的异常情况，并迅速解决不确定性问题。

数字孪生技术的应用不仅提升了汽车生产的效率，还为汽车企业带来了更理想的最终产量和生产流程可靠性。在利用数字孪生进行生产仿真时，规划人员可以利用无人机等现场勘测设备获取生产线的基本信息，并以工厂已有的历史信息为参考设置变量和参数，从而建立起一个模拟工厂。这个模拟工厂的输出结果可以作为评价工厂具体指标的重要参考，为企业的决策提供有力支持（图 6-5）。

举例来说，通过制造流程的数字孪生体，现场管理者可以观测到生产节拍、机器人工作状态以及生产工艺的异常值等关键信息。这些信息有助于管理者对物料输送、料道规划、工位和物料区进行统一规划，从而优化生产流程。同时，通过对比物流、工位设置方案与生产工艺的适配性，企业可以提前得知规划的生产物流方案是否存在浪费，进而在方案实施时大幅降低试错成本，避免设备的过度投入。据估算，通过数字孪生技术的应用，企业可以将物料成本减少 30% 左右，最大化地减少传统工厂生产时发生的不确定性问题。

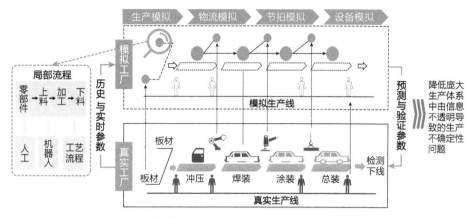

图 6-5　数字孪生工厂解决方案

注：资料来源于艾瑞咨询。

6.4　案例分析

6.4.1　红旗繁荣工厂

红旗繁荣工厂是一汽集团内部的一座现代化、智能化、绿色化的标杆工厂，位于长春汽车产业技术开发区。这座工厂占地面积为 75.5 万 m^2，建筑面积为 43.5 万 m^2，年标准产能达到 24 万辆，且被工业和信息化部评选为智能制造示范工厂。红旗繁荣工厂的自动化率达到了国际一线水平。高度的自动化不仅提高了生产效率，还减少了人为错误，提升了产品质量。同时，工厂融入了智能化的生产理念，通过先进的设备和系统，实现了生产过程的智能化管理和控制。

立足 5G 时代，红旗繁荣工厂引入智能中控系统，拥有冲压、焊装、涂装、总装、电池电驱五大车间，接入上百万个数据采集点，实时采集、监控设备数据，并基于人工智能算法，对设备进行预测性维护，可在设备发生故障前进行提前报警。同时，海量数据汇入统一的数据中台，自动生成数据应用程序接口（API）服务，可随时调取，为生产制造各个环节提供重要参考。

1. 各车间概况

（1）冲压车间

冲压车间从物流、生产环境、生产工艺、零件质检各维度实现全环节质量把控，例如在高柔性板料清洗、处理工艺方面，工厂采用"干式＋湿式真空清洗＋涂油"多种组合工艺，实现柔性、高效的板料清洗处理，打造洁净、精益的生产环境（图6-6）。

图6-6　繁荣工厂冲压车间

注：资料来源于一汽集团官网。

（2）焊装车间

焊装车间全面应用激光焊接、在线质量监控等技术，从生产工艺、质量过程追溯、关键工艺防错等方面，实现全新质量管控理念，打造高质量、高柔性、数字化、智能化的生产环境（图6-7）。

图6-7　繁荣工厂焊装车间

注：资料来源于一汽集团官网。

（3）涂装车间

涂装车间在生产过程中严格控制防腐、密封、面漆喷涂的各种质量参数，提升车辆的耐久性和密封性。其中，模块化整流电源和超高泳透率电泳涂装技术的应用，能够使车身防腐性能达到 3 年无锈蚀、10 年不穿孔的最高防腐等级（图 6-8）。

图 6-8　繁荣工厂涂装车间

注：资料来源于一汽集团官网。

（4）总装车间

总装车间应用质量预测、监控、追溯系统，首次构建工艺端电器功能测试平台，以用户为中心进行智能感知和智能驾驶的持续提升，全面保障整车"智驾、智享、智控"质量，提升整车功能性与安全性（图 6-9）。

图 6-9　繁荣工厂总装车间

注：资料来源于一汽集团官网。

（5）电池电驱车间

电池电驱车间采用智能自动合装、电芯分选自动检测等技术，实现关键工艺 100% 防错、100% 数据采集，打造核"芯"动力（图 6-10）。

图 6-10 繁荣工厂电池电驱车间

注：资料来源于一汽集团官网。

2．数字化智能柔性生产

（1）数字孪生

红旗繁荣工厂自主构建了数字孪生工厂，采用数字化仿真技术，实现了从工艺规划到调试验证全过程的数字化模拟，实现对全过程 173 个场景的 100% 仿真全覆盖。通过采用数字孪生技术 1∶1 虚拟出来的工厂，能够在数字孪生的应用中看到每一个车间的工作情况，并定位到生产线的每一个细节，有效提升生产监控水平，大幅提高工作效率。总装车间数字孪生技术实现了整车下线、数字车上线，智能网联覆盖率达到 90%；首次采用的车间级中控系统，实现了装配过程及检测过程全数据采集，关键工序实现 100% 防错；十大智能工序涵盖整车前后风窗玻璃、座椅、轮胎、底盘等部件的全自动装配工艺，对机舱管路、胎压等采用 AI 视觉技术实现全自动检测。

（2）数据驱动决策

红旗繁荣工厂利用收集的大量数据来驱动决策。通过对生产数据的分析，工厂可以实时了解生产状态，及时发现并解决问题，优化生产流程。这种数据驱动的决策方式使工厂更加灵活、高效。激光打码通过二维码和射频识别（RFID）技术，将各工艺参数信息与车身绑定，建立车身档案，实现质量信息可追溯；预测性维护则通过给电机增加震荡传感器，监测设备震荡曲线，同时根据设备的不同工况分析预测设备是否有故障风险，提前预测设备运行状态及保养信息，减少计划外停机时间。

（3）柔性生产

红旗繁荣工厂融入了"自适应生产链"的领先理念，能够实现从 A 级车到 C 级车的全柔性不限车型生产。全线应用伺服定位技术，线内采用三维定位装置，以及转台、转载、滑台等技术，结合线内外切换装置，实现多车型的导入和快速切换。此外，国内首创首用的三明治工装通过夹具层、托盘层、AGV 三层结构的柔性组合，提高了通用性与互换性，降低了后续车型的导入成本。这种柔性生产方式使工厂能够快速响应市场变化，满足用户的多样化需求。

3. 绿色节能生产

繁荣工厂整个厂房屋顶采用光伏发电技术，每年可节约电费 100 多万元；工厂压缩机热能转化率为 85%，可以供应全厂的淋浴用水，借助雨水收集系统，每年可节省用水上万吨。

工厂运用干式漆雾过滤装置，可将空气中的杂质过滤到 0.1mg/m³ 以下，并再次送入空调系统循环利用，以使能耗降低 50%。工厂配备沸石转轮＋蓄热式热氧化处理设备（RTO），厂内挥发性有机化合物（VOC）去除率达 99%，热能回收利用率达 95%；而集成光伏发电和电池梯次利用技术的应用，则每年能节约标准煤 9.4 万 t，减排二氧化碳 23.7 万 t、二氧化硫 864t。

6.4.2　宁德时代"灯塔工厂"

宁德时代作为全球领先的新能源创新科技公司，专注于新能源汽车动力电池系统、储能系统的研发、生产和销售。其标志性的"灯塔工厂"项目，不仅是公司在智能制造和数字化转型方面的重要成果，更是全球制造业领域智能制造和数字化的典范。

被誉为"世界上最先进的工厂"的"灯塔工厂"，由世界经济论坛与管理咨询公司麦肯锡共同评选产生。宁德时代通过引入先进的工业 4.0 技术，如物联网、大数据、云计算、人工智能等，在"灯塔工厂"项目中实现了生产过程的自动化、信息化和智能化。生产线高度自动化，配备先进的机器人和自动化设备，显著提高了生产效率。同时，数字化技术的引入使得生产数据能够实时采集、传输和分析，为管理人员提供了科学决策的依据（图6-11）。

图6-11　宁德时代锂电池智能工厂

注：资料来源于宁德时代。

值得一提的是，宁德时代宁德工厂作为全球首个获得"灯塔工厂"称号的电池工厂，在智能制造方面取得了显著成就。通过利用人工智能、先进分析和边缘/云计算等技术，该工厂在生产一组电池耗时1.7s的速度下实现了仅为十亿分之一的缺陷率，同时将劳动生产率提高了75%，并将每年的能源消耗降低了10%。这一成就不仅体现了宁德时代在智能制造领域的领先地位，也为其赢得了国内外众多汽车企业的青睐。

宁德时代的智能制造战略经历了三个不同阶段：从2011年至2013年的自动化阶段，到2014年至2017年的自动化+数字化阶段，再到现在的智能化阶段。该企业一直注重智能制造发展规划，并与施耐德电气等合作伙伴在"绿色智能工厂""新能源发电""安全用电""能源存储"等领域达成战略合作，共同推动智能制造的发展。

除了智能制造方面的成就，宁德时代的"灯塔工厂"还注重绿色生产。通过采用环保材料和节能技术，降低生产过程中的能耗和排放，实现了可持续发展。这不仅符合当前社会对环保的要求，也体现了公司的社会责任，提升了品牌形象。

在技术创新方面，宁德时代宁德工厂在其电池生产线上大力推广 5G 技术、AI 技术、自学习技术、图像识别技术等。通过基于模型的过程智能管控及全流程多模态智能检测系统，在大数据分析和人工智能算法的支持下，该工厂成功将产品缺陷率从 PPM（百万分之一）级别降低到 PPb（十亿分之一）级别，进一步提升了产品质量和生产效率。此外，宁德时代宁德工厂还开发了智慧能源管理平台，以进一步减少电池制造的碳排放，并为可持续性价值链做贡献。该平台利用太阳能、风电、水电、核电或其他清洁能源进行生产，实时分析关键设备能耗数据并结合生产策略设计出最高效的能源解决方案，实现集团内工厂间的一体化管理，每年单位能耗降低 10% 且碳排放量降低 57%。

第 7 章

供应保障：
"价值重塑" 中挑战与机遇
共存

汽车供应链数字化是利用数字化技术对汽车供应链各环节进行信息化、智能化和协同化管理，旨在提升效率、降低成本、增强市场竞争力。数字化转型对于适应市场变化、优化库存管理和提高客户满意度至关重要。通过数字化平台，供应链各环节实现信息共享和协同工作，促进整体效率提升。这种转型不仅有助于企业应对风险，提高供应链韧性，还是实现可持续发展的重要手段。汽车供应链数字化是一个持续优化的过程，需要企业不断进行技术创新和管理升级，以应对快速变化的市场需求和日新月异的技术发展。因此，汽车供应链数字化不仅是技术层面的革新，更是企业管理理念和运营模式的全面升级。

7.1　供应链数字化定义

汽车供应链涵盖了汽车生产全周期过程中的一整套供应链体系,涉及物流、信息流和资金流。通过信息化技术,整个供应链系统得以紧密衔接,形成一个统一的整体。供应链的数字化转型是一个持续运营的过程,涉及业务、技术、数据和人才的相互作用与迭代。

汽车行业的供应链因为各种原因(比如需求预测不准、原材料短缺等)经常会出现供需波动,这种波动会在供应链中传递并放大,给供应商带来很大冲击。特别是在芯片短缺周期中,信息传递不畅和疫情等因素加剧了这种波动。为了解决这个问题,供应链需要进行数字化转型,通过建立数字共生网络来减少这种波动的影响,并提高供应链的韧性和恢复能力。这需要主机厂和供应商更紧密地合作,同时利用人工智能、云平台等技术来打通数据孤岛,建立更灵活、响应更快的供应链机制。

在工业 4.0 和智能制造的推动下,汽车企业为实现精益化制造与物流,必须提升生产和物流的质量和效率。面对市场的多样化需求,整车企业在产品交付、成本控制和质量追溯方面将面临多维化、高效率和高标准的要求。为满足这些要求,供应链的数字化转型成了整车企业快速响应市场、提高产品质量的必然选择。但与发达国家相比,我国汽车企业的供应链数字化进程起步较晚,目前仍处于概念引入和初期发展阶段。然而,全球多个组织对汽车数字化供应链的研究显示,超过一半的被调查者认为汽车企业供应链的数字化至关重要。尽管以特斯拉为代表的一些企业已经启动了供应链数字化建设,但整体进展仍然缓慢,只有极少数企业对目前的供应链数字化进展表示满意。

7.2　供应链数字化需求

7.2.1　通过数字化网状供应链重塑战略格局

在战略层面上,供应链数字化的出现彻底颠覆了传统供应链的固有模式。

通过数字化技术的深入应用，企业供应链的运营模式得以从线性的链式转变为更为复杂且高效的网状结构。在这一转变中，汽车制造商作为整个供应链生态的核心，发挥着引领和整合的关键作用。这种转变不仅实现了业务流程由点到线、再由线到面的全面连接，更在深度和广度上加强了企业内外部的互联互通。数字化网状供应链模式的建立，极大地提升了各单位之间的协同效率，使得原本孤立、分散的信息得以整合和共享。这一模式有效地解决了传统供应链中信息标准不统一和信息孤岛化等长期存在的问题，为企业带来了前所未有的运营效率和竞争优势。

7.2.2 以数字化管理观念维持供应链高效稳定

在供应链管理层面，构建一个高效运作、科学管理的体系是至关重要的。这需要供应链中各个环节的紧密配合与协同工作，以确保整个供应链顺畅运作并取得显著的成效。然而，当前我国汽车行业的供应链管理者数字化观念缺失，许多供应链环节的管理者仍然停留在传统的管理思维上，过于追求短期利益和可视化管理工具的应用，而忽视了数字化技术在其他环节中的重要作用。这种缺乏整体大局观的做法，不仅限制了供应链管理效率的提升，也阻碍了整个行业的创新发展。此外，汽车行业中的核心企业，如汽车制造商，往往过于关注自身的盈利情况，而忽视了全局的得失。它们很少考虑上游供应商和下游合作伙伴的利益，导致供应链上下游单位之间出现良莠不齐、相互争利的局面。这种缺乏互惠互利和协作共赢观念的行为，不仅破坏了供应链的稳定性，也削弱了整个行业的竞争力。因此，为了提升汽车供应链的数字化管理水平，首先需要从观念上进行转变。供应链管理者应树立数字化、整体化的管理理念，注重各环节之间的协同与配合。同时，核心企业应发挥引领作用，关注全局利益，推动上下游合作伙伴的共同发展。只有这样，才能构建一个高效、稳定、具有竞争力的汽车供应链体系。

7.2.3 建立统一的信息交互平台以推动供应链数字化进程

虽然供应链数字化的关键技术，如大数据分析、人工智能、区块链等技术的重要性已成为企业间的共识，但在实际应用中尚未得到广泛使用。这主要是因为许多企业对这些新技术的理解和掌握还不够深入，在信息交互过程中出现各种障碍，如数据格式不统一、信息传输延迟、存在安全隐患等。这些问题不仅影响了供应链中各企业之间的信息共享和协同工作，也制约了整个供应链效率的提升和成本的降低。具体来说，单纯的系统对接已经无法满足汽车企业对精确生产计划的需求。为了实现精确生产计划的制定，汽车企业需要获取零部件企业的生产信息，包括生产进度、产能利用率、原材料库存等。然而，由于零部件企业的数字化基础薄弱，缺乏统一的信息交互标准和平台，因此汽车企业难以实时获取这些信息。另一方面，虽然核心汽车企业的信息化程度很高，但零部件企业之间的信息交互仍十分困难。这主要是因为各厂商使用的信息系统和数据格式不统一，导致在信息交互过程中需要进行大量的数据转换和格式调整。这不仅增加了信息交互的复杂性和成本，也降低了信息的准确性和时效性。为了解决这些问题，企业需要加强对新技术的研发和应用，提升网络信息技术的成熟度和稳定性。同时，还需要建立统一的信息交互标准和平台，促进各企业之间的信息共享和协同工作。

7.3 供应链数字化应用场景

针对汽车传统供应链的困局，数字化可以有效地与业务流融合，实现生产物料无缝对接，产品全程可追溯。以数据链条实现总部与分支机构、生产基地、整车厂、零部件供应商的供应协同，增强应急能力。

7.3.1 产业链垂直整合

近年来，由于外部环境的不确定性不断冲击着汽车行业的传统模式，各主机厂开始重新审视历经百年的产业分工逻辑。为了应对这些困扰和焦虑，供应链的垂直整合策略被越来越多的企业提上日程，其进程也日益加快。在这种整合中，主机厂通过自研技术、入股合作伙伴、建立合资公司以及达成战略合作关系等方式，更加深入地参与到上下游产业中去。这种整合不仅能保障产业的安全运行，提升供应链的稳定性，还能有效降低整个体系的成本。随着主机厂对供应链掌控能力的增强，信息传递更加高效，瓶颈资源的分配也更加合理，供应链各环节的协同合作也得到了显著加强。然而，产业链垂直整合虽然加强了主机厂对上下游资源的控制，但也意味着企业需要在多个技术领域分散有限的资源，这种策略往往会带来未知的风险。特别是在新车销量难以预测的市场环境下，自研芯片的先进程度往往与资金回笼的难度成正比。因此，在面临新车销量不明朗、研发周期长和资源投入巨大等挑战的情况下，即便垂直整合带来的优势明显，企业也存在一旦销量和利润不如预期，则可能面临巨大压力甚至崩溃的风险。鉴于这种复杂的环境和风险，当产业链垂直整合成为企业发展的必经之路时，企业必须更加深入地思考其必要性和实际价值。企业需要结合自身的发展阶段、资源状况和市场竞争态势，精心选择整合的维度和策略，确保这些整合能够真正增强企业的连续运营能力并提升竞争力。

在做出决策之前，企业需要放下由外部巨变带来的焦虑和不安，回归业务的本质上来。通过对现有业务的全面审视、精简优化、加速执行和持续创新，企业才能对产业链的垂直整合策略做出更加明智和合理的考量。这样，企业不仅能够更好地应对外部的不确定性，还能够在激烈的市场竞争中保持领先地位，实现可持续发展。

7.3.2 双循环供应链协同体系

双循环供应链协同体系的核心在于通过两个相互关联的循环——以产销协同为中心的主机厂业务协同小循环和以主机厂为中心的供应链体系大循环，来推动整个供应链的协同工作。在这个体系中，明确各方的权责关系是首要任务，这有助于实现上下游之间信息的实时、准确共享。供应商可以据此快速响应主机厂计划、需求等的变更，提升供应链的灵活性。同时，主机厂也能利用供应商提供的数据进行仿真模拟，实现供应链的数字孪生，从而更科学地预测未来状态并优化决策。

这种协同作用不仅有助于降低供需波动和累计误差，实现全域降本，而且能让各方共享利益。然而，实际操作中仍面临诸多挑战，如需求波动大、供应商能力不均、财务利益不对等，以及人工操作带来的问题。为应对这些挑战，构建一个内外部协同的供应链平台至关重要。该平台能够优化关键流程，基于历史数据进行分析预测，制定更合理的采购策略，提升项目效率，减少人工失误。

此外，平台通过可视与协同技术，可实现供应链的可视可控运行，打通企业间的信息壁垒，使数据可视化，为关键角色提供业务预警。它还能智能协同供应链的各环节，优化企业间的信息流、物流和资金流，强化供应链的计划与执行能力。基于数据和分析，供应链平台能够精准优化和智能决策，实时呈现全链运行情况，帮助管理者了解、监控、调整业务流程，持续优化运行效率。

同时，借助先进技术，平台能进一步优化物流线路，提升物流效率，降低运输成本和时间，增强用户满意度。但实现这些目标并非简单整合现有系统，而是需要建立具有高度灵活性和可扩展性的供应链平台，以应对未来的变化和挑战，避免对复杂应用程序和高度耦合的单一软件的过度依赖，确保企业的灵活协作和快速创新能力。只有这样，企业才能实现全产业链的最优化和高效协同。

7.3.3　供应链柔性化建设

在日益激烈的市场竞争中，主机厂的盈利能力往往与其供应链的柔性化能力紧密相关。供应链的柔性化建设已成为主机厂增强自身竞争力、提升盈利能力的关键手段。而要实现供应链的柔性化，对用户需求的精准预测无疑是一个不可或缺的前提。

当前，许多主机厂在进行销量预测时，主要依赖将真实订单与历史数据结合的方式，预测的维度大多集中在车型、配置等宏观层面。然而，这种预测方式在面对日益多样化、个性化的用户需求时，往往显得力不从心。为了更精准地把握市场动态，主机厂需要将预测的维度进一步细化，深入到颜色、轮毂样式、智能化配置、内饰搭配等更多细节层面。这样的精细化预测不仅能更准确地反映用户需求，还能更有效地指导生产和采购计划，从而避免产能浪费或限制。

对于上游供应商来说，与主机厂的信息互通是提升供应链柔性化的重要环节。通过实时共享销售数据、生产计划等信息，供应商能够更准确地预测主机厂的需求变化，进而合理调整自身的库存水平和仓储策略。这样，即使面对产量的突发变更，供应商也能迅速响应，确保物料供应的及时性和准确性，从而实现生产柔性化与供应链柔性化的同频共振。这不仅有助于提升供应链的弹性和适应性，还能显著降低库存成本和仓储压力。

对于主机厂而言，加强 2B（面向企业）供应链的柔性化建设更是意义深远。一方面，通过精细化预测用户需求并优化生产和采购计划，主机厂可以实现降本增效的目标；另一方面，以供应链数据协同为支撑，将柔性化的供应链作为核心能力进行打造，主机厂还能够满足用户日益增长的个性化选配需求。这种以用户需求为导向的供应链管理模式不仅有助于提升用户的满意度和忠诚度，还能为主机厂开拓新的收入来源和增长空间。

7.4 案例分析

7.4.1 腾讯 C2M 方案

腾讯 C2M（Consumer to Manufacturer，用户到制造商）是一种新型的商业模式和供应链模式，其主要特点就是先销后产，即利用互联网、大数据等技术手段分析用户需求，确定基本产品形态和个性化需求，然后根据这些需求进行生产，最后将产品直接送到用户手中（图 7-1）。这种模式与传统商业模式相比具有显著优势，如减少库存风险、降低中间环节成本等。

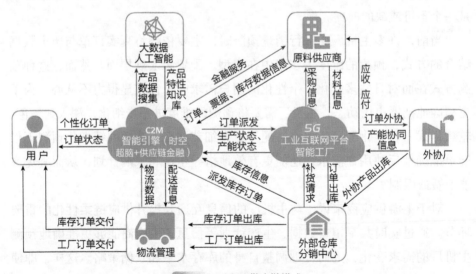

图 7-1 C2M 供应链模式

注：资料来源于宽东方科技。

腾讯利用自身强大的互联网技术和数据分析能力，对用户的购物行为、偏好等进行深入分析，从而了解用户对于产品的真实需求。根据用户需求分析的结果，腾讯与制造商合作，为用户提供定制化的产品。用户可以在一定范围内选择产品的颜色、尺寸、配置等，以满足自己的个性化需求。制造商根据腾讯提供的用户需求数据，进行柔性化生产。这种生产方式可以根据市场需求的变化灵活调整生产计划和生产线，降低库存风险。腾讯通过自身的电子商务平台或合作渠道，将定制化的产品直接销售给用户。由于产品是根据用户的需求定制的，因此销售成功率较高。

腾讯 C2M 方案的供应链管理是其整个商业模式中的核心环节之一。腾讯基于其大数据和人工智能能力开发了面向汽车供应链管理的智能化服务解决方案，这一解决方案以"1+N"模式为离散制造型企业提供服务。"1"即统一云服务架构，横向支撑 B 端企业供应链上下游整体协同，针对 C 端用户的大规模定制需求，提供闭环数字化体验；纵向联动智能、柔性的工厂生产资源，辅以完整的智能制造物联网（IoT）平台架构，与供应链端实现全闭环集成。"N"意味着通过 N 种不同的产品服务组合支撑 N 种业务场景，针对不同用户、不同发展阶段和不同业务需求，提供"乐高式"产品模块自由组合服务，做到即插即用、即需即供。

1）**供应链协同**：腾讯 C2M 方案通过搭建一个协同的供应链平台，将供应商、制造商、销售商等各个环节紧密连接在一起。这个平台可以实现信息的共享和实时更新，确保各方在整个供应链中的协同合作。通过供应链协同，可以减少信息传递的延迟和失真，提高决策的准确性和响应速度。

2）**数据分析与预测**：腾讯 C2M 方案利用大数据分析和人工智能技术，对供应链中的数据进行深入挖掘和分析。这些数据包括用户需求、市场趋势、销售数据等。通过对这些数据的分析，可以预测未来的市场需求和变化，为供应链决策提供支持。这种数据驱动的决策方式可以提高供应链的灵活性和准确性。

3）**库存管理**：腾讯 C2M 方案通过定制化生产和实时需求预测，优化库存管理。制造商可以根据用户实际需求进行生产，避免过度生产和库存积压。同时，通过实时跟踪销售数据和市场需求，可以及时调整库存策略，确保产品的供应和库存周转效率。

4）**物流与配送**：腾讯 C2M 方案优化物流和配送网络，确保产品能够快速、准确地送达用户手中。通过与物流合作伙伴的紧密合作和信息共享，可以实现物流路径的优化和运输成本的降低。此外，利用物联网和智能仓储技术，可以提高仓储管理的效率和准确性，减少误操作和延误。

5）质量管理：腾讯 C2M 方案注重产品质量管理，以确保满足用户的期望。通过与供应商建立紧密的合作关系和质量监控机制，可以确保原材料的质量和供应的稳定性。同时，在生产过程中进行严格的质量控制和检验，以避免生产出不合格产品。这种质量管理方式可以提高产品的可靠性和耐用性，增强用户的满意度和忠诚度。

腾讯 C2M 方案的供应链管理通过协同合作、数据分析与预测、库存管理、物流与配送以及质量管理等环节的优化和整合，实现了供应链的高效运作和灵活响应。这为定制化生产和销售提供了坚实的基础，为用户提供了更好的购物体验。

7.4.2 上汽领飞

2021 年，上汽集团成立上汽领飞，以 SaaS 的方式向上游供应商提供"供需在线"能力，对接上汽内部系统生态，利用大数据、边缘计算和工业 5G 等技术，帮助主机厂与供应商之间实现网络化协同，统一建立预测、库存、订单等供应链基础元素机理模型，实现预测可见、库存可知、订单交付可测（图 7-2）。

上汽领飞 SaaS 平台下的数字工厂，不断引领 SaaS 行业的相关规范和标准形成。平台以 CMMI5 模型作为软件质量保障，运用 CMMI 各个过程域对软件方面的支持及指导，分析和研究 SaaS 模式下研发软件的过程改进，先进的新思想、新技术促使过程持续不断改进，提升了上汽领飞 SaaS 平台的核心竞争力。平台向上对接企业经营层，向下对接边缘设备层，形成了软硬件一体化制造运营管理（MOM）方案，涵盖排产、报工、检验、追溯、物料、仓储、设备、看板八大功能场景，设备管理、生产管理、物料管理、质量管理四大核心模块持续改善生产运营管理各个环节，最终帮助企业实现降本增效，更快地响应市场需求。

上汽领飞 SaaS 平台旗下的"供需在线"将上汽整车制造工厂在智能制造转型过程中积累的信息化经验及能力，构建成"销-产-供"深度协同场景，实现了双向闭环驱动的供应商"供需在线"，并通过领飞平台向外投射，根据自身在业务中台、数据中台和低代码工具等方面多年建设积累的能力，对

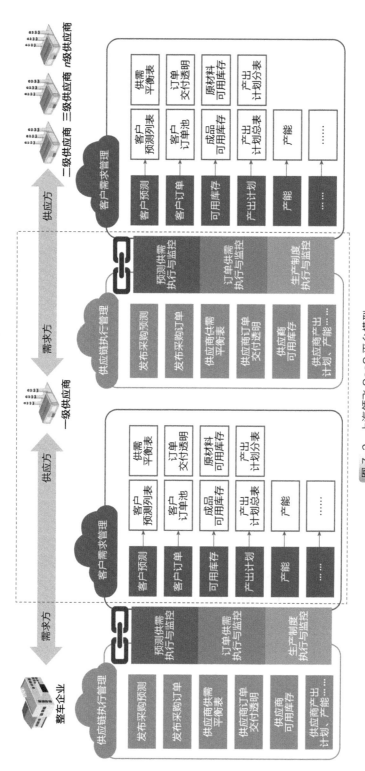

图 7-2　上汽领飞 SaaS 平台模型

注：资料来源于上汽集团。

接上汽内部系统生态,利用大数据、边缘计算和工业 5G 等技术,帮助主机厂与供应商之间实现网络化协同,提升供应链韧性,以数字化制造重塑供应链流程,统一建立预测、库存、订单等供应链基础元素的机理模型,解决了多层级客户的供应链组网难题(图 7-3)。

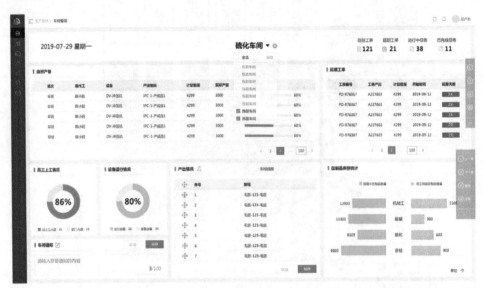

图 7-3 上汽领飞 SaaS 平台"供需在线"模块

注:资料来源于上汽集团。

7.4.3　吉利汽车供应链数字化协同平台

广域铭岛际嘉(Geega)工业互联网平台是吉利数字化转型一体化平台,也是首个源于汽车的"双跨"(跨行业跨领域)工业互联网平台,打造质量、采购、仓储物流和生产一体的汽车供应链协同解决方案,从链主吉利切入帮助供应链上的中小企业实现协同增效。目前平台已打通吉利集团下属的 18 个生产基地,使各基地在仓储物流、生产、质量、采购业务上与供应链企业实现互联互通,服务吉利汽车一级(T1)级供应商近 1500 家。

依托吉利的汽车制造背景和链主地位,吉利从平台、功能和市场拓展三方面分阶段推进吉利汽车供应链企业数字化水平提升。通过与新一代信息技术不断融合,Geega 平台性能不断迭代,为供应链数字化转型提供了更好的平台支撑。在现有的库存、采购、生产、质量协同的基础上,增加研发设计、营销协同功能。市场拓展分 3 个阶段由一级（T1）不断向二级（T2）、三级（T3）更深层级的供应商全面拓展。

平台集成了仓储物流、质量协同、采购协同和生产协同这四大核心功能板块。这意味着，无论是存储和运输物品、确保产品质量、进行采购还是组织生产，这个平台都能提供全方位的支持，且注重连接主机厂和它的上游供应商。在质量、采购、物流和生产这些关键环节上，它都能提供强大的协同能力。这样一来，那些过去像烟囱一样各自为政、难以沟通的系统之间的壁垒就被打破。现在，大家可以更好地协同工作，确保产品能够按照需求，按照质量标准，按时完成，从而形成一个高效、高质量的交付链。

平台能够从系统层和执行层来帮助企业提升供应链的数字化水平，系统层提供全面的管理和监控功能，确保整个供应链的运行都在掌控之中；而执行层则提供具体的操作工具和服务，让供应链上的每一个环节都能精准、高效地执行。更值得一提的是，这个平台还能将那些链主企业（供应链上的核心企业）的管理经验和知识进行抽象和提炼，然后，把这些宝贵的经验转化为各种"即需即供"的数字化服务，供应链上的其他企业就可以随时根据自己的需要来获取这些服务，从而提升自己的内部管理水平。

此外，平台还配备了一个叫做"MOMaster 摩码智造管理大师"的强大工具。通过这个工具，供应商们不仅可以进行内部管理，还可以管理他们的下一级供应商（T2 供应商），甚至是更下一级的供应商。这样一层一层地管理下去，就形成了一个穿透多级的管控体系。无论是哪一级的供应商出现问题，都能迅速发现并解决，确保整个供应链的稳定运行。

1. 仓储物流云

仓储物流云为主机厂提供协同产品，支持订单、库存和运输的协同管理，实现了信息的共享和透明化，为主机厂和上游供应商之间的仓储物流协同提供了信息支撑，从而确保供应商能够及时准确地供货。此外，链主企业的库存管理软件也通过开放标准 API 服务，实现了与外部供应商的无缝互联，方便了企业采购人员对供应商库存的查询，同时也让供应商能够实时掌握库存情况，合理安排生产和发货，有效降低了库存积压和呆滞的风险。

通过仓储物流云和库存管理软件的协同作用，链主和供应商各节点的库存信息得以透明化，各方能够实时掌握在途库存、物流中转仓库存、VMI 库存、线边库存等库存信息。这种信息的互联互通，使得库存积压和呆滞现象得到了有效减少，实现了库存降低 5%~30% 的显著效果。这种协同管理模式不仅提高了供应链的运作效率，也为链主企业和供应商带来了实实在在的经济效益。

2. 质量协同云

企业通过质量云不仅进行内部质量管理，还通过协同层实现对下一级供应商的穿透式多级管控。在这一过程中，企业对各类质量问题，包括研发、生产和售后等环节的问题进行了详尽的记录、分析、整理和沉淀，进而为质量改进提供有力支撑。对于遇到的质量问题，企业采用 8D 分析方法，深入剖析原因，制定有效的解决措施，旨在提升质量管理效率并优化产品质量。此外，企业还注重先期产品质量策划（APAQ）与控制，通过明确流程节点和交付物，全面评估产品从立项到生产批准的全过程能力，确保客户满意度。

为了进一步强化供应商质量管理，企业定期进行供应商审核，帮助供应商提升能力并确保其可以提供高质量产品。通过将上下游企业的质量系统打通，企业实现了对产品质量问题的全生命周期管理，包括 APQP、生产件批准程序（PPAP）、变更管理以及供应商问题管理等。这种管理方式使得企业质量问题的实时记录、在线处理、进度追踪和解决方案沉淀成为可能，从而大大降低了质量问题的重发率，并提高了处理效率。此外，通过数据化动态监督供应商质量问题的处理过程，企业减少了质量管理人员到供应商现场的频次，降低了质量管控成本。同时，质量问题解决方案的沉淀形成了宝贵的知识库，进一步降低了质量问题重发率并提升了问题处理效率。

3. 采购协同云

采购协同云是一个强大的供应链管理工具，专门设计用于解决企业采购过程中面临的种类繁多、跨度大、管理复杂度高以及管理松散等问题。该平台为主机厂和供应商提供了一个共享采购信息的环境，使供应商能够实时了解制造商的需求，并对采购计划做出迅速反应。通过采购协同云，企业可以网上发布和确认采购订单、管理动态物料需求、进行网上物料采购、管理产品生命周期，以及有效地管理供应商和储运商。

采购协同云进一步通过其集中采购智能管理解决方案，协助企业实现精准的采购预算管控和快速的物流反馈，同时为企业的采购降本等经营管理水平提升提供有力的数据支持。使用采购协同云后，企业的采购周期显著缩短，从原来的 15~30 天减少到 7~15 天，采购效率提升了 100%。此外，预算管理准确率提高了 50%，需求采集和集中采购的效率也大幅提升。该平台还实现了对核心供应商的全生命周期管理，使得供应商的响应速度加快，漏单和错单的情况大幅减少。

4. 生产协同云

基于 SaaS 的轻量化配置功能模块及角色设置，生产协同云能够迅速与市面上的主流产品接口对接，从而高效地整合工厂现有的信息系统。这种整合确保了多工厂、多部门以及供应商之间的生产数据能够实现无缝衔接，实时同步共享。企业因此可以实时掌握生产情况，确保信息的准确性和及时性。

生产协同云不仅促进了企业订单从销售到成品出入库的全流程管理，还涵盖了生产管理、仓库管理、物流执行、质量控制和设备维护等关键领域。通过使这些活动紧密协作和对它们的精准管理，企业能够在原材料、能源和信息的转换过程中，对成本、数量、安全和时间等关键参数进行有效协调、指导和追踪。此外，生产协同云还推动了数字化工厂的精益管理，通过对日生产计划的精细拆分和日清日结的高效管理，实现了销售、主计划、生产计划、质量管控、仓库管理和采购管理的全流程业务打通，确保了系统的快速上线和平稳运行。

第8章

营销变阵：
营销主战场由线下转向线上

随着"互联网+"时代的到来，用户的需求更加多元化、个性化，数字化营销成为汽车企业营销投入的热点。营销数字化转型的核心在于利用大数据技术精准洞察用户需求，实现高效转化，并通过数字化客户关系管理系统与用户保持紧密联系。数字化展厅、VR/AR技术等创新体验方式，进一步提升了用户的购车兴趣和经销商的品牌形象，电子商务模式成为用户购车新选择。线上渠道的发展使得用户获取信息更加便捷，但也导致用户行为更加多元化和难以预测，汽车企业需要加快转向以用户为中心的营销模式，不断创新营销方式，提升品牌竞争力，满足现代用户的需求。

8.1 营销数字化定义

营销数字化是一种全新的、适应"互联网 +"时代发展趋势的营销方式。随着科技的飞速发展和用户行为的深刻变革，传统的汽车营销模式已经难以满足现代用户的多元化需求。因此，汽车经销商亟待进行数字化转型，以更好地把握市场机遇，提升品牌竞争力。营销数字化的核心在于以用户为中心，利用先进的大数据技术，对购车用户进行全景画像。这意味着经销商需要收集并分析用户的消费行为、个人喜好、产品忠诚度等多维度信息，从而更精准地洞察用户需求，实现潜在用户的高效转化。同时，数字化客户关系管理系统的建立，使得经销商能够与用户保持更紧密的联系，及时响应用户诉求，增强用户黏性。

在数字化展厅方面，VR/AR 等数字化媒体技术的应用为用户带来了前所未有的看车体验。用户可以通过虚拟现实技术，在店内进行个性化的车辆选配和试驾，享受沉浸式的购车体验。这种创新的展示方式不仅提升了用户的购车兴趣，也进一步增强了经销商的品牌形象。此外，数字化媒体在品牌推广和产品在线营销方面也发挥着越来越重要的作用。经销商通过引入直播、短视频等最前沿的数字媒体渠道，可以迅速扩大品牌知名度，吸引更多潜在用户的关注。同时，线上营销活动的举办也大大降低了营销成本，提高了营销效率。

8.2 营销模式变革趋势

随着线上电子商务平台、社交平台、视频平台等渠道迅速发展，用户获取信息的途径日趋丰富，流畅便捷的线上线下体验、透明统一的价格切中了不少用户的新兴购物理念。传统的营销方式已经无法满足新一代用户数字化、个性化的消费习惯。用户行为与态度的转变，迫使汽车企业的营销模式加快由以经销商为销售中心转向以用户为中心（图 8-1）。

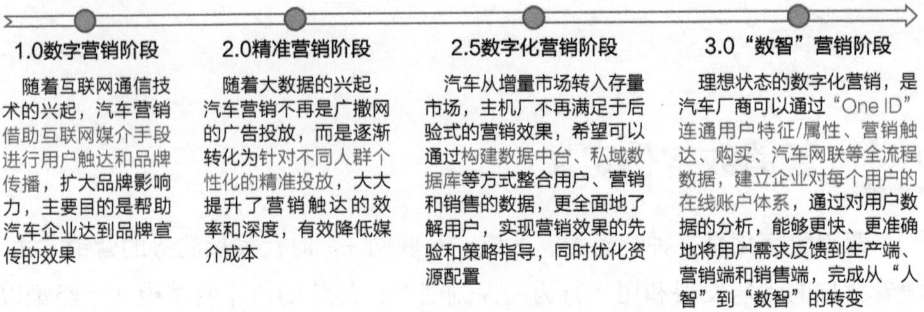

1.0数字营销阶段

随着互联网通信技术的兴起，汽车营销借助互联网媒介手段进行用户触达和品牌传播，扩大品牌影响力，主要目的是帮助汽车企业达到品牌宣传的效果

2.0精准营销阶段

随着大数据的兴起，汽车营销不再是广撒网的广告投放，而是逐渐转化为针对不同人群个性化的精准投放，大大提升了营销触达的效率和深度，有效降低媒介成本

2.5数字化营销阶段

汽车从增量市场转入存量市场，主机厂不再满足于后验式的营销效果，希望可以通过构建数据中台、私域数据库等方式整合用户、营销和销售的数据，更全面地了解用户，实现营销效果的先验和策略指导，同时优化资源配置

3.0"数智"营销阶段

理想状态的数字化营销，是汽车厂商可以通过"One ID"连通用户特征/属性、营销触达、购买、汽车网联等全流程数据，建立企业对每个用户的在线账户体系，通过对用户数据的分析，能够更快、更准确地将用户需求反馈到生产端、营销端和销售端，完成从"人智"到"数智"的转变

图 8-1　汽车营销正由数字化向"数智"营销转变

8.2.1　数字化营销成为汽车企业营销投入的热点

随着我国汽车市场逐渐步入存量阶段，各大汽车企业为了维持并提升销量，开始积极寻找并探索"第二增长曲线"。然而，在这一过程中，汽车企业普遍面临着一些难以忽视的挑战。目前，许多汽车企业在用户线索管理方面存在明显不足，线索留存率有限，且难以实现实时跟踪。这导致潜在用户的流失率增加，影响了销售机会的最大化。同时，汽车企业的营销活动在用户转化率方面也表现不佳，投入大量资源却难以获得理想的转化效果。此外，用户售后体验的不稳定性也是汽车企业面临的一大难题，这直接影响了用户的忠诚度和口碑传播。

为了应对这些挑战，汽车企业纷纷将目光投向了数字营销领域，希望通过对线上渠道的有效利用来突破困境。因此，线上营销投入持续增加，成为汽车企业营销战略中的重要组成部分。然而，汽车作为高价低频的消费品，用户的购买决策过程往往复杂且漫长。这使得单一的线上平台很难独立推动用户完成购车行为，尤其是在缺乏线下体验和支持的情况下。即使是数字化程度较为成熟的汽车企业，在单一的线上平台中也难以充分展现产品的魅力和价值，从而导致难以吸引和留住用户。此外，购车完成后，对用户价值的持续挖掘也成为一个难题。汽车企业需要找到有效的方式与消费者保持联系，提供持续的服务和价值，以实现用户忠诚度的提升和口碑的传播。

然而，大量的营销投入和难以衡量的转化效果使得数字化营销的投资回报率（ROI）提升变得困难重重。汽车企业不仅需要关注营销的投入产出比，还需要不断优化营销策略和手段，以提高用户转化率并降低用户获取成本。

因此，对于数字化较为成熟的汽车企业来说，对营销的要求越来越高。他们首先需要掌握用户的特征 / 属性，通过数字化工具精准投放，实现用户触达，并通过算法进行线索清洗开展用户洞察，辅助门店销售，实现销售转化，最终通过打通数据中台，实现数字化营销链路的闭环（图 8-2）。

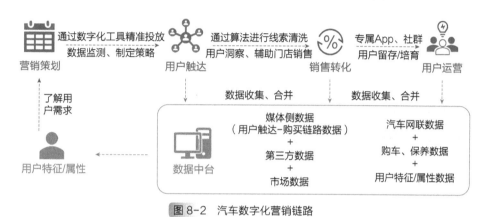

图 8-2　汽车数字化营销链路

汽车企业线上投入增加，对垂直媒体需求升级。汽车企业对线上营销渠道的投入不仅体现在广告预算的增加，更体现在对新兴垂直媒体的重视和利用（图 8-3）。汽车企业通过与这些新兴垂直媒体合作，建立起自己的数字化

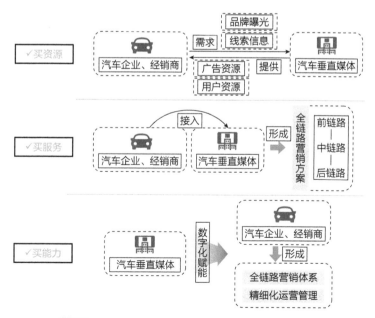

图 8-3　汽车企业加大对新兴垂直媒体的重视和利用

营销体系，以期在激烈的市场竞争中占据有利地位。随着线上营销投入的持续增加，整车企业、经销商等在新车销售环节对垂直媒体的需求也在不断升级。最初，他们可能只是简单地购买资源，寻求品牌曝光和潜在用户的线索。然而，随着时间的推移，这种需求逐渐演变为对全方位服务的需求，包括寻求全链路营销解决方案，以实现从品牌宣传到销售转化的无缝衔接，又进一步升级为对数字化能力的购买。汽车企业和经销商希望通过数字化赋能，实现精细化的运营管理，从而提升营销效率和质量。他们期望通过引入先进的数字化工具和技术，对营销活动的每一个环节进行精准把控，以实现覆盖全链路且提质增效的营销价值。这种转变不仅体现了汽车企业和经销商对市场变化的敏锐洞察，也展现了他们在数字化转型道路上的坚定决心。

8.2.2 电子商务模式成为用户购车新选择

汽车消费在购车渠道方面的偏好和态度也在发生改变（图 8-4）。随着自主品牌的不断崛起，互联网汽车企业（造车新势力）的高歌猛进，我国汽车市场呈现出"群雄逐鹿"的特点，市场竞争激烈。越来越多的厂商开始寻求多元化的销售与推广场景和渠道，比如在商场里增加品牌体验店，以及在综合电子商务平台（简称电商平台）开设官方旗舰店等。艾瑞咨询的数据显示，34.4%的用户倾向于从品牌线上/线下官方直营店购车。整体来看，从电子商务平台购车不仅选车方便、优惠信息获取快速、价格透明，购车流程也受到平台的监督和保证，更具可靠性，约90%的用户看好综合电子商务平台卖车。同时，"618""双 11"等线上购物活动作为促进经济复苏和增长的一股重要推动力，使不少汽车行业商家开始参与其中，加快线上线下的联动与融合。

		升级前	升级后
信息渠道		渠道相对单一 线上：百度、新浪等大型流量平台 线下：门店和传统媒体	购车渠道多元化 懂车帝等垂直媒体；微信、微博等社交平台；抖音等视频分享平台
购买渠道		价格不统一、不透明、选配过程耗时比较长 4S店试驾、购车	购车方便、品类丰富、配置选择方便快捷、支持自主选配 直销平台、电子商务平台、直播平台等线上选购
互动渠道		难以实现相互分享推销 购车后使用体验分享渠道少，用户相对独立、品牌集成度低	线上互动形式多样 通过线上平台与朋友、关键意见领袖（KOL）、品牌、经销商等进行分享、二次创作等互动

图 8-4　用户购车行为变迁

8.2.3 用户信息来源更趋多元

近年来,汽车消费者在购车前收集信息的渠道呈现出多元化的趋势。传统的汽车垂直媒体和 4S 店虽然依旧是大多数用户获取汽车相关信息的主要渠道,但随着自媒体的蓬勃兴起,新兴平台如抖音、快手、小红书等正逐渐成为消费者获取汽车信息的新选择。在这些平台上,汽车垂直领域的内容不仅数量庞大,而且形式多样,包括专业评测、用户体验分享、购车指南等,为消费者提供了更为丰富和全面的汽车信息。与传统渠道相比,这些新兴平台的内容更具表现力和吸引力,能够以更加直观、生动的方式展现汽车的特点和优势。

从细分人群来看,18~25 岁的年轻人群在获取汽车信息时表现出明显的差异化特征。他们更倾向于从爱奇艺、优酷、腾讯视频、哔哩哔哩等视频网站以及抖音、快手等短视频网站获取汽车信息。这些平台以轻松、有趣的方式呈现汽车内容,更符合年轻人的口味和偏好。值得注意的是,女性用户在获取汽车信息时也展现出独有的特征。由于女性用户对新媒体的接受度更高、使用更频繁,她们更倾向于从短视频平台、社交分享平台、综合电子商务平台等新型平台中获取汽车相关信息。这些平台提供了更为便捷、个性化的信息获取方式,满足了女性用户对汽车信息的多样化需求。

8.2.4 自媒体对用户决策的影响力不断提升

汽车消费对大多数家庭而言都是重大的经济决策,因为它不仅涉及大量资金支出,还直接关系到生活质量和出行便利性。在购车前,用户的信息收集过程大致可分为三个阶段。首先,用户会根据预算广泛收集市场上的汽车品牌和车型信息,通过汽车垂直网站、亲友推荐和搜索引擎等多元化渠道,筛选出符合预算和需求的意向车型。接下来,进入更为深入的对比评估阶段,用户会关注车型的具体功能、配置、口碑等信息,并倾向于从专业汽车博主、车友群和自媒体等集中化渠道获取专业知识和真实评价。最终,在线下试驾阶段,用户通过预约官方渠道或本地经销商,亲身体验不同车型的驾驶感受,为购车决策画上完美句点。

试驾过程尤为关键,它是用户从线上获取信息走向线下实际体验的重要环节。通过亲自驾车，用户能更直观地感受车辆的性能、动力、操控和舒适度等各方面的表现，同时也能更深入地了解车内氛围和品牌价值。这种全方位的体验，不仅帮助用户验证了之前收集的信息，也为他们提供了最终决策的重要依据。在整个购车过程中，用户的信息收集和试驾体验相互补充，共同构成了他们做出明智购车决策的基础。

8.2.5 服务商类型多元化为汽车企业数字化营销提供更多选择

相比传统以广告商、销售商为主的营销模式，营销数字化服务供应商类型更加多元，涵盖传统营销主体以及平台、咨询服务等新型营销主体，为汽车企业数字化营销策略的实施提供更多选择。汽车营销数字化的关键在于打通数据壁垒，融通多元数据，实现用户全景洞察。各类型服务商之间既有数据、资源和技术之间的合作，又有业务的竞争。各服务商与汽车企业进行安全、紧密的数据交流和打通，是实现用户全景洞察的关键，也是营销数字化的基础。

（1）平台类服务商

平台类服务商凭借自身强大的资源优势和技术优势，为主机厂提供多角度、个性化服务，定制专属广告投放策略。通过 AI 技术、算法分析，助力汽车企业深化内容营销效果，构建"人–场景–内容"一体的精准营销体系，以内容加深品牌认同，促进购车决策，实现更好的效果营销。在以用户为起点的营销体系中，平台全方位的大数据与企业实现数据共建，帮助企业更进一步了解潜在客户及现有用户的售前、售后服务需求。例如京准通坐拥京东和腾讯的海量资源，借助强大的技术优势，为企业构建了多场景、便捷、高效的全网营销体系。

（2）广告公司

随着主机厂需求的变化，广告公司的营销方式也从传统的线上营销转变为数字化营销，利用大数据监测平台、数字化工具等升级营销服务。从策略规划的角度，帮助企业构建数字化营销的链路，查漏补缺，完成用户到销售链条数据整合。在执行层面，为主机厂提供媒介策略、效果营销策略、品牌营销策略、公关执行策略、用户运营策略、社会化策略、数据管理平台搭建等方面的服务。在创意技术方面，借助 VR、AR 等手段为主机厂提供内容策划、智慧化营销等。合作模式方面，一是与主机厂策划或市场部门对接；二是与其他服务商，如头部媒体平台合作，获取传播渠道和数据资源，或与下游供应商合作，由广告公司提供方案与策划，再由下游公司协助完成执行落地。

（3）媒体类服务商

媒体类服务商以强大的公域资源和运营方式，帮助企业实现品牌＋用户＋数据一体的资产孵化体系，加深品牌与用户的契合度。通过数据反哺，实现 C2M 模式的共创，以用户需求反向定制营销和服务。利用平台资源，实现内容＋互动的全方位触达，拓宽企业的潜在客户资源储蓄。媒体类服务商提供多种工具及方法，助力企业实现私域运营，盘活私域用户资源，发挥粉丝价值，为品牌持续创收，储蓄存量市场用户资源。合作模式方面，一是与主机厂市场部门对接；二是与广告公司合作提供媒介渠道和精准投放策略；三是与监测和咨询类服务商合作，聚合用户数据资源，实现"One ID"数据打通。

（4）系统搭建类服务商

系统搭建类服务商为主机厂提供营销数字化解决方案、云服务、营销工具、数据平台搭建及专业服务，打造汽车产业链上下游和跨行业融合的数字化生态体系平台，赋能汽车行业数字化。帮助企业建立用户–营销–供应商–售后服务贯通的数字化管理平台，打通内外部数据通路，以数据驱动决策，实现决策"有数可依"，分析用户"有数可察"。合作模式方面，一是与主机厂技术部门对接，二是与广告公司合作提供数据平台搭建服务，三是与同类供应商合作协同开发。

（5）零售企业

以京东零售为代表的零售企业，凭借自身的优质用户资源和技术能力优势为汽车企业数字化营销、数据、监测各环节赋能，实现企业的"数智化"全域营销策略升级。依托线上电子商务平台、线下门店等零售场景，构建整车线上线下交易链路全闭环，形成用户看车、买车、交车、用车的一站式新品全生命周期解决方案。合作模式方面，一是与主机厂市场、策划部门对接；二是与平台类服务商合作，借助平台类服务商资源补充站外媒体资源。

（6）监测咨询类服务商

监测咨询类服务商具备较好的行业分析、数据监测以及数字化方案制定能力。依托深耕于汽车行业，帮助主机厂构建用户行为监测系统，接入各用户触点平台数据，串联用户全域行为，构建完整的用户数据标签体系。同时，打通用户从认知到忠诚的行为转化链路数据，监测各环节的关键点，帮助企业实现用户精细化运营，及时洞察客户需求，分析用户转化机会点。合作模式主要是与主机厂决策、技术部门对接，提供前期的战略咨询、数字化营销策略等一系列服务。

8.2.6 数字化营销模式下用户行为更加难以预测

汽车内容平台在移动互联网时代已成为用户获取营销信息的主要渠道，同时也是汽车互联网产业价值链中不可或缺的核心环节，更是销售线索的主要来源。这一切的基础，都建立在用户行为变迁之上。随着网络内容的日益丰富和多元化，用户的线上行为习惯逐渐稳固，他们越来越依赖于通过线上场景来获取信息，进行比较和决策。

为了获取更全面、更真实的汽车资讯，大多数用户不再仅仅依赖单一的信息渠道。相反，他们会通过社交媒体、视频平台、资讯网站、直播互动等多种渠道来浏览更多内容，进行更深入的车型对比，参与更多的搜索和互动，最终实现留资转化。以懂车帝平台为例，从线索来源的最后一次点击入手，逆向拆解用户的转化路径，可以发现线索来源极其分散，转化链路错综复杂。这意味着在任何一个环节出现断点，都可能对最终线索的获取产生不利影响，也使得汽车企业和垂直媒体在研判用户行为时面临更大的挑战。

在这种背景下，汽车内容平台需要不断优化用户体验，提高内容的质量和多样性，同时加强跨平台的合作与整合，以适应用户行为的变化和市场的需求。只有这样，才能更好地把握移动互联网时代的机遇，推动汽车互联网产业的持续发展。

8.3 营销数字化应用场景

汽车企业线上线下融合，打造一站式购车新体验。在当今的数字化时代，线上营销已成为企业不可或缺的一部分。对于汽车企业而言，在利用线下经销商网络的同时，整合线上资源，构建企业自有的电子商务平台显得尤为重要。这一平台不仅是一个产品展示和销售的窗口，更是企业与用户之间建立紧密联系的桥梁。通过搭载于第三方平台的官方运营账号以及企业自身的电子商务门户，汽车企业能够实现线上线下无缝对接，为用户提供从产品咨询、选购到售后服务的一站式解决方案。这种模式的运用，不仅提升了用户的购车体验，也提高了企业对市场需求的把握能力和响应速度。

社交媒体与直播营销的创新应用。随着新媒体时代的迅速兴起，汽车企业为了保持与时俱进，纷纷紧跟潮流，积极投身于基于微信、微博等社交媒体的营销新战场。这些社交媒体平台不仅汇聚了庞大的用户群体，形成了坚实的用户基础，而且其高度的互动性和传播性也为汽车企业带来了前所未有的营销机遇。通过精心策划和创意呈现的内容输出，汽车企业得以在这些社交媒体平台上宣传品牌理念、展示产品优势，并与用户建立起紧密而富有成效的互动关系。无论是发布引人入胜的产品广告，还是分享有趣有料的行业资讯，抑或是组织别开生面的线上活动，汽车企业都能借助这些平台吸引用户的目光，激发用户的兴趣，进而提升品牌知名度和美誉度。此外，线上直播营销作为一种新兴的营销方式，也逐渐成为越来越多汽车企业的新宠。抖音、快手、斗鱼等直播平台以其直观、真实、互动的特点，为企业提供了与用户实时互动的全新场景。通过直播展示产品特点、解答用户疑问、分享使用心得，汽车企业不仅能够有效吸引用户流量，还能将这些流量转化为有价值的交易线索，为企业的销售业绩注入新的活力。

短视频营销与用户触点的多元化。在当下这个多元化的营销环境中，短视频平台如抖音、哔哩哔哩等异军突起，成为营销领域中的一股重要力量。这些平台以其特有的短小精悍的内容形式，成功捕获了大量年轻用户的注意力，对于汽车企业来说，这无疑是一个极具潜力的市场（图 8-5）。为了充分利用这一市场机会，许多汽车企业开始尝试通过制作富有创意和吸引力的短视频来传递品牌信息和产品亮点。这些短视频或展示汽车的炫酷外观，或介绍其独特性能，或讲述与汽车相关的有趣故事，总之，它们以各种各样的方式成功吸引了目标受众的眼球。这种通过短视频平台进行营销的方式，不仅大幅提升了品牌的知名度和美誉度，使得更多的人开始关注和喜爱这些汽车品牌，而且通过与用户构建多元化的触点连接，如评论互动、点赞分享等，进一步加深了用户对品牌的认同感和忠诚度。这种认同感和忠诚度的提升，无疑为汽车企业带来了更多的市场机会和竞争优势。

图 8-5　各类线上渠道示例

注：资料来源于罗兰贝格。

　　构建以客户为中心的数据资产管理平台。 在精准营销领域，随着市场竞争的日益激烈和客户需求的多样化，企业正致力于打造一个以客户为中心的数据资产管理平台。这一平台的核心任务是全面整合并深度优化客户数据，确保每一条信息的完整性和准确性，从而为企业后续的营销决策提供坚实的数据基础。为了实现这一目标，企业必须打通各个关键任务之间的数据壁垒，促进信息的共享与协同。通过构建一个统一、高效的数据管理系统，企业能够实时掌握市场动态和客户需求的变化，更加灵活地调整营销策略和产品方案。这种柔性处理机制不仅大幅提升了企业的响应速度，使其能够迅速抓住市场机遇，还显著增强了企业适应复杂市场环境的能力，使其在激烈的市场竞争中始终保持领先地位。依托对新技术的应用，如大数据分析和云计算等先进技术，企业能够高效地处理和分析海量数据，挖掘出隐藏在数据背后的深层次价值。这些价值不仅为企业提供了精准营销的决策依据，还帮助其更加深入地了解客户需求和行为习惯，从而为客户提供更加个性化、精准的产品和服务。此外，为了进一步提升运营效率和服务质量，企业还积极构建业务中台。业务中台作为连接前台与后台的桥梁和枢纽，承担着数据交换、业务处理、决策支持等重要职能。通过业务中台的建立，企业能够更加顺畅地推进各项业务，实现内部资源的优化配置和业务流程的高效运转。同时，业务中台还为客户提供了更加便捷、高效的服务体验，进一步提升了企业的客户满意度和忠诚度。

设计客户标签体系与深度洞察客户行为。为了更全面地掌握客户的各方面信息并优化服务，企业需要积极建立客户信息库，并设计出一套细致入微、科学合理的客户标签体系。这一体系的核心在于从多个维度出发，对客户进行细致的分类和准确的标识，涵盖消费习惯、兴趣爱好、职业背景等诸多方面。通过对这些客户数据的深度挖掘和系统分析，企业可以逐渐描绘出每一类客户的清晰画像，深入洞察他们的消费偏好、需求特点以及潜在需求。这些宝贵的洞察不仅能够帮助企业更准确地理解市场动态和客户需求，还能够指导企业精准地推荐最适合客户的产品和服务，从而大幅提升营销效果和客户满意度。同时，企业的客服团队也可以充分利用这些客户信息，为客户提供更加个性化的服务推荐。无论是售前咨询、售后服务还是日常关怀，客服团队都能够根据客户的特征和需求，提供量身定制的服务方案，进一步提升客户体验，增强客户对企业的好感和信任。这种以客户需求为导向的营销策略，不仅能够帮助企业更好地满足客户的期望和需求，提升销售业绩，还能够使企业在激烈的市场竞争中脱颖而出，赢得客户的忠诚和长期支持。通过持续优化客户服务和营销策略，企业可以与客户建立起更加紧密、持久的关系，为企业的长远发展奠定坚实的基础。

依托新技术打造一体化的产品服务生态圈。在数字化浪潮席卷全球的今天，企业面临着前所未有的竞争压力和市场变革。为了在这场变革中保持领先地位，企业需要不断创新营销手段和服务模式，寻找新的增长点并持续优化客户体验。在这个过程中，对大数据、云计算、人工智能等先进技术的运用成为企业转型升级的关键。依托这些技术，企业可以构建一个一体化的产品服务生态圈，将原本孤立的产品和服务通过数字化手段紧密连接在一起，形成一个闭环的生态系统。在这个生态圈内，企业可以为客户提供全方位、一站式的解决方案，满足他们在各个层面上的需求。为了不断提升生态圈内的服务质量和产品性能，企业需要通过运营管控提升和产品创新等途径来持续优化和完善。运营管控提升可以确保企业内部各项流程的高效运转，降低运营成本，提升服务响应速度；而产品创新则是企业保持竞争力的核心，只有不断推出符合市场需求的新产品和新服务，才能持续吸引客户并保持领先地位。这种一体化的产品服务生态圈不仅提升了企业的整体竞争力，使企业在激烈的市场竞争中占据有利地位，还为客户带来了更加便捷、高效的服务体验。客户不需要在不同的供应商之间来回奔波，只需一个平台就能解决所有问题，大大提高了客户的工作效率和满意度。同时，企业还需要与产业链上下游的企业建立紧密的合作关系，共同打造一个更加完善的产业链。通过与上游供应商和下游客户的深度合作，企业可以实现产业链的延伸和利润增长，共同推动整个产业的繁荣发展。这种合作模式不仅可以降低企业的运营风险，还可以提升整个产业的竞争力，实现共赢的局面。

8.4 案例分析

8.4.1 懂车帝用户洞察数字化探索

新能源汽车领域作为汽车行业新兴领域，相比稳定的传统汽车市场存在更多的变数，新势力品牌、国际品牌的发力等因素使得新能源汽车市场的竞争日趋白热化。实现更加精准的市场需求把控，实施更具针对性的营销解决方案，离不开对消费个体需求信息的及时汇集，以及基于消费者大数据的营销端数字化支撑体系。懂车帝作为一个帮助汽车用户了解汽车产品的汽车资讯平台，其内容生态中每年的内容阅读量已突破千亿量级，为开展新能源汽车用户洞察奠定了坚实基础。

1．新能源汽车用户行为和购买偏好洞察

（1）新能源汽车用户行为评价 5A 度量体系

用户运营的关键就是如何持续拉近品牌与用户之间的连接关系。基于对于新能源汽车用户行为和购买偏好的深入洞察，懂车帝构建了一套有别于传统漏斗模型的用户行为评价体系——5A 度量体系，旨在更加客观、精准地反映用户品牌偏好和购买意向（图 8-6）。5A 度量体系还原了用户与汽车品牌的关系，包括感知品牌（Aware）、对车产生好奇（Appeal）、询问各种买车要考虑的因素（Ask）、最终行动购车（Action），并成为品牌拥护者（Advocate）。

5A 度量体系应用在具体实践领域，即可针对汽车产品从预热发布到上市交付的全周期"对症下药"，探讨不同阶段用户的核心诉求与汽车企业的营销策略，打造品牌的完美成长曲线。同时，依托于大量沉淀数据，5A 度量体系一方面可以分析用户偏好及需求痛点，为全新换代产品提供数据信息支撑与营销策略库。在关键节点，度量体系能够识别各维度因素，达成高效营销的目的。

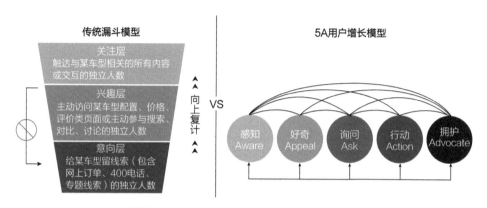

图 8-6　懂车帝用户行为评价 5A 度量体系框架

（2）新能源汽车用户需求和用户特征分析

基于 5A 度量体系，以及懂车帝懂知行商业数据平台的数据分析能力，懂车帝对用户在选择新能源汽车和传统能源汽车时的需求偏好和行为差异进行了全面分析，发现更多用户开始在新能源汽车与传统能源汽车之间进行对比选择。从用户在不同能源类型汽车之间的对比行为分布看，随着新能源汽车产品力的提升和车型的不断丰富，用户对新能源汽车的选择意愿越来越高。用户不仅在新能源车型之间进行对比选择，也会在新能源汽车与燃油汽车之间进行对比（图 8-7）。

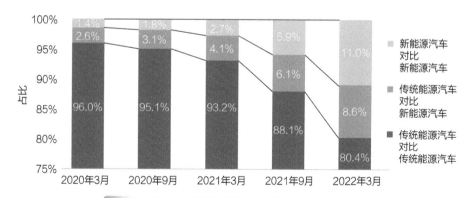

图 8-7　用户对不同能源类型车型的对比倾向趋势分析

限购城市的新能源汽车购买意愿更高。在燃油汽车限购地区中，海南省用户购买新能源汽车的意愿最为强烈。2030年起，海南将全面禁止销售燃油汽车。政策导向也影响了用户购车的预期与选择。在燃油汽车限购城市中，杭州、深圳用户对新能源汽车的接受度最高（图8-8）。

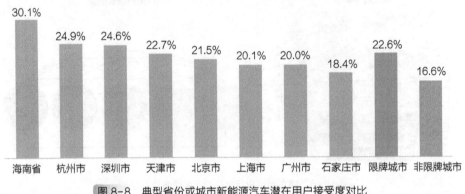

图8-8 典型省份或城市新能源汽车潜在用户接受度对比

刚需一族对新能源汽车的购买意愿更高。对于用户购车选择，婚姻状况和子女情况是有一定影响的。已婚用户对新能源汽车的接受度相对较高，21.8%的潜在用户考虑购买新能源汽车。而已婚并有学龄前子女的用户对新能源汽车的接受度更高，达到25.1%。相对而言，燃油汽车限购城市用户对新能源汽车的接受度明显更高，已婚且有学龄前子女的用户的接受度可达到32.4%。非限购城市中已婚并且育有未成年子女的用户，对新能源汽车接受度也相对较高（图8-9）。

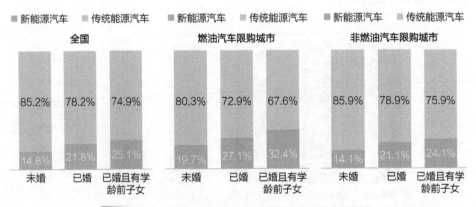

图8-9 婚姻和子女状况对用户新能源汽车接受度的影响

"90 后"成为新能源汽车购买主力。有购车需求的用户中，30 岁以下的"90 后"人群成为传统能源汽车和新能源汽车的购买主力，占比均超过 25%，超越"80 后"人群。相较于传统能源汽车，"90 后"人群对新能源汽车购买意向更高（图 8-10）。

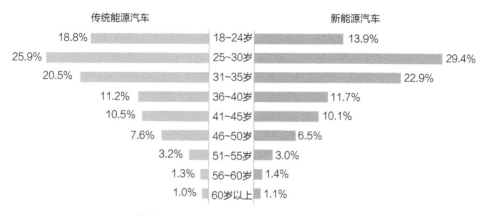

传统能源汽车　　　　　　　　　　　　新能源汽车

	传统能源汽车	年龄	新能源汽车
	18.8%	18~24岁	13.9%
	25.9%	25~30岁	29.4%
	20.5%	31~35岁	22.9%
	11.2%	36~40岁	11.7%
	10.5%	41~45岁	10.1%
	7.6%	46~50岁	6.5%
	3.2%	51~55岁	3.0%
	1.3%	56~60岁	1.4%
	1.0%	60岁以上	1.1%

图 8-10　分年龄层次用户购车意愿分布情况

新能源汽车潜在用户预算相对更高。与传统能源汽车相比，打算购买新能源汽车的潜在用户购车预算相对更高，预算在 30 万元以上的占比要高于传统能源汽车的潜在用户（图 8-11）。

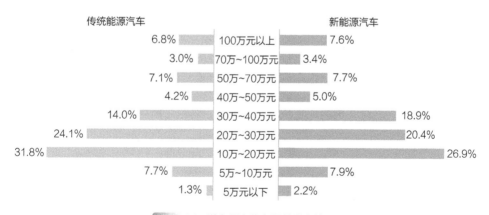

传统能源汽车　　　　　　　　　　　　新能源汽车

传统能源汽车	预算	新能源汽车
6.8%	100万元以上	7.6%
3.0%	70万~100万元	3.4%
7.1%	50万~70万元	7.7%
4.2%	40万~50万元	5.0%
14.0%	30万~40万元	18.9%
24.1%	20万~30万元	20.4%
31.8%	10万~20万元	26.9%
7.7%	5万~10万元	7.9%
1.3%	5万元以下	2.2%

图 8-11　潜在用户购车预算分布情况

分品牌类型看，打算购买豪华品牌新能源汽车的用户，购车预算在 30 万元以上的占比明显更高。中国品牌新能源汽车潜在用户的购车预算已经与主流外国品牌潜在用户基本相当，仅在 20 万~30 万元区间略低。可见，在新能源汽车领域，中国品牌已经取得了接近主流外国品牌的溢价能力（图 8-12）。

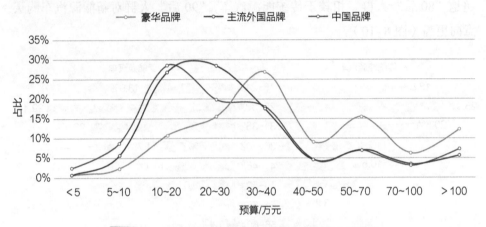

图 8-12　不同目标品牌类型潜在用户购车预算分布情况

　　除了续驶里程和充电，新能源汽车用户更关心配置与安全性。无论是购买传统能源汽车还是新能源汽车，用户最关注的因素都是价格。购车预算决定了用户购车的选择范围，是购车的第一考虑因素。此外，外观、动力性、操控性、配置都是较为重要的因素。与传统能源汽车用户相比，新能源汽车用户对智能化更加关心，但对用车成本的关心程度明显降低。另外，续驶里程和充电便利性，是新能源汽车用户特有的关注因素（图 8-13）。

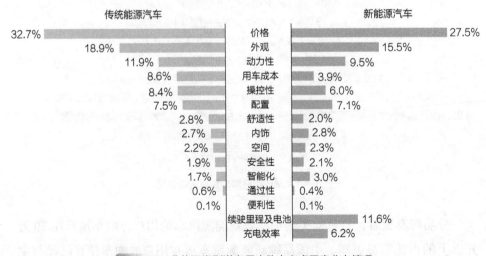

图 8-13　分能源类型潜在用户购车考虑因素分布情况

2. 基于新能源用户需求进行有针对的内容和产品优化

为进一步提升在新能源汽车领域的专业度，同时更好地满足用户在新能源汽车选买过程中的需求痛点，在营销内容和产品层面，懂车帝进行了三方面能力建设。一是信息供给能力建设，即围绕用户对新能源汽车的关注点和对未来趋势的判断，满足用户的阅读需求；二是内容信任能力建设，即提升内容质量，进而提升用户信任度；三是效率能力建设，即解决用户困扰，通过内容结构和页面优化，提升用户获取内容的效率。

（1）探索并形成全面客观的新能源汽车评测体系

目前行业内主流的汽车评价体系普遍基于传统燃油汽车打造，并不能全面体现新能源汽车产品的真实性能。此外，用户在选车、购车过程中存在一些需求痛点，也得不到有效满足。

基于以上因素，懂车帝与行业内相关权威机构一起，在新能源汽车领域进行了深入研究探讨，结合用户购车时关注的续驶里程、性能等问题构建了完整的新能源汽车产品评测体系，并基于新能源汽车续驶里程表现受季节、地点等因素影响显著等特点，开展夏季和冬季两大测试项目，形成多维度产品性能差异化评价体系。

（2）为用户提供丰富的新能源汽车"看、选、买"参考工具

基于新能源汽车夏季和冬季测试项目的测试结果，结合日常产品评测和海量新能源汽车用户在实际用车过程中的真实反馈，懂车帝进一步提升在新能源汽车"看、选、买"环节的参考工具功能，通过提供多维度的结果分析查询和排名显示，为新能源汽车用户看车、选车及买车决策提供客观依据和真实参考。

一方面，懂车帝通过车型库的快速升级迭代，不断丰富和更新内容，方便用户全面了解各款新能源车型的参数性能；另一方面，懂车帝也不断改进其作为"看、选、买"参考工具产品的性能，方便新能源汽车用户查阅及决策。用户可针对城市、季节、车型车款进行精准查询，可更清晰地了解车辆的实际续驶里程情况。

3. 基于5A度量体系的全链一体化新能源汽车营销模式

针对汽车用户线下看车、选车、买车行为逐步向线上迁移，以及年轻用户对直播等数字化营销手段接受度更高等趋势，懂车帝通过构建5A度量体系

并建立以品牌增长为导向的全链一体化营销模式，对新能源汽车用户进行深入洞察，锚定用户从购车意向、决策到行动的全过程，为整车企业提供精准化指导策略（图8-14）。

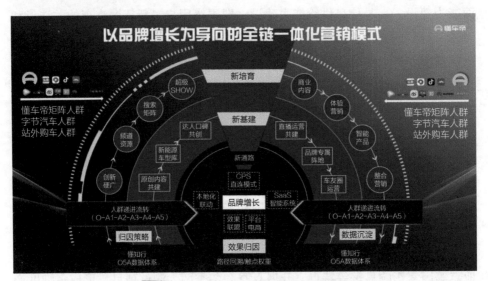

图8-14　懂车帝全链一体化营销模式架构

注：资料来源于懂车帝。

一是在销售前期持续打造"直播＋电商"模式，建立起品牌与用户的线上高效连接，基于网络前端精准获取目标客户。在品牌热度提升及口碑塑造方面，主要通过公众原创（OGC）权威定调背书拔高品牌价值、专业原创（PGC）达人场景极限测试锐化产品优势、用户原创（UGC）真实车主代言等方式，打造汽车品牌名片的内容基石。

二是基于大数据技术手段，建设专属的新能源商业体系助力汽车品牌用户培育。在目标人群锁定方面，主要通过将目标品牌与高热度竞品捆绑对比、基于核心算法加大全口径车型解读（OPU）内容推送权重、PGC内容智能加热等方式广泛培养用户。

三是独有的企业开放平台全面提升品牌的用户服务能力。核心提供系统化运营及管理后台，基于O5A数据能力提供丰富的数据看板，以数据驱动运营，结合专项运营支持，促进品牌与懂车帝生态的深度融合，激励品牌深度长效经营用户。

四是以卖车通为核心的新渠道体系实现渠道精准对接，提升产品成交时效。

平台一方面为整车企业和经销商提供真实、高质量的信息，另一方面，平台基于大数据分析手段，针对新能源汽车经销商在实际经营中的痛点进行链路诊断，输出有针对性的解决方案。目前，懂车帝的线索成交率、用户到店率、线索有效率持续处于行业领先水平。

在前端，通过直播＋电商模式，懂车帝可助力品牌与客户连接，精准对接核心用户；在后端则依托卖车通，实现对渠道端的精准赋能，高效促进销售转化。在此基础上懂车帝已经先后与小鹏汽车、一汽－大众、上汽乘用车等企业合作，在新品牌上市预热及宣传造势等方面取得显著成效。在夯实小鹏汽车品牌及产品价值方面，懂车帝打造了内容基石－智能提效－电商收口方式，全链赋能小鹏汽车品效合一，提升了小鹏汽车品牌在懂车帝平台的用户服务能力；针对一汽－大众 ID 系列营销体验提升方面，懂车帝先后联动平台举办热门车型试驾日新能源专场、全口径车型解读、用户试驾体验等活动；在服务智己 L7 车型的上市预热及营销路径方面，懂车帝通过预热期前置铺量抢先布局、PGC 内容智能加热等方式，广泛培育新用户，在车型上市期间，通过广告营销加内容推送等多种方式渗透不同类型的人群，并精准锁定目标人群。

8.4.2　北汽集团"4C+P"的数字化营销策略

为了更好地在数字化时代开展创新营销，北汽集团在 4C 营销理论的基础上，提出"4C+P"的数字化营销策略。4C 就是消费者／用户（Customer）、成本（Cost）、便利（Convenience）和沟通（Communication），P 就是数字化平台（Platform）。这一营销体系正是瞄准用户需求，关注用户愿意支付的成本，以为用户提供全方位的便利为目标，重视与用户的双向沟通，从而搭建具有北汽特色的数字化营销平台，旨在提供智能高效的底层架构和干事创业的创新环境，实现客户、经销商和主机厂的多方共赢。

一是聚焦用户，洞悉用户心理。北汽集团营销系统以及经销商将主动围绕用户开展社群聆听、网络画像、同理心研究等工作，洞悉消费心理、个性特征，设计相应的营销策略，激发用户的消费动力，满足购买欲望，并培育出忠诚的用户。

二是聚焦成本，把钱花在刀刃上。汽车行业的盈利空间越来越小，粗放式传统营销花费巨大却收效不明显，已经成为业内共识。因此，整车企业需要针对目标消费群体的特点和需求实施差异化的数字化营销，开展精准营销，并制定量化的数字化营销指标，做好滚动管理。在具体执行过程中，要遵循营销活动的流程，即事前测试、事中监督、事后评估。要建立一套数字化营销的评价指标体系，做好精准营销投放的 ROI 分析，客观评价营销活动的效费比，为科学合理设定数字营销的销量目标提供依据。

三是聚焦便利，为用户提供超乎期待的便利条件。要进一步强化线上 + 线下合力营销，打通线下与线上相结合的新零售模式。例如，采用线上 VR 智能展厅等新型数字化工具，打造线上互动分享直播平台，直播讲车，在线比车、评车，优化购买体验；线上平台引入社群模式，打造客户社交平台，收集客户偏好，有针对性地提供更精准的产品和服务推送等。要打造厂商一体化销售服务体系，进一步赋能经销商。整车厂要与经销商一起研究开发统一的移动化解决方案，依托经销商开展标准化上门服务，为客户提供上门试驾、上门置换评估等服务，将传统的 4S 店交易场景从线上移到家中；开启用户在线完成各项服务的网上预约窗口，为用户提供便捷、统一的后续上门或店内服务。而对于一些拥有自主线上销售能力的经销商集团，整车企业也要提供流程规范和技术支持。要做差异化数字化营销，各企业、各品牌要根据自己的品牌特性和资源禀赋，选择合适的数字化营销发展路径，适合建网站的就建购车网站，适合开发微信小程序的就开发购车小程序，适合做 App 的就加大 App 推广力度，在满足用户需求的前提下，鼓励百花齐放。要力推营销活动创新，比如在售前端，利用数字化手段，对原有的销售线索进行更高质量的精细化管理，通过电话和网络与高潜力用户保持密切的沟通联系，优化流程，促进转化。在售后端，不断提升自身的用户服务能力，考虑推出零接触的线下养护服务、在线诊断、在线续保等定制化服务。

四是聚焦传播互动创新，触动用户的兴奋点。北汽通过全面梳理客户不同时间、不同场景的触点，利用线上线下无缝连接的沟通方式，借助微信、微博和抖音等互联网工具进行社交裂变，与用户进行积极有效的双向沟通，实现有效的市场推广和集客，同时，在用户的心目中树立良好的品牌形象。在数字经济时代，内容的质量更加重要。一份好文案、好内容，不仅仅来自创意的汗水和绝妙的灵感，更有科学的内容生产、分配投放、评估及改进这一整套流程来支撑。做内容营销要专注，瞄准特定目标群体，同时要打造足够优质的内容。

五是聚焦数字化平台，推动营销创新工作的升维破局。北汽集团将打造北汽数字化营销、库存、配件、客户管理等数据平台，打通数字化信息"最后一公里"。平台将立足于以客户为中心的理念，满足经销商对客户服务的数字化创新支撑需求，满足主机厂对经销商管理的数字化创新支撑需求，打造包含主机厂、经销商、供应商、合作伙伴以及用户的全域生态系统。前端将连接车主生态、经销商服务，拓宽潜在客户渠道，发挥私域生态流量优势。内部将集成企业级呼叫中心、车辆监控平台、电子商务平台、车主 App 等全车主生态应用，打造客户数据平台，实现更加精准的客户营销和客户运营。

第 9 章

流通跟进：
二手车、后市场全面
线上＋线下

汽车流通数字化是运用数字技术对汽车销售、二手车交易和改装等环节进行改造与提升的重要手段。在二手车交易中，数字化平台能确保买卖双方快速获取全面的信息，提升交易透明度，降低信息不对等产生的风险。而在改装市场，数字技术允许用户进行虚拟预览与定制，满足用户的个性化需求，并确保改装效果符合预期。总体来看，数字化在汽车流通中的重要性表现在提升效率、减少中间环节以降低成本、通过数据驱动为用户提供更加精准的服务体验。此外，数字化工具还有助于加强后续的客户关怀和服务跟踪，有利于构建更紧密的客户关系，使汽车行业更能满足现代客户的快速、便捷与个性化的服务需求。

9.1　流通数字化定义

汽车流通数字化是指对汽车企业、4S 店、二手车商、新车二级经销商等各产业流通节点核心资产（如人、货、场）进行的数字化改造，以构建高效协作的网络并推动汽车产业数字生态建设。在这个过程中，通过联合流通领域相关资源方，可以构建诸如新车流通协作网、二手车流通协作网、金融＋产业协作网、流通＋产业协作网四大协作网络，以实现资源的优化配置和高效利用。

同时，数据被用来赋能每一个关键节点，通过智能技术提升效率，包括智能匹配、智能应答和智能分析等方面。例如，智能匹配可以实现货源与客源、资金与场景的精准匹配；智能应答可以利用智能机器人代替人工进行客户来访和购车后的回访等工作，从而提升行业效率；智能分析则可以对大量的用户数据和信息进行采集和分析，推动汽车产品的改良和智能化供应体系的搭建。

9.2　二手车数字化挑战与机遇

我国二手车行业数字化与新车营销数字化基本同步启动，均源于互联网，尤其是移动互联网平台的快速兴起。二手车用户选车线上化特征明显，线上渠道已经成为二手车购买用户获取信息的最重要的渠道。

9.2.1　二手车行业数字化应用的需求

夯实企业运营和发展的大数据基础。对于二手车经销商而言，夯实企业运营和发展的大数据基础是至关重要的。推动行业数字化转型不仅能够提升企业的运营效率，还能为企业发展提供有力的数据支撑。通过系统地规范从收车到卖出的整个流程，以及完善客户信息管理和售后服务的各个环节，可以建立起全链路数据的采集和整合体系。这样一来，企业就能够获取到有关车辆状况、市场需求、客户偏好等多方面的宝贵数据，从而更好地把握市场动态和客户需求。这些数据将成为企业制定营销策略、优化库存管理、提升服务质量等方面的重要参考，为企业的持续健康发展奠定坚实的基础。

提升客户信赖水平和黏性。 在二手车行业中，提升客户的信赖水平和黏性对于企业的长期发展至关重要。通过对二手车车辆信息进行全过程精细化管理和治理，企业可以确保车辆信息的准确性和完整性，从而为客户提供更加精准和透明的信息服务。这将有助于打消客户在购车过程中的疑虑和不安，增强客户对于企业和产品的信任度。此外，透明的信息展示还有助于扭转社会对二手车行业的负面认知，提升整个行业的形象和声誉。当客户在购车和售后服务过程中获得了良好的体验和满意度时，他们将更有可能成为企业的忠实客户，为企业带来更多口碑宣传和复购客户，从而进一步拓展客户群体规模。

大幅降低企业运营成本。 通过数据收集和分析，二手车经销商可以更加准确地把握用户的需求和行为特征，这对于提高企业的运营效率和降低运营成本具有重要意义。首先，通过了解用户的购车偏好、价格敏感度、服务需求等信息，企业可以更加精准地进行车辆采购和库存管理，避免库存积压和资金占用。其次，在销售过程中，企业可以根据用户的需求变化灵活调整销售策略和定价机制，提高车辆的周转效率和销售业绩。最后，在售后服务方面，通过对用户反馈和投诉数据的分析，企业可以及时发现服务中的问题和不足，并进行改进和优化，从而提升用户的满意度和忠诚度。这些举措共同作用，将大幅提高企业的可使用资金周转率，降低运营成本，并最终实现经营效益的提升。

9.2.2　二手车行业数字化应用的困境

我国二手车市场虽然已发展成为万亿元级市场，但长期缺乏行业标准导致市场混乱，交易流程、价格及车辆信息均不透明。线上二手车平台也未能有效改善这一现状，反而有部分平台在用户交易的各个环节存在欺诈行为，进一步损害了用户体验和整体口碑。此外，很多平台声称消除中间商，实际上却增加了平台层级，导致二手车价格普遍偏高，失去了竞争优势。在资本压力下，平台经营者普遍急功近利，缺乏长期经营和打造行业标准的决心，进一步加剧了用户的不信任和市场的混乱。

用户对数字化营销平台需求较高，但转化率仍然较低。数字化营销在经济社会各领域的广泛应用，大幅提升了各层级人群对线上平台的依赖性和应用需求，二手车用户对数字化平台的需求强烈，但相比近年来新车销售领域的用户转化规模，二手车行业通过数字化渠道实现转化的占比仍然较低。一方面，用户对提高二手车信息透明度的需求迫切，希望通过第三方平台实现信息交互；另一方面，中升集团、永达汽车等大型二手车经销商集团多数以线下门店、渠道带客等形式经营，且企业私域数据链建设缓慢，缺乏完整、清晰、易于用户查询的数据库，一旦产生售后服务需求，会导致商家、渠道和客户之间的扯皮，增加了用户对二手车市场的抗拒和不信任。用户对数字化营销的需求，有力推动了专业二手车交易平台的快速发展，但由于二手车商品的特殊性，线上成交量仍然处于较低水平。

9.2.3　二手车行业数字化应用场景

与新车营销数字化应用不同，二手车数字化应用聚焦于为供需双方提供高效的对接服务，一方面，为用户提供更加透明的车辆信息，用完整、准确的信息降低用户的质疑；另一方面，为二手车经销商提供全方位的数字化支撑，降低经销商成本，即提供包括数字管理、数字运营、数字营销、数字交易的智慧化整体解决方案，实现对车辆收集 – 评估定价 – 仓储 – 支付 – 交割 – 过户 – 售后全流程，以及对挖掘客户价值 – 洞察客户行为 – 高效服务客户全周期的支撑。

与新车营销数字化应用相似，二手车数字化解决方案同样是依托大数据、云计算、光学字符识别（OCR）、数据分析等新一代数字技术，建立数据模型，利用数字能力和数据资源，在二手车业务消费场景中，推动二手车车况信息显示透明化、可视化、标准化，使用户可以便捷、直观、详尽地了解二手车车源的车况和估值，降低用户的信息搜寻成本和信息理解成本，提升用户的决策效率和线索转化效率（图 9-1）。

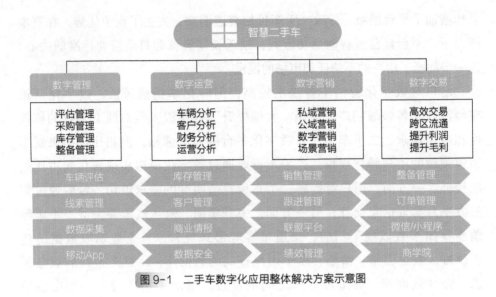

图 9-1 二手车数字化应用整体解决方案示意图

9.3 汽车改装数字化呈现多元化格局

汽车改装指的是在汽车制造厂家原厂生产的车上进行外部造型、内部造型以及机械性能的改动，主要包括车身改装、动力改装、对汽车安全性能的改装及对汽车智能功能方面的改装，以达到提高汽车性能、美化汽车外观的效果。按改装对象进行分类，可分为街车改装和赛车改装。其中，赛车改装要求较街车更为严格，须严格遵守赛例监管规定；此外，赛车改装的重点在于提高车辆的性能、赢得比赛，而不考虑汽车的耐用性，多数车队会把发动机和行车电脑等重要部件的原厂安全系数完全透支，旨在把汽车的性能表现发挥到极限。街车改装是指对日常生活用汽车的改装，虽没有赛例监管，但也必须符合国家相应的改装规定。街车改装更加注重改装后车辆性能的全面性，包括汽车的耐用性、实用性、全天候性和对不同路面状况的适应性等。目前市面上的街车改装可分为个性化改装（美观或者标新立异）和注重性能表现的改装。

9.3.1 汽车改装市场持续增长

我国汽车改装市场呈现持续增长的态势，2023 年，我国汽车改装件行业的市场规模达到 880 亿元，以汽车企业定制为代表的前装市场快速发展，促进了整个汽车改装供应链的发展；后装改装虽受到政策法规的制约，但是行业已经具备较大规模，合规化、品牌化发展成为重要趋势（表 9-1）。

表 9-1　我国汽车改装模式、特征及规模

类型	改装模式	典型企业／部门	主要特征	企业数量规模
前装	汽车企业定制：主机厂在厂内生产线上进行的定制化生产	名爵 XPOWER 红旗定制中心 长城共创中心 梅赛德斯 -AMG 宝马 M-POWER	具备整车生产公告资质；在原型车基础上正向开发，按照汽车企业生产、质量和售后等标准进行；可对车型进行大范围且合规的改装	25 余
	授权改装：在与主机厂有关联或主机厂授权的专用汽车企业进行改装	罗伦士汽车 北汽泰普 巴博斯 ABT	具备独立专用车生产公告资质；仅限对车身、内外饰和特定功能的改装；车型以 MPV 为主	60 余 （目前有在售车型的商务车、办公用车等偏乘用类车型的改装企业）
后装	消费型改装：车辆出厂后，在 4S 店和汽车改装店等第三方渠道进行改装	天猫养车改装中心 蓝电 各类改装专业门店	行业管理相对混乱，技术能力参差不齐；多数改装项目存在不合规，甚至上路行驶被查风险	1000 余

此外，汽车改装在政策端、供给端和需求端都在发生变化，也加速推动改装模式创新、产品创新和渠道创新。一是政策端更为积极和规范，2022 年，国务院印发《关于进一步释放消费潜力促进消费持续恢复的意见》，提出建立健全汽车改装行业管理机制，加快发展汽车后市场；公安部印发了新版《机动车登记规定》，进一步明确了允许改装项目以及备案流程。二是供给端生态不断完善，多家汽车品牌推出超百款定制改装车，前装市场活跃度明显提升，汽车企业加快构建自己的定制改装生态；同时，前装业务发展带动主机厂改装件质量提升，生产规模持续扩大，汽车改装件供应体系持续走向成熟。三是需求端定制化趋势凸显，近年来，"90 后"汽车消费者占比超过 40%，年轻化成为汽车行业的主流趋势之一，个性化汽车改装逐渐成为消费者用车体验的重要组成部分；改装车型涵盖范围也逐渐扩大，包括越野车、MPV、皮卡、轿车、新能源汽车等，加上改装车型价格也逐步下探，目标用户群体也随之扩大；此外，汽车改装比赛、展会、改装园区、KOL 等渠道也促使消费者了解、触达汽车改装文化的途径不断丰富，汽车改装文化逐步在更大范围

中兴起。

根据汽车合规改装联合推进办公室"改装消费者调研"数据,由于汽车前装定制只能解决部分改装需求,而后装模式的需求更大且消费者尚缺少更好的认知与改装渠道,仅22%的消费者选择在售前进行定制化改装(图9-2),90%的消费者对汽车改装政策并不了解。因此,汽车营销体系和独立品牌改装店将更具发展机会。在消费者关注点方面,改装前期,用户更加关注汽车改装方案的性价比;改装时则倾向于关注汽车改装产品和技术的质量以及改装的合规性;改装后的关注点转移到售后服务上。

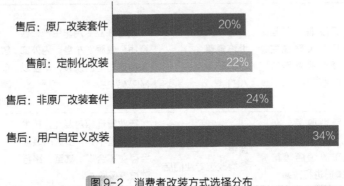

图 9-2 消费者改装方式选择分布

9.3.2 新能源汽车改装硬件与软件升级并行发展

用户年轻化、产品迭代加速以及构造差异使得新能源汽车成为非常具有改装潜力的产品。随着更多传统汽车企业和造车新势力企业进入新能源汽车市场,可供消费者选择的新能源汽车品牌日益增加、续驶里程等性能也不断提升,且智能化配置愈加丰富,吸引了越来越多年轻消费群体关注、购买新能源汽车。他们通常乐于尝试,追求个性化表达,热衷于将汽车改装成果分享到互联网平台。同时,受"颜值至上"消费观念的影响,年轻车主们为新能源汽车注入"时尚单品"的属性。以特斯拉为例,据初步测算,国内50%以上的特斯拉车主都进行了轻度改装,其中基本都会进行改色,部分会进行外观套件改装。不少汽车企业也推出了新能源定制改装车型,如五菱宏光MINI EV GAMEBOY 版、名爵 MG6 X-POWER 版、北汽新能源 EC 系列改装版、沙龙机甲龙 EVA 限定版、思皓 EX10 蓝朋友 / 好闺蜜版、比亚迪汉 EV

千山翠版、QQ 冰激凌无界版等。

不同于燃油汽车，新能源汽车在硬件改装方面项目较少，一般聚焦于对车辆的内外饰进行改装；在新能源汽车智能化迅猛发展的背景下，新能源汽车改装在软件方面也大有可为，OTA 升级将成为软件改装的重要手段。未来，智能汽车可基于个性化的数据，利用搭载在车辆上的软件系统，为车主提供定制化改装解决方案和服务，进一步推动汽车工业发展从规模化走向个性化。

9.3.3　改装数字化应用场景

汽车改装的数字化应用，已经随着科技的进步和互联网的普及，逐渐展现出强大的潜力和广阔的前景。这种数字化的趋势不仅改变了汽车改装的方式，还极大地丰富了改装的内容，使得改装过程更加高效、精准和个性化。

在虚拟设计与预览方面，数字化技术，如 3D 建模和渲染已经成为改装设计师们不可或缺的工具。通过这些技术，他们可以在计算机上精确地模拟和预览改装后的汽车外观和内饰效果。这种虚拟设计的方式不仅大大节省了传统改装过程所需的时间和成本，还允许设计师在设计阶段进行无数次修改和优化，直至达到他们心目中的最佳效果。当涉及改装件的选择与定制时，数字化平台同样发挥着巨大的作用。这些平台通常提供了丰富多样的改装件选项，包括各种款式和规格的轮毂、轮胎、座椅、音响等。用户可以根据自己的需求和喜好，在平台上轻松找到并选择合适的改装件。更重要的是，一些先进的平台还支持定制服务，用户可以根据自己的个性和审美，定制出独一无二的改装件，从而满足他们对汽车改装的个性化需求。

此外，数字化技术在模拟和优化汽车改装后的性能方面也具有显著的优势。通过专业的软件工具，改装爱好者或专业人士可以模拟出改装后汽车的动力、操控、制动等性能表现。这有助于他们更全面地了解改装对汽车性能的影响，从而进行有针对性的优化调整，确保改装后的汽车既美观又具备出色的性能。

在改装过程中，数字化技术同样发挥着重要的监控和管理作用。例如，通过应用物联网技术，改装者可以实时追踪改装件的物流信息，确保它们能够按时、安全地到达。同时，各种数字化工具还可以用于记录和管理改装过程中的各种数据和信息，如改装前后的车辆参数、改装件的安装位置等。这些数据和信息不仅便于改装者进行后续的维护和升级工作，还可以为他们在未来的改装项目中提供宝贵的参考和经验。

在改装完成后，数字化平台还为改装者提供了一个展示和分享改装效果的绝佳场所。用户可以将改装后的汽车照片或视频上传到平台上，与其他改装爱好者一起交流和分享经验。这种互动和分享的方式不仅有助于形成一个活跃、热情的改装社区，还进一步推动了汽车改装文化的发展和普及。

9.4 后市场服务平台

9.4.1 O2O 生态与共享互联融合

围绕 O2O 建立汽车后市场生态服务圈。在互联网快速发展的背景下，未来，汽车后市场的客户需求已不仅仅停留在服务表面，而是更加向人性化方向迈进。汽车后市场 O2O 服务平台，连接了用户端、服务端及供应链，提供了区别于传统领域的"服务""体验""场景"和"价格"，致力于通过结合互联网、大数据、云计算等技术打造透明、高效、人性化的新型汽车后市场生态服务圈。汽车后市场未来将逐步形成汽车服务直营连锁与"互联网＋"相结合的新商业模式。同时，汽车后市场将利用网络渠道与客户开展良性互动，通过建立沟通机制为车辆提供金融、保险、售后等一系列主动式服务，深挖客户终身价值，并借助 O2O 服务模式来进行更好的资源整合和再分配，提升服务效率和客户满意度。

共享出行与互联重构未来移动出行模式。经济社会和互联网技术的发展，促使共享经济模式得到更快速广泛的传播，而共享出行作为一种创新的汽车消费模式，对改善出行供给、优化资源配置、提升服务质量和促进消费就业等具有积极影响。现阶段，随着分时租赁、网约车、专车等不断出现在人们的视野中，共享出行逐渐刷新了人们对传统出行方式的认知，成为现在最常见、能最大限度满足人们用车需求的一种出行方式。而汽车互联作为一个新兴的重要发展领域，不仅是移动出行服务趋于高效和舒适的先决条件，也是新商业模式的基础，其所带来的远程系统升级、远程诊断维修等智能化汽车服务，以及移动互联办公、移动互联消费、移动互联家居、移动物流平台等智能化生活服务将深刻改变人们的移动出行模式。

9.4.2　数字化汽车后市场与智慧出行服务的全方位融合

数字化后市场服务方面，应用互联网串联门店、供应链之间的流程和数据，为用户提供故障监控及预警、维修保养方案管理、服务订单管理、保养关怀提醒、救援保障等服务，建立从线上选件选店，到线下服务，再到线上评价的闭环服务体系。具体来说，通过数据价值标准化，对汽车后市场产业链各环节的运营场景进行拆解重构，利用数据模型分析、CAN 信号、诊断故障码（DTC）信号和故障知识图谱配置故障预警规则，实时监测车况信息，进行故障判别、维修保养方案推荐、救援置换等信息交互，增强用户对车况信息的感知，同步推送至附近 4S 店及车主，生成服务订单，增加回店量，增加汽配零件调度的灵活性。用户流量来源由原始的被动上门转向主动上门，用户来源实现双向汇聚，打通了上下游各环节，让后市场服务做到运营交互智能化、数据化、可视化。

车内生活数字化方面，通过先进的增强现实全景平视显示技术，车机系统将信息通过高分辨率液晶显示器（LCD）投射到风窗玻璃上，使用户能够轻松访问车内数字化服务；同时，增强车机、手机、智能硬件的协同，实现对车辆的远程网联控制。该过程中，一方面，用户可通过触摸、语音、视觉等智能交互方式控制车辆；另一方面，车辆亦可以不断学习用户的习惯偏好，进而优化车内服务推荐决策。

OTA 在线升级方面，即通过移动通信的空中接口对系统进行在线更新升级，应用联网模块网关，使汽车软件及硬件实现上传、下载、代码更新等功能，达到降低汽车维护成本，提升行车安全性，提升用户用车体验等目的。特别注意，OTA 升级意味着智能汽车代码量、复杂度提升，要求硬件为支撑软件不断迭代升级而提前预留算力，确保升级后的软件能够很好地发挥作用。

共享出行方面，以汽车为载体，建立出行服务平台，开展网约车、汽车租赁等共享出行服务，加强大数据、云计算、深度学习等技术的应用，提升用户出行需求匹配的精准度，实现共享出行服务的数智监管、个性化出行需求管理以及平台在线决策优化。

基于自动驾驶的智慧出行方面，应用自动驾驶、车联网、车路协同等关键技术，以场景为驱动，打造车、路、云、图全方位协同与共享的智慧出行

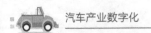

网络，实现随叫随到，用完即走。主动感知用户需求，自动化分析用户潜力，提供多场景的智慧出行服务。

9.5 案例分析

9.5.1 天猫养车平台

天猫养车数字化平台利用互联网、大数据、人工智能等技术，为车主提供全面、高效、透明的养车服务。该平台基于车主端的数字化，为车主提供了"智慧管家"的服务。天猫养车基于历史数据线上化和积累，将大量汽车的信息与保养周期匹配，保养周期再与配件相匹配，使车主能清晰了解维护保养所需更换的产品信息及价格。此外，车主还可以在手机 App 上远程实时地看到车辆的全部施工过程，且在不同阶段有对应提醒，让车主更加放心。

天猫养车也在用大模型试验智能客服，未来不仅能回答车主的问题，也能实现语言交互下的服务，例如门店预约等，智能化将成为用车服务的入口。同时，门店端也进行了全面的数字化升级，经营管理效率得到了提升，服务的标准化也得到了实现。此外，天猫养车门店的每一个出入口、工作位都安装了智能摄像头，这套系统搭载阿里云、达摩院 AI 算法，将全程监督配件使用及服务过程，车主也可全程查看，保证养护过程全透明。车主还可以在 App 或者小程序上查看电子报价单，针对检测项目、养护项目，以及具体存在的问题等，价格和养护项目会更为透明。这种数字化的养车方式不仅提高了服务的质量和效率，也让车主更加满意和放心。

天猫在原有天猫企业经营方法论的基础上，升级汽车后市场行业的"双轮驱动"方案——线上线下联动的供应链履约和围绕车主全生命周期的数字化营销解决方案，并提供系列基础设施，助力传统零部件品牌实现数字化转型升级。

1. 新兴电商渠道和传统渠道的有机结合

天猫养车构建了线上线下一体化服务体系，车主可以通过天猫养车官方旗舰店购买汽车售后产品和服务，就近选择天猫养车连锁门店，享受产品安装、洗车、美容、保养、维修等服务。天猫养车为每家门店配备数字化管理系统，可实现对车主的全流程智慧化服务，车主到店，维修 / 保养技师检查车辆后，即可通过在线下单，完成施工作业。同时，天猫养车通过数据中心掌握了国内 98% 的主流车型的精准养车方案，拥有上亿级底层数据，可以针对不同车型、车况为车主提供更精准的保养、维修、洗车、美容等一站式养车服务。

在新康众智能供应链体系保障下，大部分天猫养车门店可以实现 30min 到货，满足车主多种不同的维修保养需求，门店通过线上员工培训、绩效考核系统，保障员工技术能力不断提升，为车主提供高品质的服务。新兴电商渠道和传统经销渠道的有机结合，不仅解决了线上电商新渠道与线下传统渠道"打架"的问题，也加强了品牌与经销商、终端门店的黏性，是从"单兵作战"到生态链"集团军作战"的升级。

2. 聚焦用户全生命周期的数字化营销解决方案

传统汽车品牌在入局数字化营销的初期，往往易陷入盲目铺开全域营销的情境，试图通过提高投放覆盖面吸引客源。然而，大规模的投放并没有带来有效的转化，一大原因在于企业营销投放的主体不准确，而流量无效化导致品牌单笔订单的营销成本急剧上升。

罗兰贝格与天猫汽车联合发布的《2022 年车企数字化营销白皮书》中，基于汽车行业的特点，首次将天猫 AIPL 人群运营方法论升级为适用于汽车行业的 O-AIDL 人群运营方法论。罗兰贝格与天猫将线上汽车消费者划分为具有鲜明特征的汽车八大策略人群并进行定义，包括先锋玩家、户外达人、迷你代步、豪华尊享、中产进阶、精致入门、实惠居家、实用代步。这八类人群可覆盖淘宝平台全量的车主档案用户及汽车行业潜在客户。

一方面，品牌可通过输出具有记忆点的营销活动（例如 slogan、互动游戏等），打破消费者对于汽车零部件品牌的传统认知，使消费者自发扩散传播，拓宽原有客群池，即让消费者不再被动接受营销，而是转变为内容载体或传输通道，将品牌形象辐射至更广的人群。此外，结合用户调研数据，充分利用天猫策略人群标签等工具，对品牌客群定位进行重新诊断，准确洞察消费者心智变化，从而实现对潜在客群的重新定义与挖掘。通过营销活动，对品牌形象进行定向调整与突出，进而实现对新客群的准确触达。从识别目标潜在客户，到精准人群营销，提升线上营销的转化率。公私域联动，长效运营高价值客户，是存量市场环境下的营销之道。

3. 构建品牌生态竞争力

从"单点突破"到"全周期围绕"，从"目标不明"到"有的放矢"，从"单兵作战"到生态链"集团军作战"，随着产业经验与技术的不断沉淀和升级，渠道竞争将成为过去时，在未来的数字化时代，企业将迎来品牌生态的竞争。品牌心智、消费者资产、渠道经销商、终端服务门店和三方服务商构成了以品牌为中心的品牌生态闭环。持续的运营带来品牌认知度的提升和线上流量赋能价值，从而带动品牌、经销商和门店的生意增长。

自 2018 年天猫汽车后市场开始搭建安装服务网络至今，已完成覆盖全国 95% 以上区县地区的服务网点布局，所有服务门店均经过天猫严格资质审核，并缴纳了一定金额的服务质保金，超过 4 万家汽车后市场行业门店加入天猫服务体系，确保现在用户 3km 范围内至少有一家服务门店，首先从网络密度确保用户的服务体验。其次，天猫汽车后市场拥有一套标准的门店服务管理规则，约束线下门店的服务行为，提升客户服务体验。

天猫汽车后市场行业亦致力于打造消费者"一键适配，省心养车"的服务体验，基于车型适配大数据，整合平台海量优质商品，推出了汽车后市场一站式车型导购服务，让车主用户既能拥有专业适配的导购服务，又能享受线上购物的透明保障。

9.5.2 车赢二手车数字化平台

车赢成立于 2014 年，提供二手车业务数字化解决方案，将二手车业务与移动互联、社交、大数据和云计算技术相结合，通过提供二手车 ERP 系统、CRM 系统、在线营销系统、联盟拍 B2B 平台，打通经销商二手车全产业链，形成覆盖二手车业务管理协同、客户及销售管理、商业决策与智能化、交易服务的一体化产业互联网。

二手车业务数字化将改变和重构原有的产品服务逻辑和商业模式，包括新零售、新服务、新运营。**一是新零售，即社交化获客，裂变营销。**车赢基于店面的保有客户，通过微信小程序、公众号及裂变打造店面自己的 IP（品牌形象），形成私域流程池，加上内容营销、活动营销、直播、经纪人运营等各种途径把线上的流量转化成小程序的粉丝，这些粉丝不仅变成了店面的数字化资产，而且对这些免费的流量可以更高效、可持续地挖掘流量转化。**二是新服务，即线上线下全场景的数字化服务。**销售流程数字化，线下作业线上化。通过智能硬件的引入，打通线上线下的服务闭环，使各流程环节数字化、透明化、可追溯。**三是新运营，即数字运营，是提升用户体验和高效运营的新型生产力。**全链路的数据实时采集是新运营的基础，BI、AI、算法及模型就是新运营的效率；数据运营模型的快速感知、快速决策、快速行动、快速反馈（SDAF）是应对不断变化的用户需求及实现个性化用户服务的方法论。

1. 新零售数字化门店

车赢新零售的解决方案重构传统的人（客户）、货（车辆）、场（店面），全面数字化构建数据、连接、体验三位一体的新服务模式。通过道闸车牌识别、展厅 AI 智能摄像头人脸识别及轨迹追踪、展厅数字互动大屏、AI 智能机器人实现全程的无感化数据采集。结合车赢为店面提供的 App 及小程序产品完成客户的二次跟进、试驾预约、电子合同、在线支付、物流、办证到售后的 AI 回访全流程的线上化、数字化解决方案。这个过程中最重要的是所有节点的过程数据将会实时汇总、处理、分析及展示，不再是事后的报表分析，而是对过程数据的实时监控，再结合数字化运营，才能打通内部产品、服务、管理的各个环节，为客户提供全面服务。

车赢引入 AI 电子名片的功能，实现一键发送、实时反馈、极速跟进。一张电子名片就是一个 IP，一张电子名片就是一个微店，一张电子名片就是一个客服，一张电子名片就是一个强大的裂变工具。AI 电子名片内部预先内置大量的数据埋点，能实时收集到客户在名片、商城中的每一个动作，实时记录并反馈。电子名片是一个轻量化、低成本、易传播的营销工具，特别适合店面全员营销，发挥店面保有客户的优势，打造自己的私域流量。当大量线上线索涌入时，在传统模式下，大家对每一个线索都要人工跟进，导致工作量大幅增加，转化成交率低、及时性差。在线索清理的环节，系统整合人工智能客服机器人功能，在客户线索进入后就会自动拨打电话及时筛选；而且，系统会根据设置的逻辑生成客户标签，评定客户等级，实现智能留档，提升工作效率，降低成本支出（图 9-3）。

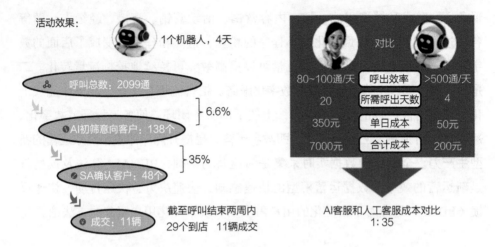

图 9-3 人工客服与 AI 客服成本效率对比

注：资料来源于车赢公众号。

2. 二手车拍卖数字化解决方案

联盟拍合作的经销商集团支持独立品牌、独立招商、独立运营，既可分享平台近 10 万家全国车商资源，又可独立品牌化发展。联盟拍客户可以获得有独立标识的 App。车商自主运营保证金可自己收取。运营管理中场次管理、拍卖模式选择、结标处理都支持自主操作。联盟拍平台作为车赢二手车拍卖的数字化平台，经历了三次重要的迭代。1.0 时代，线下拍卖数字化，包括线上建场、线上拍卖，线下交付；2.0 时代，拍卖业务线上化，包括车辆上拍、线上竞价、线上成交、线上调处、增值服务（办证、检测、物流、保养）、线上营销（直播、卡券），车商可直接在线签署电子合同，签署信息、认证信息、线上轨迹都数字化留存，为各个机构的合规运营、持续运营提供了安全的法律基础；3.0 时代，全面启动智能化、数字运营，包括车商画像、智能推荐、智能运营、智能客服等功能全面引入，联盟拍平台从一个数字平台走向智能化平台（图 9-4）。

3. 数字档案，智能审核

二手车过户是一个比较繁琐和冗长的流程，在过户环节，对过户资料的管理，尤其是对过户资料的审核是相当重要的，需要花费大量的人力物力来确保资料真实和准确。车赢引入 AI 图文识别，通过 API 对接工商总局的发票验证，不需要人工录入、人工审核，用数字化、智能化改造原来的资料审核流程，实现人、车、证、票的一致性，并以数字化存档永久保存。

拍卖业务数字化
· 车辆建场发拍
· 线上竞价
· 线下支付

拍卖业务线上化
车辆上拍、线上竞价、线上成交、线上调处、增值服务（办证、检测、物流、维保）、会员体系（会员评级）、线上营销（直营、卡券）、电子合同

拍卖业务智能化
车商图像、运营看板、智能推荐、智能客服、智能运营

图 9-4　车赢二手车拍卖的数字化平台升级迭代

注：资料来源于车赢公众号。

汽车产业数字化

第 3 篇　技术驱动

第 10 章

数据要素：
汽车大数据应用与创新

在数字经济时代，数据已经成为重要的生产要素，也是产业数字化的核心基础。产业数字化的本质在于利用人工智能等信息技术，深入挖掘大数据的潜在价值，进而通过安全、高效的网络连接，为研发、制造、营销、服务等各个环节提供强大支持。它能够帮助我们提升效率、优化流程，最终实现产业的全面数字化升级。

汽车行业在大数据应用方面拥有显著优势，其数据覆盖面广泛且相互关联紧密，使得数据交叉赋能和集成应用的效果更加突出。然而，由于汽车行业涉及多个环节和众多参与主体，其大数据也呈现出异构化、复杂化和封闭化等问题。

为了推动汽车行业的数字化发展，需要深入、系统、安全地挖掘汽车大数据的价值，这是当前面临的关键问题和发展的重要方向。在这个过程中，维护汽车大数据的安全至关重要，同时，还需要探索大数据在汽车制造、营销、后市场等环节的深度应用。

本章将重点探讨汽车大数据的应用需求、现状和创新趋势，力求为相关企业和行业管理部门提供有价值的参考，帮助他们更好地利用汽车大数据资源。

10.1　汽车大数据的安全与使用

随着人工智能等新一代技术在汽车研发、生产、营销等环节的广泛应用，汽车行业全流程都在产生大量数据，这些数据对行业发展至关重要。因此，确保数据安全已成为汽车行业应用大数据的首要任务。

10.1.1　我国数据安全法规体系

数字经济已成为稳增长、促转型的重要引擎，建设"数字中国"已上升为国家战略。推动数字技术全面赋能经济社会发展，做强做优做大数字经济，构建普惠便捷的数字社会，建设绿色智慧的数字生态文明，其前提是筑牢可信可控的数字安全屏障。

近年来，国家层面出台了一系列法律法规，对包括汽车大数据在内的数据安全提出了较为完备和全面的要求。

1)《中华人民共和国网络安全法》（2017 年）规定我国实行网络安全等级保护制度，防止网络数据泄露或者被窃取、篡改。

2）工业和信息化部发布的《关于加强智能网联汽车生产企业及产品准入管理的意见》（2021年），明确要求汽车企业需建立相关数据安全管理制度，履行数据安全保护义务，建立数据资产台账，实施数据分类分级管理，加强数据安全防护。

3）国家互联网信息办公室发布的《汽车数据安全管理若干规定（试行）》（2021年），明确汽车数据包括汽车设计、生产、销售、使用、运维等过程中的涉及个人信息数据和重要数据。利用互联网等信息网络开展汽车数据处理活动，应当落实网络安全等级保护等制度，加强汽车数据保护，依法履行数据安全义务。

4）《中华人民共和国数据安全法》（2021年）对数据安全制度和数据安全保护义务做了明确规定，为行业管理部门、企业、个人的信息采集、存储与应用等相关活动的开展提供了法律依据。

5）《关于促进数据安全产业发展的指导意见》（2023年）提出，推动数据安全产业高质量发展，全面加强数据安全产业体系和能力，夯实数据安全治理基础，促进以数据为关键要素的数字经济健康快速发展。

6）《"数据要素×"三年行动计划（2024—2026年）》（2023年）提出，推动数字经济领域高水平对外开放，加强国际交流互鉴，促进数据跨境有序流动。坚持把安全贯穿数据要素价值创造和实现全过程，严守数据安全底线。

7）《信息安全技术　汽车采集数据的安全要求》、YD/T 3751—2020《车联网信息服务　数据安全技术要求》、YD/T 3746—2020《车联网信息服务　用户个人信息保护要求》《车联网网络安全和数据安全标准体系建设指南》等对汽车数据安全和个人信息保护提出了具体要求。

随着一系列法律法规和标准体系的逐步建立与持续优化，对汽车大数据资源的深度开发得以在稳定的基础环境中进行，并获得了明确的方向指引。这些努力不仅为行业的健康发展打下了坚实基石，也为未来的创新与发展提供了有力保障。

10.1.2　汽车大数据全周期安全管理

汽车大数据全周期包括数据采集、数据传输、数据存储、数据处理、数据交换和数据销毁6个阶段，各阶段的数据均存在被泄露、破坏、非法获取或利用等潜在风险，需要全链条、整体性的安全防护。

1．数据采集阶段

汽车数据主要来源是车载传感器采集的数据，以及通过网络获取的汽车企业数据平台（如 OTA 数据）、第三方平台（如地图数据）和其他设备（如移动终端）的交互数据。

汽车数据采集安全防护重点包括以下几点。

1）**数据分类分级**，包括车内数据和车外数据，按其敏感度可划分为一般数据、重要数据。

2）**分级防护**，针对不同类别和级别的数据采取不同程度的安全防护措施。

3）**数据授权**，基于知情同意和充分授权原则进行数据采集。

4）**有限采集**，按照合法、正当、必要的原则采集数据，不得超过业务功能范围采集数据。

5）**数据质量**，鉴别采集数据的完整性、准确性，保证数据质量。

2．数据传输阶段

汽车数据传输主要依托公共通信网络和近场通信网络（Wi-Fi、蓝牙等）进行，相比于局域网、专用网等存在更大数据外泄风险，需防止数据遭嗅探、篡改和其他攻击。

汽车数据传输安全防护重点包括以下几点。

1）传输前对车外交互数据进行匿名化、去标识化和脱敏处理。

2）传输过程中对车外交互数据进行加密，防止数据劫持和恶意汽车控制。

3）车与人、路、车、云的无线通信安全防护机制。

4）依法依规部署车载卫星通信部件，限制境外服务器链接通信。

3．数据存储阶段

汽车数据存储安全需关注车内数据存储安全和车外交互数据在汽车企业管理平台存储安全。对于车内数据，应对数据访问者采取身份鉴别和访问控制措施，防止未经授权访问，且数据存储时间应满足业务场景需要的最短时间，避免长期存储；对于车外数据，生产企业、运营企业应严格遵守有关法律法规要求，履行网络安全主体责任，保障汽车企业信息管理平台网络安全

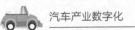

和数据安全。

4. 数据处理阶段

汽车数据处理包括数据加工、使用和分析，极易产生数据滥用和泄露风险。

汽车处理安全防护重点包括以下几点。

1）针对敏感数据要进行脱敏处理，平衡数据可用性和安全性，原则上不对个人行为数据进行分析。

2）数据分析过程采取适当的安全措施，降低有价值的个人信息泄露的风险。

3）严格按照法律法规要求正当使用数据，并建立相关责任机制。

5. 数据交换阶段

我国数据安全管理有关法律法规已对数据交换、交易等做出了系统、完备、严格的相关规定，明确数据交换的基础前提是脱敏处理，即对个人、机构、国家安全敏感信息彻底完成脱敏后进行交易，并要求各类数据所有者依据"非必要不对外交换"原则严格控制数据交换。

汽车数据交换安全防护重点包括以下几点。

1）汽车企业需建立规范化流程，管理数据导入和导出，降低数据泄露风险。

2）针对数据共享场景，需评估合作方数据安全保障能力，降低数据共享使用带来的安全风险。

3）建立数据接口安全管理机制，防止合作企业通过接口调用数据产生的安全风险。

4）未经网信部门和行业主管部门许可，不可擅自向境外传输数据。

6. 数据销毁阶段

数据销毁安全主要体现在车内数据销毁和车外信息平台数据销毁。针对车内数据，汽车需定期销毁存储数据或提供数据销毁功能，支持车主主动销毁数据。针对车外信息平台数据，应按照国家法律、行政法规、部门规章要求，结合自身实际，制定满足业务需求的数据保存期限，一旦超过该期限，应先对数据进行匿名化处理，然后自动或手动销毁数据。

10.2　制造端大数据应用与创新

"数字工厂"是汽车行业数字化的标志，其核心是利用数字化技术，解决现有生产制造方式不能满足客户需求的核心问题，同时将生产流程、工艺中的不确定性降到最低。近年来，先行企业在推动制造数字化方面进行了积极探索，但仍面临诸多挑战，汽车制造数字化仍需加快系统性构建。

10.2.1　制造端大数据应用需求

1. 数字化成为现代制造业的必然趋势

信息技术的广泛普及和深度渗透，促成数字经济成为新世纪全球经济增长的重要引擎。产业数字化持续成为数字经济发展的主引擎，占数字经济的比例超过 80%，其中，第二产业数字经济持续发力，占行业增加值比例不断加大，制造业数字化呈现不可逆的快速增长趋势。

产业数字化增量主要来源于智能制造在制造业各部门垂直领域的深度应用，从企业投入和智能技术应用方向看，现阶段制造业数字化主要集中于虚拟现实和工业互联网深度融合，特别是虚拟现实技术在设计、制造、运维、培训等产品全生命周期重点环节的应用推广，以及与数字孪生模型及数据的兼容，实现工业生产全流程一体化、智能化。目前，汽车行业的数字化程度已走在制造业前端。工业软件、仿真工具和机器人的应用大幅提升工厂的智能化程度，异常停工率不断降低。同时，数字化将制造端、供应端和消费端进行横向拉通，驱动流程中全要素的价值整合。

2. 消费需求转变加速汽车制造数字化进程

汽车制造是现代化工业制造模式的起点，生产特征是规模化、标准化、流程化。随着工业化变革的深化和消费能力的大幅提升，市场需求呈现出日渐增强的多样化特征，也引发汽车行业在制造端面临的核心问题由如何在提升产品性能的同时大幅降低成本，逐渐转向如何解决固有生产模式无法满足客户个性化、定制化的产品需求，大批量制造的同质化产品无法得到客户青睐的问题。特别是在电动化、网联化、智能化趋势下，汽车对客户的价值不再局限于移动出行工具，而是逐渐承担起家和办公室之外"第三空间"的功能，是车主彰显个性、品位和格调的一种载体，小批量定制化产品成为整车企业培育新市场竞争力的优先方向（图10-1）。

批量化生产车型选择方式				柔性化生产车型选择方式			
车型（例）	基础型	尊享型	旗舰型	空气净化	PM2.5检测	负离子发生器	香薰系统
天窗	—	—/●	●	天窗	星空顶	选装/尺寸可选	全景天窗
真皮座椅	—	—/●	●	座椅	织物/真皮/运动	通风/加热	按摩功能
座椅加热	—	—/●	●	人机系统	HUD	语音交互	车内监控
定速巡航	—	—/●	●	外观	车身颜色	悬浮顶	出厂车贴
轮毂	15in合金	17in合金	17in碳纤维合金	轮毂	尺寸可选	样式可选	材质可选
倒车影像	—	—/●	●	倒车影像	选装	全景影像	透明底盘

汽车作为"第三空间"不仅限于交通工具定位，而更加成为用户"个性"标签的重要组成部分。消费者不再满足于固定式"套餐化"产品，而更倾向于"点餐式"的个性化配置，倒逼汽车企业推进柔性化生产。

图10-1 消费者购车选择方式变迁

消费者对于质量、配置、服务和交付时间要求的不确定性倒逼汽车企业必须对整个生产流程做出改变，而生产数字化便是汽车企业生产流程变革的重要手段。生产数字化虽然可帮助汽车企业优化生产排期、工艺流程等达成减本增效，但自动化设备的使用、制造经验的提升和精益制造理念的实践已将生产效率成倍提升，边际效应愈加明显。因此，汽车企业生产数字化的核心在于利用数据能力应对消费者需求转变所带来的潜在风险，将生产流程、工艺中的不确定性降到最低，其为汽车企业提供的长期隐性价值将远远超出想象。

3. 政策体系为汽车制造数字化提供强大驱动力

数字技术对传统制造赋能形成了强大的活力和竞争力，也使世界主要经济体充分认识到制造业数字化的重要价值，不断完善政策体系和支持力度，为制造业数字化发展提供强大驱动力。比如德国作为率先提出"工业4.0"、以数字技术推动制造模式转型升级的经济体，依托其坚实的制造业基础，持续加大对制造业数字化的支持引导，推动SAP和西门子为制造业提供领先的数字化解决方案，支持大众、宝马和戴姆勒推进数字化进程。

从国内来看，推动"数字中国"建设已上升为国家战略，顶层设计不断完善，支持力度持续加码，推动制造业数字化转型，成为深化供给侧改革，顺应科技、产业变革的核心内容，也是未来相当长一段时期内不变的发展方向（表 10-1）。其中，汽车行业凭借其产业链条长、技术集成度高、辐射带动广等特征，成为制造业数字化的重点领域，国家和地方均将其作为重点推动产业。例如利用数据上云后的智能生产等方式，从理论加实践的角度促进汽车企业数字化转型。同时，由于国家及地方财政支持的加码，企业购买数字智能化软件和设备、应用技术等均会得到相应的补贴或减税，加速了部分汽车企业更新数字化生产线、使用智能化设备的步伐。

表 10-1　近年来促进制造业数字化的主要部署

政策名称	重点内容
《关于加快推动制造服务业高质量发展的意见》	加快发展工业软件、工业互联网，培育共享制造、共享设计和共享数据平台，推动制造业实现资源高效利用和价值共享
《中国制造 2025》	在重点领域试点建设智能工厂 / 数字化车间，促进制造工艺的仿真优化、数字化控制、状态信息实时监测和自适应控制
《工业互联网创新发展行动计划（2021—2023 年）》	针对传统制造业关键工序自动化、数字化改造需求，推广应用数字化技术
《关于深化制造业与互联网融合发展的指导意见》	强化制造业自动化、数字化、智能化基础技术和产业支撑能力，加快构筑自动控制与感知、工业云与智能服务平台、工业互联网等制造新基础
《关于加快传统制造业转型升级的指导意见》	支持生产设备数字化改造，以场景化方式推动数字化车间和智能工厂建设，树立一批数字化转型的典型标杆

10.2.2　制造端大数据应用现状

1. 制造端大数据应用场景

数据已成为生产全过程的核心投入要素，是制造业数字化的重要特征之一。汽车制造端大数据应用的基本方式，是基于汽车全周期所采集的数据，通过工业软件集合体，实现对四大工艺全流程部署的机器人的智能控制，从而完成从原材料到整车的自动化生产。

1）**数据构成**。制造端所需大数据资源涵盖企业从市场（竞品数据）、营销（用户定制数据）、供应链（库存物流数据）、制造（传感器数据）、应用（运行数据）各阶段采集的全类型数据。

2）**数据集成**。制造端大数据应用不是简单的数据采集、分析和使用，还需要将生产控制系统、BOM 系统、PMS、PLM、WMS 等进行串联形成网络化数字体系，经数据中台实现数据透明化、敏捷化，打通孤立的纵向应用，不同数据以相互交织的方式向上赋能，实现制造端全流程数字化。

3）**流程自动化**。大数据赋能整车制造最终通过工业机器人实现，即利用机器人流程自动化和数据能力打造数字智能工厂。机器人在自动化时代即已被整车企业广泛应用，而在数字化时代，应用机器人的价值不仅体现在可以替代人工，更体现在可以通过挖掘机器人和覆盖车间各维度的传感器采集到的数据并进行进一步分析以赋能整个生产环节，为智能制造和工业4.0打下基础。

4）**数字孪生**。数字孪生是大数据资源应用程度最深、覆盖制造环节范围最广的技术。数字孪生以数字化的方式将物理实体转化为数字模型，将实时数据和历史数据进行结合、模拟、控制、验证、预测，可在汽车生产之前通过虚拟生产的方式模拟不同配置/类型汽车的生产全过程，将原材料、边线物流、工序要求、设备配置、异常处置等进行精准规划，降低试验成本和风险损失。

2. 制造端大数据应用面临的挑战

大数据技术与应用是汽车制造端数字化转型的重点内容和发展方向，是对具有近百年历史的生产模式的系统性再造，必然面临诸多挑战。

1）**知易行难**。以大数据为基础、智能制造为核心的数字化已成为包括汽车制造在内的制造业的普遍共识，也成为整车企业规划布局的优先方向，其核心是打通生产各环节的数据、业务、流程、软件系统，均需要企业进行战略层面的整体规划。但在实际操作中，流程割裂、建设重复、标准不一等问题普遍存在，而且数字化转型面临需要短期内投入大量资金，以及部门、供应链间利益需要重新分配等问题，导致汽车企业数字化进程受阻，内生动力不足。

2）**认知缺乏**。大数据在制造端的深度应用不是简单的数据汇集后的分析与使用，是包括运营机制、管理体系、生产设备、人员技能等各方面的系统性变革重组，需要企业从上到下建立统一的战略认知、行动认同。

3）**战略定力**。生产数字化转型是对汽车企业的系统性革新，必然需要巨额资金投入，并且初始阶段的大数据汇集、整合、建模、分析的时间相对较长，前期难以快速见到回报，且过程中存在诸多风险。面对汽车行业日益深化的产业变革，企业需要坚守战略定力，避免半途而废而失去长期的市场竞争力。

3. 制造端大数据应用创新案例

大数据和人工智能不仅改变了汽车的功能，也改变了汽车的制造方式，重新构建汽车智能制造价值链和生态系统，也是汽车（含关键零部件）制造企业着力投入的重点方向。博世汽车部件（长沙）有限公司（以下简称博世长沙）主要产品为汽车关键部件——驱动电机。该企业于 2022 年成为世界经济论坛认定的全球 132 家"灯塔工厂"之一。博世长沙制造环节大数据技术深度应用突出体现在以下几个方面。

1）**智能维护管理系统。**博世长沙部署的设备预测性维护系统，通过遍布整个生产线的智能化传感器采集生产设备运行数据，并结合历史数据，使用深度学习算法构建数据模型。在实际生产中，运行已经训练好的模型，系统会监测到设备异常和其原因，甚至预测到设备可能出现的故障。企业通过对设备 24h 内的健康情况进行预测，并预先给出警告，帮助维修和生产人员提前准备和快速响应，减少紧急维修工单的产生，提前规划保障了生产的稳定性。该系统的使用节约了 19% 的维修时间，节省了 25% 的维护成本和 17% 的缺陷成本。

2）**数字化管理方案。**博世长沙使用 5G 数据传输，构建车间数字化管理系统，实现可视化 5M1E（Man 人员、Machine 机器、Material 材料、Method 方法、Measurement 测量和 Environment 环境）平台，内部实现了涵盖流程、原料、设备、人事、文件系统等多个业务要素的精益日常管理，甚至将人员的每一步操作均转化为数据。基于电子文档的流程全面数字化，为其他基础设施的建立奠定标准。车间数字化管理系统由可视化 5M1E 平台赋能，实现了基于人员资质、能力认证、变更点控制管理的智能人员分配。博世长沙也因此实现了 20% 的生产力提升，并有效缩减 12% 的人力成本。

3）**数据智能决策系统。**数据智能决策系统包含数据采集、数据处理、模型建立和验证及应用几大板块。通过在设备上加装各类智能传感器，博世长沙对生产过程中的各类数据进行持续采集。基于海量数据资源，运用大数据技术、机器学习算法对其进行深入分析，并建立高精度易耗品使用寿命预测模型，从多个维度对生产表现和易耗品损耗情况进行分析，给出易耗品最佳更换时间。经由模型的把关，在提高产品质量稳定性的同时，还避免了单纯依靠经验和人工判断时误判造成的浪费。如在具体的应用中，振动传感器被应用于易耗品更换的智能决策，使用振动特征结合其他数据，让生产线的刀具更换更加智能。

4）智慧物流中台。博世物流信息的流通和交互始于上游供应商，博世物流集成中台打通了货车预约入厂、自动补料、智能物流配送和生产执行等五大模块，通过端口的连通，物料和数据使用同步，从原材料供应、运输、内部流转到生产及货物出厂，整个流程都由物流中台通过实时数据连接、异常监控及报警，在流程大数据的加持下实现全局赋能。通过对 AGV、射频识别（RFID）/视觉识别、自动化应用及智能报表的灵活调度，结合云技术、AI 技术与物流业务的深度融合，节省了 30% 的物流成本和 15% 的库存周转天数，使生产周期缩短为 3 年前的 64%。

10.2.3 制造端大数据创新趋势

大数据技术，以及以此为基础的智能制造技术在汽车制造端应用的终极目标，是实现汽车生产模式的深刻变革，即利用数字工厂将传统汽车生产制造方式转变为柔性化生产方式，以便快速而经济地响应消费者个性化需求，降低不确定性和风险。在汽车制造大数据深度应用过程中，企业仍将面临诸多问题，需要加以关注。

1. 对数据工具和人才的需求日益增加

智能化、网联化的快速发展，将引发汽车数据规模快速进入指数增长阶段，海量的数据处理、深度分析和应用需求必将成为企业所面临的重大挑战。BI、Business Objects 和 Cognos 等数据分析系统的使用将成为日常，而既了解汽车制造，又能够熟练使用数据分析工具的人才将成为行业稀缺资源。为此，企业有必要依据自身发展战略，超前部署相关大数据工具和人才。

2. 数字工厂通信网络持续演进

要想使数字工厂顺利运行，需要依托遍布生产线的传感器和快速安全的数据传输。在整个制造过程中，大量的数据一直在不断地交互。但现在，很多汽车制造厂还是用固网专线来实现设备之间的通信，通过有线或 Wi-Fi 方式来采集和传输生产数据。这种方式传输的数据量有限，还可能会导致数据传输延迟或丢失。而 5G 通信因为传输速度快、可靠性强、延迟低，将成为数字工厂现在和未来的首选通信方式。后期，随着数据交互规模需求的进一步增长，以及太赫兹技术商用的不断成熟，太赫兹技术有望成为下一代通信方式的基础。

3. 数字化服务体系逐步构建

当前，除机器人或硬件服务商外，多数数字化服务商为互联网及 IT 企业，其互联网思维与传统的工业制造思维存在天然差异。尽管现有服务供给与企业需求仍存在一定差距，但是数字化服务商也在探索中成长，以 BATH 为代表的大型互联网企业通过与整车企业深度绑定，不断提升自身服务能力和产品供给。而一批聚焦单一领域或整体解决方案的专精数字化服务商也在快速成长，第三方数字化服务正不断优化完善。整车企业有必要关注数字化服务商发展，做好战略联盟建设与合作，提前构建以自身智能制造需求为核心的数字化服务供应商体系。

10.3　营销端大数据应用与创新

互联网技术的深入渗透和广泛普及，重塑了用户获取信息的方式，也促成汽车营销方式的深刻变革。对数字化营销过程中海量用户数据的处理分析能力决定了营销成效，也为整车企业提出了新的挑战。

10.3.1　营销端大数据应用需求

1. 大数据深度应用是信息时代汽车营销的必然选择

在互联网＋时代，短视频、社交媒体等线上平台让信息获取变得既丰富又便捷，用户对线上渠道的依赖日益增强。电子商务平台不仅为用户提供了更多选择，也进一步满足了他们的需求，这使得对数据的处理和分析变得尤为重要。

一方面，随着 5G、大数据和区块链等技术的不断进步，营销过程中的数据传输变得更加安全、迅速。云计算和边缘计算则能迅速分析这些数据，更精准地理解用户需求。同时，人工智能和物联网的发展也让营销变得更加精准、多元。

另一方面，政府也出台了一系列推动数字化发展的政策，这不仅加快了汽车行业的数字化营销进程，还对数据的采集、应用和安全等方面进行了全面规范，为行业的健康发展提供了有力保障。如《中华人民共和国个人信息保护法》确立了个人信息保护的原则，明确了个人信息处理规则，规定了个人信息处理者的义务，赋予了个人在个人信息处理活动中的权利等。

2. 大数据分析成为数字化营销的核心流程

随着互联网和新兴平台（如电子商务平台、社交平台等）的快速发展，用户现在有很多途径获取汽车信息和进行个性化定制。在这些平台上，用户的浏览、咨询和评价等行为会产生大量有价值的数据。这些数据对于更精准地了解用户需求非常重要。

因此，汽车企业、广告商和平台运营商都在努力分析这些数据，以挖掘更多潜在的价值。他们还会根据数据反馈来调整营销策略，优化资源配置。

除了这些内部数据，汽车企业还会结合外部媒体、市场行业和其他第三方数据，形成一个更全面的用户画像，以便能更准确地了解用户需求，并在营销的各个环节应用数据分析结果，从而提升整个销售流程的效率和效果。最终，数字化工具将帮助传统营销方式实现全面升级。

3. 大数据整合成为汽车企业营销的核心关注点

数字化营销主要是为了让企业更好地销售产品，从而增加收入和利润。现在，我国汽车市场实现销售已经从主要靠增加新客户转变为主要靠维护老客户，汽车企业也不再只依赖经销商来销售，而是更注重直接了解用户的需求。因此，汽车企业需要深入了解用户，直接、有效地与他们沟通，并且用自动化和智能化的方式管理销售信息和广告，以实现更精准的营销，使产品更符合用户的喜好，甚至实现定制化的销售模式。

数字化营销产生了大量的、多样化的数据，这要求汽车企业改变传统的营销方式，更多地依靠数据和技术来推动营销。汽车企业需要整合和运用各种先进的技术和工具，打通数据之间的障碍，把各种数据融合起来，全面地了解用户，然后用数据来优化整个销售过程，提升用户的购买体验，并合理分配资源。

10.3.2 营销端大数据应用现状

1. 多类型服务商竞合发展为整车企业营销赋能

信息技术的发展不仅改变了汽车的生产方式,也影响了汽车的销售和服务模式。现在,不仅广告公司、传媒和零售网络在卖车,电商平台、系统搭建商和咨询机构也都加入进来。平台类服务商运用他们的资源和技术,创建了一个包含"人、场景、内容"的精准营销体系;系统搭建商则建立了贯通用户、销售、供应商和售后的数字化管理平台;而咨询机构主要协助整车企业理解并分析用户行为,使销售和服务更加精准。

与此同时,传统的服务商也在变革。广告公司利用新的技术升级了营销手段;新媒体服务商则凭借与用户的互动,更好地满足用户需求并发掘更多的商业价值;零售商则整合线上线下资源,为用户提供更便捷的汽车购买服务。

这些服务商并不是各自为战,他们会依据整车企业的营销战略在数据、资源和技术之间进行合作与竞争。为了更好地利用这些数据,整车企业需要充分协调这些服务商,实现数据的有效和安全流动,为建立更有效的数字销售模式铺平道路,如图 10-2 所示。

广告公司
为整车企业提供数字化营销方案,构建数字化营销链路,提供公关、创意策划等服务

平台服务商
通过整合营销平台,深度分析内容,为整车企业提供精准、智能的用户触达策略,实现D2C数据驱动运营

系统服务商
提供数字化解决方案,构建数据中台、管理工具,打通数据通道

整车企业
明确大数据营销战略
建立通用标签体系
推动数据跨渠道交互

媒体服务商
以强大的用户资源,通过数据反哺,反向定制,实现C2M模式共创,盘活私域资源

咨询服务商
提供前期的战略咨询及数字化营销策略的制定,构建用户监测系统

零售商
以线上电子商务平台、线下门店等零售场景为依托,开启线上看车选车订车、线下试车提车的一站式购车新模式

图 10-2 整车企业与服务商大数据营销中的关联关系

D2C—直接面向用户

2. 营销大数据应用的主要方式

营销端大数据已经得到了大多数汽车企业的认可,成为数字化升级的重要方向。为了实现大数据在营销方面的深度应用,汽车企业主要采取两种方法:组建自己的数据团队和与外部供应商合作。

组建独立的大数据运营团队需要汽车企业对数字化转型有高度的认识和统一的思想。一些企业在开始时会先组建项目团队进行尝试，然后逐渐整合资源并成立专门的部门。比如宝马集团就设立了一个子公司，负责推动以用户为中心的数字化营销转型，涵盖了各种数字化解决方案、大数据集成与分析、客户关系管理等。但这个部门主要负责大数据的技术支持，而市场营销还是由原部门负责。

在构建大数据营销系统方面，虽然有些企业会选择完全自己建设系统，但更常见的做法是自己搭建部分系统，然后与供应商合作完成其他部分，也就是自建与外置相结合的方式。这种方式既能借助外部的专业技术和资源，又能保持企业对核心环节的掌控力，从而实现内外部资源的有效整合，加快营销数字化的进程。因此，这也成为当前汽车企业的首选方案。

3. 营销端大数据应用仍面临诸多痛点

适合大数据营销的内部管理体系有待建立。为了让营销大数据更好地流通和应用，整车企业需要统一目标，并搭建相应的数据管理和运营架构。但对于大型汽车企业来说，重新构建营销体系可能会影响现有的利益分配，因此可能会面临内部阻力。

信息标注的准确度难以匹配大数据应用。营销大数据旨在精确描述用户特征，并将用户需求反馈给设计和生产环节。然而，数据来源多样且服务商对汽车行业和技术理解不足，导致数据标签混乱、关键信息缺失。因此，整车企业需要明确所需数据类型，建立清晰的标签系统，并推动服务商统一操作标准。

跨渠道数据整合打通困难。营销端大数据都关联到具体用户，但用户在不同平台上的身份和信息多样，使得跟踪和描述用户变得复杂，数据匹配也更具挑战性。解决这一问题的一个有效的方法是建立唯一的用户 ID 体系。在我国尚未普及数字 ID 的情况下，整车企业可以与服务商合作，建立适用于内部应用的通用用户 ID 体系。

10.3.3　营销端大数据创新趋势

服务商正加快合作步伐。若要让营销端大数据发挥最大价值，需要将各个维度和渠道的数据统一起来，这是因为现在用户获取信息的途径很多，互动方式也很多样。为了跟上汽车行业的发展和数字化转型的趋势，各服务商在保持自己优势的同时，也在深入挖掘自己的资源、技术和生态潜力，为汽车的数字化营销提供全方位支持。现在，Z 世代的年轻人已经成为汽车消费的主力军，他们更容易接受新技术，对汽车也有更多的科技期待。因此，基于 AI、VR 等新兴技术的智能化营销也应运而生。在这个以数据为核心的营销体系中，服务商之间不仅要在业务和资源上互相支持，更要打通数据，这样才能全面洞察用户数据，实现精准营销。

10.4　后市场大数据应用与创新

汽车后市场，特别是维护保养市场，因其生态环境的复杂性，相比汽车行业其他领域起步相对较晚，其数字化进程充满机遇与挑战。总体来看，国内汽车后市场仍将保持快速增长态势，对大数据的集成应用具有较强的需求，但其过程仍将充满挑战。

10.4.1　后市场大数据应用需求

1. 汽车后市场发展步入快车道

2023 年，我国汽车产销量分别达 3016.1 万辆和 3009.4 万辆，同比分别增长 11.6% 和 12%，年产销量双双创历史新高。目前，我国汽车保有量已达 3.4 亿辆，位居全球第一。随着汽车销售量和保有量的持续攀升，围绕汽车使用形成的后市场，已经成为汽车消费的重要组成部分，潜力巨大。

2023 年，我国汽车后市场规模为 6.9 万亿元（图 10-3），这吸引了诸多资本争相入局。字节跳动旗下懂车帝推出了线下养车业务"懂懂养车"。此外，天猫、京东等均推出了自有的汽车养护品牌。截至 2023 年年底，天猫养车已在全国开设了超过 1800 家门店，京东养车的门店数量已经超过 1400 家。

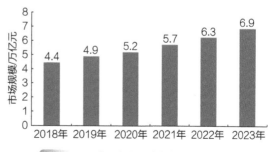

图 10-3　我国汽车后市场规模增长情况

2. 汽车后市场新趋势需要大数据支撑

虽然现在4S店还是新车销售和汽车金融、保险、维修等后期服务的主要提供者，但线上消费模式的广泛普及促成用户对于信息透明、价格公正、个性服务、维权便捷等方面需求的不断提升，以及具备互联网属性的新玩家不断进入，对传统4S店提出了严峻挑战。当前，我国汽车后市场供应链链条冗长，且供应商－服务商－用户单向服务的传统模式仍处于主流地位，用户的真实需求难以有效向上反馈，导致各环节主体面临库存、资金、服务能力等方面压力，供应链整体效率低下。除汽车金融、保险等随同金融业快速实现数字化以外，保养、改装等后市场的重要组成部分，传统经营特征更为明显。要解决传统行业的痼疾，必须利用大数据思维来进行优化配置，让整个供应链更有效率。汽车后市场亟待通过数字化改变传统的生产方式，提升可持续发展能力（图10-4）。

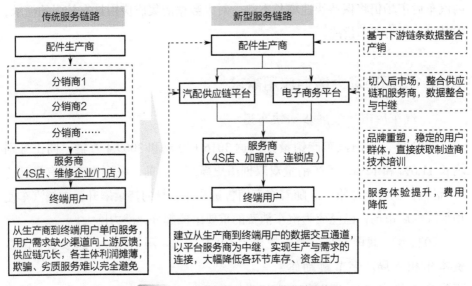

图 10-4　大数据推动后市场供应链重构

3. 汽车后市场品牌意识逐渐提高

随着用户需求的日益多样化和用车场景的持续拓展，用户对服务的精准匹配、便捷性以及产品质量等方面的期望不断提升。在移动互联网的浪潮下，新兴科技和场景将引领新车市场及汽车后市场全链条的深刻变革，涵盖技术革新、服务范畴拓宽、物流运输优化等多个层面。数字化系统的广泛应用，能够显著提升产业效率，降低运营成本，同时，利用在线管理与交易的一体化平台，可以实现信息的无缝对接与流通。这将有助于企业更加合理地规划仓储和物流布局，确保物流体系高效运作。未来，互联网将通过数据和技术提升线下汽车后市场的商业效率，带来进一步的产业升级。

另一方面，我国消费结构的持续升级正呈现出多样化、个性化、高端化的鲜明特点，体验式消费正逐渐渗透到各个行业各个领域，成为新的消费趋势。随着消费主力的年轻化，消费者对产品和服务的要求愈发严苛，对品质的重视程度不断提升。在这一背景下，品牌产品相较于廉价产品，无疑拥有更为广阔的发展空间和更为可观的利润空间。

10.4.2　后市场大数据应用现状

1. 维修保养领域大数据应用情况

维修保养在汽车后市场中占据重要地位，是细分领域中最为庞大的部分。随着数字经济的蓬勃发展和大数据的广泛应用，汽车维修行业正迎来前所未有的转型升级机遇。汽车维修配件互联网交易平台的大量涌现，有效降低了社会交易成本，提升了经济社会效率，甚至对汽车维修行业和维修市场的商业模式产生了根本性、革命性的影响。汽车维修配件电商、线上线下互动式维修服务、远程诊断服务已展现出良好的发展势头和潜力，为汽车维修配件流通和维修经营模式的创新、融合发展提供了新的契机，注入了新的动力。

2. 后市场大数据应用面临的问题

近年来，传统的以 4S 店为核心的销售体系和后市场供应链受到新兴服务模式的严峻挑战，"闭店潮"标题常见于媒体。为此，各类服务商纷纷加强对数字技术和商业模式的导入，力求在日趋激烈的竞争中抢占先机。由于后市场供应链复杂，在企业推进大数据应用和数字化转型的过程中仍存在诸多痛点。一是线下门店数字化营销链路打通的阻力较大，直接面向终端用户的服务商企业规模小、数量众多，单一企业对上游供应商、制造商缺乏话语权和有效的沟通渠道，采集的用户大数据在源头环节即传输中断；二是用户消费决策链路交叉往复，成交用户的渠道来源难以区分。后市场的汽车用品大多属于低频消费的产品，用户数据迸发具有长间隔性和随机性。同时，用户数据来源属性复杂，其购买链路存在线上线下交叉以及循环往复。因此，后市场实现大数据应用需要更精准地把握用户的保养阶段、周期、习惯等，在其需求产生时适时触达。

10.4.3 后市场大数据应用创新趋势

1. 数据整合及链路打通是首要任务

各行业数字化转型，其底层逻辑本质是以数据为核心资源展开的商业变革，需要对价值链上下游数据进行深度整合与集成应用。传统的汽车后市场供应链分工非常明确，制造商、经销商、服务商业务边界清晰，数据几乎不存在系统性交互。实现大数据在供应链各层级间的有效流动，其前提是实现对各环节数据的有效获取和建立数据传输的通道。而对数据的结构化规模化获取离不开数字化工具的支持，而汽车后市场由于包含了大量线下的实体服务，对数字化能力的要求更加多元，既需要有传统的线上数字化能力，也包含了众多线下软硬件结合及物联网数字化能力。如何快速建立数字化能力并参与到行业数字化变革中，是目前行业参与者，特别是传统参与者最重要的课题。

2. 构建基于大数据的供应链架构

我国零部件供应链长期是区域性多层分销模式，层级错落、节点复杂，为满足用户需求，各节点均需建立必要的库存，既增加资金成本，又无法及时感知终端市场的需求。同时，经过漫长的分销链条后，终端用户获取配件和服务的价格远高于出厂价格，且可能遭遇品质低劣的产品。借助以大数据交互为核心的数字化转型，将有效破解上述难题。

1）导入平台商（电子商务平台、专业化聚合服务平台）作为中继，推动供应链扁平化，并以其为主体打造数据聚合平台，构建向上连接制造商、横向连接服务商、向下对接终端用户的数据交互通道。

2）构建需求监测机制。以采集的全供应链大数据为基础，运用人工智能等工具，对厂商的产能产量、供应商的库存、服务商的开工率等进行全面监测，并结合用户群体画像，对全链条供应和服务能力进行精准预测，提升全链条效率。

　　3）**推动 C2M 反向定制。**用户个性化需求、电动汽车规模化应用，促使后市场需求更加多元。应以平台商、整车企业为主体搭建用户信息采集网络，完成对用户需求反馈的聚类分析，反向向上游完成产品优化，并基于用户标签推送符合其需求的反向优化产品，更好地迎合消费者需求，实现更精准的营销。

3. 以大数据提升用户体验

　　在传统模式下，后市场各类服务企业对客户群体缺乏必要的过程管理和运营介质。如二手车、汽车维修保养领域，服务商主要采用坐店等客方式，外置渠道引流成效有待提高。对用户而言，配件、服务定价缺乏透明度，使用户对第三方服务网络天然存在不信任感。而大数据借助内在的公开、公正属性，有助于完成对用户体验的颠覆性改善。

　　1）**实现用户对服务、产品信息的全景把握。**如配件溯源与物流跟踪、服务商评价、二手车关键信息回溯等。

　　2）**提升用户服务体验。**如配件网购、个性化配件定制、改装设计及整体服务、上门预约服务等。

　　3）**建立车辆健康档案。**以整车企业或平台商为主体，建立关键信息脱敏的车辆健康档案，并实现授权服务商间的共享，为用户打造不受空间、主体限制的泛在服务网络。

第 11 章

技术趋势：
汽车相关数字化关键
技术趋势

　　科技的不断进步引领着产业变革。目前，我们正处于一场全新的科技革命之中，其中，新一代的信息通信技术（ICT 技术），正在以前所未有的速度发展，不断取得重大突破。ICT 技术如今已成为创新最活跃、应用最广泛、交叉最密集的技术领域，是推动新一轮科技革命向前迈进的最重要力量。

制造业是实体经济的核心，为数字技术提供了广阔的应用场景，也是数字技术与实体经济结合的主要领域。当前，新基建已成为国家政策和各地方发展的重点，为经济增长注入了新动力，为企业和投资者带来了新机遇，对整个产业链都有很大的带动作用。特别是汽车行业，由于它是制造业的重要组成部分和新基建的主要受益者，因此，在新技术、新投资和新市场的推动下，汽车行业有着巨大的发展潜力。

为了更深入地了解这一趋势，本章从基本概况、技术介绍和汽车行业应用情况三个方面，对 5G、区块链和 3D 打印等与汽车行业相关的数字化转型关键技术进行了详细分析。

11.1　技术演进背景

11.1.1　新一轮科技革命和产业变革政策体系不断完善

当前，全球重大前沿技术和颠覆性技术快速突破，新一轮科技革命和产业变革深入发展，创新领域、创新方式和创新范式深刻调整，主要发达国家纷纷强化重大前沿技术部署，前沿科技发展竞争激烈。美国《芯片和科学法案》以授权拨款的方式促进美国未来 10 年在人工智能、量子计算等各领域的科研创新。日本《人工智能战略 2022》和《量子未来社会愿景（草案）》明确，在金融、医疗、运输、航空等整个社会经济体系中引进量子技术，提高生产效率和安全性。

我国鼓励和引导政策频发，助推科技革命和产业变革。《"十三五"国家战略性新兴产业发展规划》提到，进一步发展壮大新一代信息技术、高端装备、新材料、生物、新能源汽车等战略性新兴产业，推动更广领域新技术、新产品、新业态、新模式蓬勃发展。《中华人民共和国国民经济和社会发展第十四个五年规划和 2035 年远景目标纲要》提出，聚焦新一代信息技术、生物技术、新能源、新材料、高端装备、新能源汽车等战略性新兴产业，加快关键核心技术创新应用，培育壮大产业发展新动能。在类脑智能、量子信息、基因技术等前沿科技和产业变革领域，组织实施未来产业孵化与加速计划，谋划布局一批未来产业。2024年国务院《政府工作报告》工作建议明确，大力推进现代化产业体系建设，加快发展新质生产力，积极培育新兴产业和未来产业，深入推进数字经济创新发展。

11.1.2 制造业成为数字技术与实体经济的主战场

制造业是实体经济的骨架和支撑，是数字技术的最大应用场景，是数字技术和实体经济融合发展的主战场。尽管面临挑战，中国制造业在规模和贸易方面保持了稳定增长。数据显示，中国制造业规模连续多年居世界第一，2023年，中国大陆地区制造业增加值为46834.16亿美元，是欧盟27国的1.7倍。各主要经济体的发展战略也都聚焦强化制造业数字化转型投资，推动数字技术与实体经济深度融合。如美国发布《2021年美国创新与竞争法案》，提出实施"美国制造计划"，大力推进前沿数字技术在制造业中的创新应用。欧盟接连出台《欧盟2030工业展望报告》《欧洲新工业战略》《工业5.0战略》等文件，意图通过整合欧洲一体化制度架构，提升数字技术能力，打造完整高效的先进制造业产业链体系。新加坡发布《制造业2030愿景》，通过投资基础设施、建立生态系统等，推动传统制造业向先进制造转型。新西兰发布《先进制造业产业转型计划草案》，包含将先进制造业列为产业转型计划优先考虑的行业，确定推动增长和转型的六大优先事项等要点。从发展态势来看，制造业数字化转型快速起步，围绕产业链、供应链高效协同和资源配置优化，制造业企业运用大数据、云计算、人工智能、区块链等新一代信息技术，对研发设计、生产制造、仓储物流、销售服务等业务环节进行数字化改造，数字化赋能提质增效、节本降耗的作用凸显。

11.1.3 新基建成为经济发展的新引擎

近年来，新基建正成为国家政策和各地方高质量发展的重要抓手、拉动经济增长的新亮点、实业界和资本市场的重大新机遇。新基建短期有助于稳增长、稳就业，长期有助于培育新经济、新技术、新产业，打造中国经济新引擎，是兼顾短期扩大有效需求和长期扩大有效供给的重要抓手，是应对经济下行压力和实现高质量发展的有效办法，具有稳增长、稳就业、调结构、促创新、惠民生的综合性意义。

新基建包括新一代信息技术、人工智能、数据中心、新能源、充电桩、特高压、工业互联网等科技创新领域的基础设施，涉及教育、医疗、社保、户籍等重大民生领域，以及发展资本市场、减税降费、扩大对外开放、保护知识产权等制度改革领域。在一般基础设施领域，应注重通过数字化改造和升级进行基础设施建设。新基建的内在特征主要体现在新的领域、新的地区、新的方式、新的主体、新的内涵五个方面（表 11-1）。

表 11-1　新基建内在五大特征

特征	具体内涵
新的领域	调整投资领域，在补齐铁路、公路、轨道交通、机场等传统基建的基础上大力发展新一代信息技术、特高压、人工智能、工业互联网、新能源、充电桩、智慧城市、城际高速铁路和城际轨道交通、大数据中心、教育、医疗等领域的新型基建。以改革创新稳增长，发展创新型产业，培育新的经济增长点
新的地区	基础设施建设最终是为人口和产业服务的，目的是最大化经济社会效益。未来，城镇化的人口将更多地聚集到城市群都市圈，比如长三角、粤港澳、京津冀等，上述地区的轨道交通、城际铁路、教育、医疗、5G 等基础设施将面临短缺，在上述地区进行适度超前的基础设施建设能够使经济社会效益最大化
新的方式	新基建需要新的配套制度变革。新基建大多属于新技术新产业，需要不同于旧基建的财政、金融、产业等配套制度支撑。财政政策方面，包括研发支出加计扣除，高新技术企业低税率；金融政策方面，在贷款、多层次资本市场、并购、首次公开募股（IPO）、发债等方面给予支持，规范化政府和社会资本合作；产业政策方面，将新基建纳入国家战略和各地经济社会发展规划中
新的主体	进一步放开基建领域的市场准入，扩大投资主体。政府、市场和企业相互支持配合，区分基础设施和商业应用，前者由政府和市场一起建设，后者更多依靠市场和企业，政府提供财税、金融等基础支持
新的内涵	除了硬的"新基建"，应该还包括软的"新基建"，即制度改革：补齐医疗短板；改革医疗体制；加大汽车、金融、电信、电力基础行业开放；加大知识产权保护力度；改善营商环境；减税降费，尤其是社保缴费率和企业所得税；落实竞争中性；发展多层次资本市场；建立新激励机制调动地方政府和企业家的积极性等

注：资料来源于泽平宏观。

国家发展和改革委员会创新和高技术发展司时任司长伍浩在 2020 年 4 月 20 日举行的新闻发布会上说，经初步研究认为，新型基础设施是以新发展理念为引领，以技术创新为驱动，以信息网络为基础，面向高质量发展需要，提供数字转型、智能升级、融合创新等服务的基础设施体系。

新型基础设施主要包括三方面内容。

1）**信息基础设施**（对应数字经济框架中的数字产业化），主要指基于新一代信息技术演化生成的基础设施，比如，以5G、物联网、工业互联网、卫星互联网为代表的通信网络基础设施，以人工智能、云计算、区块链等为代表的新技术基础设施，以数据中心、智能计算中心为代表的算力基础设施等。

2）**融合基础设施**（对应数字经济框架中产业数字化中的传统产业升级，可以概括为农业工业化、工业自动化、网联化，以及智能化），主要指深度应用互联网、大数据、人工智能等技术，支撑传统基础设施转型升级，进而形成的融合基础设施，比如，智能交通基础设施、智慧能源基础设施等。

3）**创新基础设施**（对应数字经济框架中产业数字化中的数字化创新，创新是数字经济时代推动经济增长的根本手段），主要指支撑科学研究、技术开发、产品研制的具有公益属性的基础设施，比如，重大科技基础设施、科教基础设施、产业技术创新基础设施等。

11.2　5G

11.2.1　基本概况

2015年，国际电联无线电通信部门（ITU-R）将5G正式命名为IMT-2020，并推进5G研究，随后，5G成为电信行业主要关注的技术，并在与千行万业融合的过程中，得到了产业界的普遍关注。而在标准层面，5G的主要标准组织"第三代合作伙伴计划"（3GPP）在2019年冻结第一个5G的完整版本——R15，随后，在2020年7月3日，R16版本冻结，2022年6月9日，3GPP RAN第96次会议上，R17版本宣布冻结。至此，5G的首批3个版本标准全部完成。从R18开始，将被视为5G的演进，被命名为5G Advanced。实际上在这之前，R18的Stage 1的工作已经开启，并初步给出了Stage 2和Stage 3的大致时间，预计整个标准化工作将在2024年第二季度完成。关于5G Advanced的标准演进，预计仍然将会有3个版本，也就是R18、R19和R20。与此同时，关于6G的前期研究工作也在开展，目前还主要处于需求阶段。按照一年半一个标准版本、十年一代标准的速度，预计R21将会成为首个6G的标准版本，将在2028年左右推出。

11.2.2　技术介绍

R15 提供了第一个 5G"可用"标准版本，3GPP 在 2016 年开始启动 5G 需求和技术方案的研究工作，确定了 5G 的三大应用场景，到目前已广为人知，包括增强移动宽带（eMBB）、大规模机器类通信（mMTC）、超低时延高可靠通信（URLLC）。2017 年启动 R15 的标准研究，作为 5G 标准的第一个阶段，主要针对 eMBB 和部分 URLLC 的场景，满足 5G 的商用需求。R16 在 R15 的基础上，进一步完善了 URLLC 和 mMTC 场景的标准规范，从而贡献了第一个 5G 完整标准，也是第一个 5G 演进标准。在 R15、R16 的基础上，R17 进一步从网络覆盖、移动性、功耗和可靠性等方面扩展 5G 能力基础，将 5G 拓宽至更多用例、部署方式和网络拓扑结构，作为承上启下的一个标准版本，既"查漏补缺"，将 5G 变得更好用，又引出了一些新的演进方向，并将在 5G Advanced 甚至 6G 中进行研究。

5G Advanced 描绘了 5G 的演进蓝图。R18 作为 5G Advanced 的第一标准版本，已经完成了 Stage 1 的主要工作，工作重点包括极致网络、智简网络和绿色网络三个方向（表 11-2）。

表 11-2　R18 Stage 1 主要立项

标准组	小组	主要立项
RAN	RAN1	WI:MIMO 演进、Sidelink 演进、定位演进、RedCap 演进、网络节能、进一步覆盖增强、网络控制直放站、DSS、多载波增强 SI:AI/ML-Air、双工演进、低功耗 WUS
	RAN2	WI: 移动性增强、XR 增强、Sidelink 中继增强、NTN 演进 -NR、NTN 演进 -IoT、MBS 演进、UAV、多 SIM 卡增强、设备内共存增强、小包增强
	RAN3	WI:IAB/VMR、AI/ML for NG-RAN、SON/MDT 增强、QoE 增强 SI:gNB-CU-CP 弹性增强
	RAN4	WI: < 5MHz 专用频谱带宽
SA	—	XR 和多媒体增强、服务化 UPF、端到端确定性、测距及定位增强、网络大数据智能分析、个人物联网、卫星网络增强、下一代实时通信新业务…

注：资料来源于 3GPP。

1）极致网络。通过空天地一体（NTN+ATG）、Sidelink relay 增强、Smart repeater、IAB 增强进一步增强覆盖能力；通过双工演进、上行覆盖增强、Massive MIMO 演进、移动性增强、干扰增强、Sidelink 增强等项目提升性能；通过 XR 增强、多播广播业务增强、高精度定位增强等项目扩展业务支持能力。

2）智简网络。通过引入人工智能和机器学习增强 5G 网络智能化程度、SON/MDT 增强组网和运维能力、QoE 增强提升业务体验；同时，在满足多样化需求方面，进一步增强 RedCap 和 NR–Lite。

3）绿色网络。通过多级网络节能、降低终端能耗（低能耗节能信号、多 SIM 卡增强）、高效使用频谱（多载波增强、动态频谱增强、小包传输增强）等项目，提高 5G 网络的能效。

11.2.3　汽车行业应用情况

现阶段，在 5G 技术持续发展的背景下，车联网已经探索出越来越多的应用场景，旨在为用户提供更多的便利。当前，较为常见的车联网应用场景主要涉及以下几种。

1. 自动驾驶

随着信息技术水平的提升，自动驾驶的相关概念已经逐渐为人所熟知，而 5G 网络技术的应用可以进一步让自动驾驶成为现实。考虑到 5G 技术应用过程中具有低时延、高可靠性的特点，同时，基于 5G 技术，车辆还可以与其他车辆形成互动，凭借这样的交互式感知的功能，5G 技术为自动驾驶的实现提供了支持。当前，在车联网的控制下，车辆自动驾驶可以实现自动超车、躲避碰撞、车辆编队以及远控驾驶等动作，这在很大程度上是基于 5G 技术来完成的。

2. 道路交通情况的管理与优化

5G 技术在应用过程中还具有高传输速率的特点，凭借这一优势，可以有效实现对实时路况的播报，进而实现对道路交通环境的优化。与此同时，5G 技术还可以实现对收费口、监控点等位置的智能化管理，这样不仅可以将对应的人力资源解放出来，同时还可以大大降低错误概率。而且，在车联网的控制下，车辆还可以进一步实现对天气和路况信息的收集，并有效地在数据信息交互的过程中完成对路线的科学选择，最大限度地减少出现拥堵问题以及交通事故的概率。

3．车载系统功能的丰富

车载系统是用户进行信息获取、交换等的重要途径，对于车联网的运行也会起到十分关键的作用。特别是在 5G 网络的支持下，车载系统可以提供更为丰富的功能与应用，给用户提供更为完善的服务。5G 技术的高带宽、低时延等特点有助于带给用户更好的使用体验，并带动车辆运行效率的提升。

11.3　区块链

11.3.1　基本概况

区块链起源于中本聪的比特币，作为比特币的底层技术，本质上是一个去中心化的数据库，是指通过去中心化和去信任的方式集体维护一个可靠数据库的技术方案。区块链技术是一种不依赖第三方，通过自身分布式节点进行网络数据存储、验证、传递和交流的一种技术方案。因此，有人从金融会计的角度，把区块链技术看成一种分布式、开放性、去中心化的大型网络记账簿，任何人在任何时间都可以采用相同的技术标准加入自己的信息，延伸区块链，持续满足各种需求带来的数据录入需要。区块链技术被认为是互联网发明以来最具颠覆性的技术创新，它依靠密码学和数学巧妙的分布式算法，在无法建立信任关系的互联网上，不需要借助任何第三方中心的介入就可以使参与者达成共识，以极低的成本解决了信任与价值的可靠传递难题。

从区块链的形成过程看，区块链技术具有以下特征。一是去中心化。区块链技术不依赖额外的第三方管理机构或硬件设施，没有中心管制，除了自成一体的区块链本身，通过分布式核算和存储，各个节点实现了信息自我验证、传递和管理。去中心化是区块链最突出最本质的特征。二是开放性。区块链技术基础是开源的，除了交易各方的私有信息被加密外，区块链的数据对所有人开放，任何人都可以通过公开的接口查询区块链数据和开发相关应用，因此整个系统信息高度透明。三是独立性。基于协商一致的规范和协议（类似比特币采用的哈希算法等各种数学算法），整个区块链系统不依赖其他第三方，所有节点能够在系统内自动安全地验证、交换数据，不需要任何人为干预。四是安全性。只要不能掌控全部数据节点的至少 51%，就无法肆意操控修改网络数据，这使区块链本身变得相对安全，避免了主观人为的数据变更。五是匿名性。除非有法律规范要求，单从技术上来讲，各区块节点的身份信息不需要公开或验证，信息传递可以匿名进行。

11.3.2　技术介绍

区块链分为公有区块链、私有区块链和联盟区块链三种类型。公有区块链（Public Block Chains）是指世界上任何个体或者团体都可以发送交易，且交易能够获得该区块链的有效确认，任何人都可以参与其共识过程。公有区块链是最早的区块链，也是应用最广泛的区块链，其代表有比特币（BTC）、以太坊（ETH）。私有区块链（Private Block Chains）仅仅使用区块链的总账技术进行记账，可以是一个公司，也可以是个人，独享该区块链的写入权限，该类区块链与其他的分布式存储方案没有太大区别。联盟区块链（Consortium Block Chains）由某个群体内部指定多个预选的节点为记账人，每个块的生成由所有的预选节点共同决定（预选节点参与共识过程），其他接入节点可以参与交易，但不过问记账过程（本质上还是托管记账，只是变成分布式记账，预选节点的多少、如何决定每个块的记账者成为该类区块链的主要风险点），其他任何人可以通过该区块链开放的 API 进行限定查询，其代表有超级账本（HyperLedger）。

目前，区块链系统由数据层、网络层、共识层、激励层、合约层和应用层组成（图 11-1）。第一层：数据层，存储底层数据、非对称数据加密和时间戳等基础数据。第二层：网络层，含有分布式组网机制、数据传播机制、数据验证机制等。第三层：共识层，封装有各类共识机制算法，确定记账决定方式，这关系到整个系统的安全性和可靠性。目前较为知名的由共识层封装的共识机制有工作量证明机制（Proof of Work，PoW）、股份授权证明机制（Delegated Proof of Stake，DPoS）、权益证明机制（Proof of Stake，PoS）等。第四层：激励层，即在区块链技术体系中使用的经济手段，包括经济激励的发行以及分配，多出现在公有链中。第五层：合约层，封装区块链系统中的脚本代码、算法以及智能合约，帮助区块链灵活地处理数据。第六层：应用层，封装了各种应用场景和案例，如电商购物、新闻浏览、视频观看等。

图 11-1　区块链架构图

11.3.3　汽车行业应用情况

　　区块链的核心特征，例如分散性、高透明度和不变性，使其非常适用于解决汽车制造商每天面临的复杂问题。同时，基于区块链的解决方案可以让最终用户跟踪给定车辆的完整历史，并引入与售后服务企业沟通的便捷方式，从而为最终用户创造实实在在的好处。区块链在汽车领域的潜在应用很多，主要包括以下三个方面。

　　1. 汽车制造

　　传统的汽车制造链关联主体多、数据量大、分布广泛、物流管理低效、信息不透明，这为后期供销、售后服务带来困难。使用区块链技术可以提高汽车制造的生产效率和质量控制水平，降低检测跟踪成本（比如简化版本管理）、保修、库存管理、所有权问题、维护或回收任务。区块链也可以用于对汽车资产进行数字化管理，以便监控和追踪其状态。在汽车工业中，资产实体（包括车辆、机器、零件）在其生命周期中会发生变动和更新，需要实时监控并对其进行数字化管理。区块链可用来安全可靠地存储汽车工业中的数字资产的信息，以及产业链中的消费者和供应链中的参与者的信息（图 11-2）。

　　2. 二手车交易

　　目前，在汽车使用过程中出现的保养、修理、事故、出险、缺陷召回等信息没有可靠的记录方式，带来了二手车信息不透明、查询难等问题。二手车"一车一况"的特殊属性，使车辆的历史数据易被篡改，二手车市场缺乏

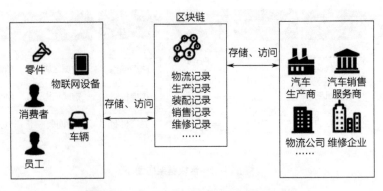

图 11-2 区块链应用于汽车制造的典型模型

有效的监管机制，难以保障二手车信息的真实性、有效性，相关购车人群担心二手车质量和购买风险，极大地限制了二手车产业的发展。有二手车相关经验的行业先行者通过与区块链技术公司合作，将汽车行驶数据、事故记录建立共享账本，保证旗下二手车数据的准确性与真实性。未来，可对二手车的区块链系统进行规模化拓展，打通整车企业、4S 店、车主、车管所、维修中心和二手车市场等各个节点，准确记录车辆保养、修理、出险、缺陷召回、所有权变更等车辆信息，利用区块链技术特性最大限度为消费者提供真实有效的数据，解决二手车交易过程中不公开、不透明、缺乏诚信的问题（图 11-3）。

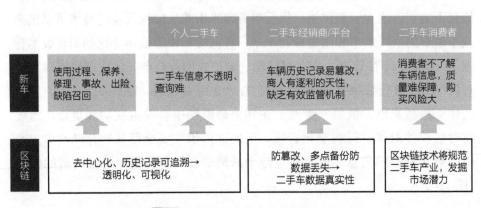

图 11-3 区块链在二手车领域的应用

3. 安全互联

随着汽车智能化、网联化发展及道路智能化基础设施的不断接入，传统的车辆识别、认证、授权等通信依赖于中央云服务处理器，与此同时，也出现了很多问题，如隐私安全保护、数据共享和组网成本等问题。大部分安全通信结构体系设计都没有考虑用户隐私，任何一个软件带来的安全漏洞都可能造成严重后果，任何单点故障或者通信瓶颈阻塞有可能摧毁整个网络，影响互联安全。区块链的访问权限、身份管理与授权等将极大程度地保证互联安全。可利用区块链交易的单一或多重签名，在车载中控系统应用区块链技术进行身份确认，从而确保适当的授权访问控制、身份管理认证和数据完整性，保证互联安全，基于区块链系统的数据存证和智能合约技术，车主可对车辆数据签名加密，基于身份识别和认证的使用授权管理，可以准许他人访问自己的汽车，这也将成为智能汽车大规模商用的关键（图 11-4）。

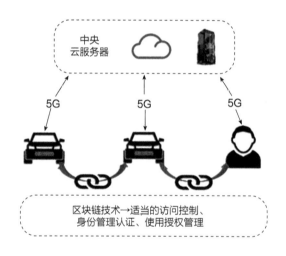

图 11-4　区块链在安全互联领域的应用

11.4　3D 打印

11.4.1　基本概况

3D 打印技术是快速成形技术的一种，它是将计算机设计出的三维数字模型分解成若干层平面切片，然后由 3D 打印机把粉末状、液状或丝状塑料、金属、陶瓷或砂等可黏合材料按切片图形逐层叠加，最终堆积成完整物体的技术（图 11-5）。该技术综合了数字建模技术、信息技术、机电控制技术、材料科学与化学等诸多方面的前沿技术知识，是一种具有很高科技含量的综合性应用技术。3D 打印技术可以实现大规模的个性化生产，可以制造出传统生产技术无法制造出的外形，并且可以实现首件的净形成形，大大减小了后期的辅助加工量，避免了委外加工的数据泄密和时间浪费。另外，其制造准备和数据转换的时间大幅减少，使得单件试制、小批量生产的周期和成本降低，特别适合新产品的开发和单件小批量零件的生产。这些优势使 3D 打印成为一种潮流，目前在建筑、工业设计、珠宝、鞋类、模型制造、汽车、航空航天、医疗、教育、地理信息系统等诸多领域都得到了广泛的应用。

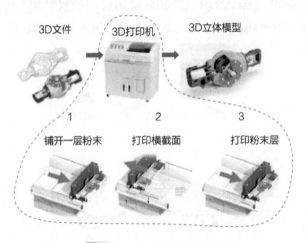

图 11-5　3D 打印流程图

3D 打印与传统模型加工制造相比，有以下优势。一是打印的零件精度高。目前市面上主流 3D 打印机的精度基本都可以控制在 0.3mm 以下，这种精度对于一般产品需求来说是足够的。二是产品制造周期短，制造流程简单。3D 打印技术省去了传统工艺模具设计与制作等工序，直接从 CAD 软件的三维模型数据得到实体零件，生产周期大幅缩短，也简化了制造流程，节约了制模成本。三是可实现个性化制造。3D 打印一般通过计算机建模实现设计，很容易在尺寸、形状和比例上做修改，并且这些修改都是实时的，为制作个性化产品提供了极大的便利；同时，利用计算机建模能得到一些采用传统工艺加工不能得到的曲线，这将使 3D 打印产品拥有更加个性的外观。四是制造材料的多样性。通常一个 3D 打印系统可以使用不同材料打印，如金属、石料、塑料等，从而满足不同领域的需要。五是可完成一些相对复杂的零件，弥补了传统加工工艺的不足。

11.4.2 技术介绍

3D 打印成形技术的主要成形工艺可分为工艺柔性熔融沉积快速成形技术（Fused Deposition Modelling，FDM）、光固化立体成形技术（Stereo Lithography Appearance，SLA）、立体喷墨打印成形技术（Three Dimensional Printing，3DP）和选择性激光烧结成形技术（Selective Laser Sintering，SLS）等（表 11-3）。其中，熔融沉积快速成形技术是利用热塑性材料的热熔性、黏结性，将丝状的材料进行加热熔化，然后根据结构形状对其进行逐层固化堆积后再打印、冷却，最终通过打印生产出完整的三维成形产品，该技术加工精度较低。光固化立体成形技术是在液槽中直接盛满各种光敏树脂成形材料，利用计算机建立几何三维模型，通过分层黏合离散成形软件将几何模型逐层离散，然后在紫外激光器的紫外光束直接照射光敏树脂材料的辐射作用下，将光敏材料快速加热固化后再堆积，逐层黏合构建三维实体，该技术加工精度很高。立体喷墨打印成形技术是通过金属粉末、复合材料粉末等进行成形的技术。该技术通过控制打印喷头用到的黏结剂，使得各种材料可以依照固定结构轮廓，层层堆积叠加，从下至上，黏结成实体，该技术加工精度一般。选择性激光烧结成形技术是一种基于离散 – 堆积思想的加工技术，通过紫外能量激光辐射器将金属或复合塑料粉末快速烧结，实现与已烧结成形部分的快速黏结，逐层堆积打印，最终可以实现材料实体三维成形，其加工精度较高。

表 11-3　各主要快速成形技术性能对比

工艺	FDM	SLA	3DP	SLS
优点	1. 成形材料种类多，机械性能好 2. 成形产品的尺寸精度高，表面质量好	1. 成形加工速度非常快，可以达到 8m/s；材料利用率极高，接近 100%；成形精度高，一般均在 0.1mm 以内；表面质量好 2. 适合做小件机械精细件	1. 成形加工速度快，高度柔性化 2. 可用于制造复合材料或非均质材料的零件	1. 成形材料种类较多，具有多样性 2. 材料利用率高，造形速度快 3. 属非接触式加工 4. 未来可以直接制作金属型

（续）

工艺	FDM	SLA	3DP	SLS
缺点	1.成形时间相对于其他三种工艺方法较长 2.部分产品的加工精度不如SLA	1.产品成形后需要进一步固化处理 2.光敏树脂固化后较脆,容易产生断裂	1.单件成本高 2.速度受树脂喷射量的限制	1.成形件强度和表面质量较差,精度低 2.在后处理中,产品成形尺寸精度难以保证,并且后处理工艺复杂,容易引起产品严重变形,导致无法装配
设备成本	低	高	中	高
日常维护	激光器设备无损耗,材料利用率高,原材料生产成本低,运行维护费用低	激光器有损耗,材料成本高,运行费用很高	原材料使用成本高,运行维护费用较高	激光器设备损耗低,材料综合利用率高,原料利用成本低,运行管理费用基本居中
应用领域	机器性能要求高的大中型零件制作	复杂、高精度、机械性能要求不高的大中型零件制作	精度高、细节表现力好的中小型零件制作	铸造件及金属件设计和制作

11.4.3　汽车行业应用情况

1. 汽车零部件

汽车零部件的研发往往需要长时间的验证工作。传统的流程是先进行零部件设计,然后开发制作模具,再制造出零部件的实体并对零部件实体进行测试以确定是否能够达到产品设计的要求,如不满足要求还需对设计或模具进行修正。这一流程耗时长、成本高。将3D打印技术应用到汽车零部件研发过程中则可快速对复杂零部件的工作原理和可行性进行验证,不但省去了模具开发的工序,还减少了时间和资金的投入。传统汽车零部件的研发周期通常在45天以上,而采用3D打印技术只要1~7天即可完成零部件的开发验证过程,可大大提高新产品的研发效率。而且利用3D打印技术开发零部件的流程中不需要模具,可节约大量的成本。随着人们对汽车轻量化、个性化、智能化需求的不断提升,汽车零部件中将出现越来越多的特殊设计。这些特殊设计对制造工艺的要求更高,因传统制造工艺的局限性,这些特殊设计较难成形,而3D打印技术的出现则可以有效地解决这些问题。

3D 打印技术在汽车零部件制造中的应用主要包括：①制造结构复杂的零件。传统工艺制造复杂零部件时需要分块加工后再组装，其尺寸精度和强度都会受到一定影响，而且由于零部件结构复杂，需要的制造工序更多，这导致成本和加工周期上升，而 3D 打印则可以不受零部件结构的限制，可快速制造出复杂的汽车零部件。②制造多材料复合零件。3D 打印技术的一个突出优势是可以进行多材料、多颜色一体成形，满足零部件的不同部位对材料性能和颜色的不同要求。③制造轻量化结构零件。3D 打印可以根据计算机仿真结果对零部件的结构进行最优设计，如采用镂空结构在保证性能要求的前提下实现汽车轻量化。④制造个性化定制零件。布加迪汽车采用 3D 打印技术制备钛合金制动钳，不仅外观酷炫，还经久耐用，整个工艺过程历时 45h。⑤小批量制造零件。戴姆勒采用 3D 打印技术，为经典车型提供 3D 打印备用件，该技术可实现部件的小批量生产，由于批量小，先期投入成本与报废件成本都不会很大。⑥应急制造零部件。当车辆因为特殊情况而无法及时找到备用零部件时，采用 3D 打印技术实时制造零部件能够有效解决此类问题。

2. 汽车零部件模具

汽车行业竞争日益激烈要求汽车零部件快速升级换代，但传统的零部件制备工艺中长达数月的模具研制周期以及模具使用时的高损耗，都在一定程度上阻碍了汽车的更新换代速度。近年来，3D 打印技术开始应用于汽车零部件模具制造中，以期改善模具制造过程中存在的操作复杂、成本高、耗时长等问题。3D 打印技术在汽车零部件模具中的应用主要包括：零部件模具的快速成形、复杂零部件模具的一体化成形以及模具内部结构的最优化设计与制造。采用 3D 打印技术，不但可以缩短汽车零部件模具的开发周期，还能够制造结构复杂的精密模具。

3. 汽车材料

3D 打印技术的出现也为新材料的发展提供了一种新的思路，可以通过对材料的微观结构进行可控设计以实现材料的新功能，这是以往的材料制备工艺所不能实现的。近年来，多个团队将 3D 打印技术应用到新材料的制备中，以期通过 3D 打印技术建立复合材料的新机制。例如，宝马汽车与麻省理工自我装配实验室合作，开发出了一种可充气的 3D 打印材料，其特点是可以根据指令而改变形状和硬度，这项技术能够运用到高度可定制和多功能的汽车内饰中，可以提升乘坐的舒适度。卡内基梅隆大学与美国密苏里科技大学的研究人员研发了一款 3D 打印电池电极，该电极拥有 3D 微晶格结构，可实现可控孔隙率。研究人员指出，该微晶格结构可大幅提升锂离子电池的容量及充放电速率，还可利用 3D 打印设备，制作形状复杂的 3D 电池架构，有助于优化电化学储能的配置，相较于实心电极，其比容量提升 4 倍、实际容量提升 2 倍，这将极大地提升新能源汽车的续驶里程。

4. 汽车轻量化

要实现汽车轻量化，宏观层面上可以通过采用轻质材料，如钛合金、铝合金、镁合金、陶瓷、塑料、玻璃纤维或碳纤维复合材料等材料来达到目的；微观层面上可以通过采用高强度结构钢这样的材料使零件可以被设计得更紧凑和小型化，有助于轻量化。而 3D 打印带来了在结构设计层面上达到轻量化的可行性。具体来说，3D 打印通过结构设计实现轻量化的主要途径有中空夹层 / 薄壁加筋结构、镂空点阵结构、一体化结构、异形拓扑优化结构（表 11-4）。

表 11-4 3D 打印实现轻量化的四种主要途径

技术名称	技术特征
中空夹层、薄壁加筋结构	中空夹层、薄壁加筋结构通常是由比较薄的面板与比较厚的芯子组合而成。在弯曲荷载下，面层材料主要承担拉应力和压应力，芯材主要承担剪切应力，也承担部分压应力。夹层结构具有质量小、弯曲刚度与强度大、抗失稳能力强、耐疲劳、吸声与隔热等优点
镂空点阵结构	镂空点阵结构可以达到工程强度、韧性、耐久性、静力学、动力学性能以及制造费用的完美平衡。通过大量周期性复制单个胞元进行设计制造，并调整点阵的相对密度、胞元的形状、尺寸、材料以及加载速率多种途径，来调节结构的强度、韧性等力学性能
一体化结构	3D 打印可以将原本由多个构件组合而成的零件进行一体化打印，这样不仅实现了零件的整体化结构，减少了原始多个零件组合时存在的连接结构（法兰、焊缝等），也可以帮助设计者突破束缚实现功能最优化设计
异形拓扑优化结构	拓扑优化是缩短增材制造设计过程的重要手段，通过拓扑优化可以确定和去除那些不影响零件刚性的部位的材料。拓扑方法用于确定在一个确定的设计领域内最佳的材料分布，包括边界条件、预张力，以及负载等目标

附录　缩略语表

首字母	缩略语	中文含义	英文全拼
A	ADAS	高级驾驶辅助系统	Advanced Driving Assistance System
	AGV	自动导引车	Automated Guided Vehicle
	API	应用程序接口	Application Programming Interface
	APQP	先期产品质量策划	Advanced Product Quality Planning
B	BEV	鸟瞰视角	Bird's Eye View
	BI	商业智能	Business Intelligence
	BIM	建筑信息模型	Building Information Modeling
	BOM	物料清单	Bill of Materials
C	C2M	顾客对生产商	Customer to Manufacturer
	CAD	计算机辅助设计	Computer Aided Design
	CAE	计算机辅助工程	Computer Aided Engineering
	CDC	云数据中心	Cloud Data Center
	CDP	客户数据平台	Customer Data Platform
	CRM	客户关系管理	Customer Relationship Management
D	DMP	数据管理平台	Data Management Platform
	DTC	故障码	Diagnostic Trouble Code
E	ERP	企业资源计划	Enterprise Resource Planning
	ESG	环境、社会和公司治理	Environmental, Social and Governance
G	GDP	国内生产总值	Gross Domestic Product
	GPS	全球定位系统	Global Positioning System
H	HUD	抬头显示	Head-Up Display
I	IaaS	基础设施即服务	Infrastructure as a Service
	ICT	信息通信技术	Information and Communications Technology
	IDC	互联网数据中心	Internet Data Center
	IoT	物联网	Internet of Things
	IPO	首次公开募股	Initial Public Offering
	IT	信息技术	Information Technology
K	KOL	关键意见领袖	Key Opinion Leader
L	LCC	车道居中辅助	Lane Centering Control

（续）

首字母	缩略语	中文含义	英文全拼
M	MES	制造执行系统	Manufacturing Execution System
	MOM	制造运营管理	Manufacturing Operation Management
	MPV	多用途汽车	Multi-Purpose Vehicles
N	NGP	智能导航辅助驾驶系统	Navigation Guided Pilot
	NOA	导航辅助驾驶	Navigate on Autopilot
	NPN	神经先验网络	NeuralPriorNet
O	OA	办公自动化	Office Automation
	OCR	光学字符识别	Optical Character Recognition
	OEE	设备综合效率	Overall Equipment Effectiveness
	OEM	原始设备制造商	Original Equipment Manufacturer
	OTA	空中下载	Over the Air
P	PaaS	平台即服务	Platform as a Service
	PC	个人计算机	Personal Computer
	PDM	产品数据管理	Product Data Management
	PLM	产品生命周期管理	Product Lifecycle Management
	PMS	生产管理系统	Production Management System
	PPAP	生产件批准程序	Production Part Approval Process
	PPB	十亿分率（十亿分之一）	Parts Per Billion
	PPM	百万分率（百万分之一）	Parts Per Million
R	ROI	投资回报率	Return On Investment
	RSU	路侧单元	Road Side Unit
	RTO	蓄热式热氧化处理设备	Regenerative Thermal Oxidizer
S	SaaS	软件即服务	Software as a Service
	SCARA	选择性顺应性装配机器人手臂	Selective Compliance Assembly Robot Arm
	SDN	软件定义网络	Software Defined Network
	SOA	面向服务的架构	Service-Oriented Architecture
T	TIN	时间交错网络	Temporal Interlacing Network
	TMS	运输管理系统	Transportation Management System
V	VaaS	视频即服务	Video as a Service
	VOC	挥发性有机化合物	Volatile Organic Compounds
	VPC	虚拟私有云	Virtual Private Cloud
	VR	虚拟现实	Virtual Reality
W	WMS	仓储管理系统	Warehouse Management System

参 考 文 献

［1］中国信息通信研究院.中国数字经济发展研究报告（2023年）［R/OL］.
（2023-04-01）［2024-05-01］.http：//www.caict.ac.cn/english/research/
whitepapers/202311/P020231101476013122093.pdf.

［2］国家互联网信息办公室.数字中国发展报告（2022年）［R/OL］.（2023-05-23）
［2024-05-01］.https：//www.cac.gov.cn/2023-05/22/c_1686402318492248.htm.

［3］赵春雨，樊锐博.数字化背景下汽车制造企业智能化转型策略研究［J］.经济师，
2023（3）：39.

［4］唐湘民.汽车企业数字化转型：认知与实现［M］.北京：机械工业出版社，2021.

［5］赵涛，文祥，牟鸣飞，等.汽车企业供应链数字化转型现状与趋势研究［J］.南
方农机，2022，53（10）:135-138.

［6］汽车蓝皮书课题组.汽车产业数字化转型的战略思考［R］.北京：社会科学文献
出版社，2017.

［7］郭婷霞，胡发明，何继明.国有汽车企业数字化转型现状与实现路径研究［J］.
汽车测试报告，2022（13）：19-21.

［8］焦伟周.基于大数据的汽车物流技术创新与应用实践［J］.中国科技期刊数据库
工业A，2022（1）：4.

［9］中国汽车技术研究中心有限公司，中国银行保险信息技术管理有限公司.中国汽
车与保险大数据发展报告（2021）［M］.北京：社会科学文献出版社，2021.

［10］李岩，渠谨黛，郭宏伟，等.新一代信息技术助力汽车制造过程数字化转型［J］.
新型工业化，2023，13（7）：47-53.

［11］潘悦，杨学存.数字化赋能汽车物流发展［J］.现代营销：经营版，2021（8）：
116-117.

［12］种璟，唐小勇，朱磊，等.5G关键技术演进方向与行业发展趋势［J］.电信科学，
2022，38（5）：124-135.

［13］丛颖.区块链技术及其在汽车领域的应用综述［J］.国际会计前沿，2024，13(1)：
10-15.